中央司法警官学院博士文库
中央高校基本科研业务经费资助
中央司法警官学院博士文库专项项目　XYBSWK2203

道教戒律与唐律中相关内容之比较

郑　好◎著

DAOJIAO JIELÜ YU TANGLÜ ZHONG
XIANGGUAN NEIRONG ZHI BIJIAO

法律出版社
LAW PRESS · CHINA
北京

图书在版编目（CIP）数据

道教戒律与唐律中相关内容之比较 / 郑好著.
北京 : 法律出版社, 2024. -- ISBN 978 - 7 - 5197 - 9228 - 2

Ⅰ. B953; D929.42

中国国家版本馆 CIP 数据核字第 2024Y5C314 号

道教戒律与唐律中相关内容之比较
DAOJIAO JIELÜ YU TANGLÜ ZHONG XIANGGUAN NEIRONG ZHI BIJIAO

郑 好 著

责任编辑 慕雪丹
装帧设计 鲍龙卉

出版发行 法律出版社
编辑统筹 法商出版分社
责任校对 赵明霞
责任印制 胡晓雅
经　　销 新华书店

开本 710 毫米 × 1000 毫米 1/16
印张 15.5 **字数** 248 千
版本 2024 年 8 月第 1 版
印次 2024 年 8 月第 1 次印刷
印刷 北京新生代彩印制版有限公司

地址:北京市丰台区莲花池西里 7 号(100073)
网址:www.lawpress.com.cn
投稿邮箱:info@lawpress.com.cn
举报盗版邮箱:jbwq@lawpress.com.cn
销售电话:010 - 83938349
客服电话:010 - 83938350
咨询电话:010 - 63939796

书号:ISBN 978 - 7 - 5197 - 9228 - 2
定价:65.00 元

凡购买本社图书,如有印装错误,我社负责退换。电话:010 - 83938349

序言一

郑妤是我晚年录取的一名博士生，她治学努力，勤于钻研，较好地完成了博士生培养计划，博士论文也得到较好的评价。

多年以前我在中华法系论文中曾经提出中华法系文化上的多源头。法、儒、道、释的学说，虽各有所侧重，但在预防犯罪、导民顺从既定的秩序和实行精神威慑方面又具有共同性，因而才可能形成以儒家为主，杂糅法、道、释各派学说的综合性的法律文化。过去研究中国法制史只注意了儒家学说对法律的影响，这是无疑的。但是道教、释教也都存在了一两千年，它们的影响也不可忽视。

郑妤的书稿内容涉及哲学、历史学、法学、宗教学等学科，在宗教治理、道教戒律与传统法文化的比较研究等方面均有创新。书稿研究道教和古代世俗法律的关系，研究道教教规和国法的关系，书稿从法律史的角度去研究我国古代的宗教，这无疑是对法律史研究内容的拓展，进一步拓展了法史学的研究领域和研究范畴。

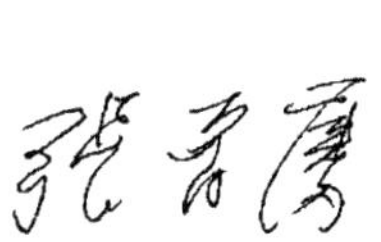

2024 年 7 月 1 日

序言二

中国法制史研究，近年来渐入微观领域，因每年全国有数十万博士毕业，竞争日趋激烈，选题也越来越窄，大题目基本都有人做过了。郑好女士独辟蹊径，选择道教戒律作为她博士论文的研究课题，可以说是独具慧眼，填补了法律史领域对道教戒律研究的空白。

我认识郑好是在2009年，那年秋天她考入中国政法大学的法律史专业硕士研究生，师从高浣月教授。当时我为法律史研究生及刑法学研究生开讲多门专业课，郑好全都选修了。三年的研究生学习，倏忽而逝，郑好完成了她的硕士论文《晚清基层司法审判依据研究》，得到答辩老师的好评，顺利获得硕士学位。毕业后考公务员到黑龙江省地方税务局工作，一去就是五年。在此期间，在尽责本职工作任务的同时，仍未放弃对法律史的热爱，坚持阅读相关书籍，最终下定决心，再考母校的博士研究生深造。2017年，郑好终于步入政法大学著名的法律史导师张晋藩门下，成为他的博士研究生。读博期间，除了追随张晋藩先生攻读博士课程，她还选修了我为刑法学硕士研究生开设的《中国刑法史》课程，并由学校安排她充任我的讲课助手，经常帮我复印课程讲义，并分发给听课的学生。这时我发现该生具有扎实的理论基础和宽广的法律史及相关专业的知识积累，基本掌握了本学科领域的研究方法。大约是读博的第二年，就要开始筹划博士论文了。

一日,我问到她博士论文的选题,她说打算对道教的法律思想进行探研。我很支持她的选择,同时想起我那年回丹江口的老家,游览了道教圣地武当山,了解到武当山有一座元和观,专门负责惩戒和关押违反道规戒律的道士,当地人称为道教的"监狱"。我建议她可以先就此专题写一篇小文章,探索一下深浅。不久,她拿出了《武当山道教监狱初探》的论文,竟是一篇长达万言的大作。该文修改后以《武当山元和观与明代以后的武当清规》之名,刊登在2020年第1期的《中国道教》杂志上。可以说,这篇文章为她的博士论文奠定了基础。但我毕竟没有研读过道家文献,不能对她的博士论文做进一步的指导。说实话,也不知道这样的题目应该从哪里着手,如何操作。

中华法系的基本特征是以儒家思想为其基础,深受儒家经学理论的影响,但这并不表示就不受佛教思想和道教思想的影响。近年来,这个问题已经引起许多法史研究者的关注,但系统地从道教戒律的角度进行较全面的论述的作品尚不多见。郑妤的博士论文是将古代道教戒律与唐律的相关内容进行比较,避免了两三千年的古代法律的庞杂,集中于唐代法律的典型,这是其论文成功的关键所在。

该论文首先从道教戒律的产生及发展演变入手,尽量不去涉及汗牛充栋般的道藏典籍,将论文的范围仅限于道教的戒律部分,阐述戒律与法律的关系。关于道教戒律的产生,据《魏书·释老志》记载,北魏明元帝拓跋嗣神瑞二年(415年),寇谦之在嵩山修炼时,有仙人自称"太上老君",赐他《云中音诵新科之诫》二十卷,号曰《并进》,令其"宣吾《新科》,清整道教,除去三张(宏按:指五斗米教创始人张陵、张衡、张鲁)伪法,租米钱税,及男女合气之术"。陈寅恪先生认为这是寇谦之"袭取当时佛教徒输入之新律学以清除整理其时颇不理于人口之旧传天师道,此则较前者更为重要者也"(参见陈寅恪著《金明馆丛稿初编》之《崔浩与寇谦之》)。这可以看作道教设戒律之初始。

唐律是中华法系的典型代表,其表现形式主要有律、令、格、式四种,其"律以正刑定罪",是唐代最基本的刑事法律规范,该文分章比较道教戒律与《唐律》中的相关刑事罪名的关系,是刑法方面的内容;"令以设范立制",可以说是行政管理方面的法律规范,从道教戒律与《唐令》中对道士、女官管理方面的法令进行比较,大多属于行政规章及民事法律的内容;"格以禁违止邪",属于刑事特别法,从道教戒律与《唐格》中的特别刑事法的关系进行比较；“式以轨物程事”，从道教戒律与《唐式》中管理道教仪式的细则性规定进行比较。该论文网罗了唐代关于道教管理的全部法律，通过许多细节性的比较，阐述了道教教规与唐王朝的国法的关系，国家用法律管理宗教，包括宫观与道士、女官；宫观则以戒律规范道士、女官的宗教活动，承认并配合国法对道教徒众进行管理，使教规与国法趋于一致。文章虽着重于细节的描述，却能着眼于宏观结局。道教自产生，到唐代历时四五百年，基本上将世俗的国家权力及王权，与宗教的教权较完美地统一在一起，是世界上解决这个问题最成功的例证，对当今世界解决这个难题也有不可忽视的借鉴作用。

2024 年 7 月 8 日

前　言

我国传统法在其发展过程中，受到了儒释道等诸家学说和思想的影响。本书将唐代的律令格式中涉及道教管理的法条和道教戒律进行逐一对比，讨论国法和教规在内容和形式方面的关系。本书所论述的道教戒律，包括止恶的禁止性行为规范和劝善的劝诫引导性规范，主要关注重点在于道士入道的准入机制、道士在宫观的行为规范、道士违反戒律和世俗法律的惩罚措施及退出机制。

除引言和结语外，本书分为五章：

第一章介绍道教戒律的产生及发展演变。在道教戒律的产生部分，本书主要探讨道教戒律在起源上与法律相关的部分，在法的起源上，常提“礼源于祭祀，刑始于兵”，所以文章的重点放在道教戒律与礼的关系，以及道教戒律与兵家思想的关系。由于道教特别重视科仪法术，所以把道教戒律与盟誓制度的关系单独列为一节。

第二章主要论述道教戒律与唐律的关系。该章以《唐律疏议》中的具体条文和道教戒律的规定进行对比，分析在入道的条件、出家以后道士与原家族的关系、在宫观道士师徒之间的关系、道士违反法律或戒律的处罚方式等方面，国法和教规之间的异同，以及道教戒律在形式上与“律”的关系。

第三章主要论述道教戒律与唐令的关系。该章将唐令中的具体条文和道教戒律的规定进行对比，以“道士女官僧尼给田”条、“道士、女道士簿籍”条、“天下观总数”条、“僧道科法”条、“僧、道士有所启请”条，逐一讨论每条令文与道教戒律之间的互动，以及道教戒律在形式上与“令”“如令”“如律令”的关系。

第四章主要论述道教戒律与唐格的关系。该章以唐格中的“假说灾祥及诈称得圣道”条、“勾合朋党”条、“饮酒食肉五辛”条、“作音乐博戏”条、“听著木兰”条、“禅行修道”条、“不得私畜财物”条、“行路相隐”条、“身死”条、“还俗”条，逐一讨论每条格文与道教戒律之间的互动，以及道教戒律在形式上与“格”的关系。

第五章主要论述道教戒律与唐式的关系。该章以唐式中关于“黄星真人”的规定、道僧设斋时给予供奉的规定、国忌日观寺散斋的规定、“私家不得立杂神”的规定、老子降诞日等节日的规定，逐一讨论每条式文与道教戒律之间的互动，以及戒律用语与“式”及其他法律形式的关系。

目　录 Contents

引　言

儒释道在我国古代社会流传久远,我国传统法律文化除了深受儒家的影响外,在其形成的过程中也曾受到佛、道等宗教方面因素的影响。与此同时,我国传统法律也规范、形塑、影响着宗教行为和宗教规范。本书的旨趣主要在于以道教戒律为中心,探讨宗教规范与我国传统法的相互作用和影响。

一、问题的提出

德主刑辅、礼法合流,历来被视为传统法律的显著特征。对于"法律的儒家化"这一提法,学界一直有不同的意见,但不论是何种观点,儒家对法律的影响是深刻和久远的,这是普遍共识。传统法律在几千年的发展进程中,无论是从理论层面,还是从实践层面来看,除了主要受到儒家思想的深刻影响外,还有没有受过其他流派其他思想的影响呢?答案当然是肯定的。

"汉家自有制度,本以霸王道杂之,奈何纯任德教,用周政乎。"汉宣帝批评太子的话,可以算作古代众多期望江山永固的君主的共同心声。在他们看来,维护现有的统治是终极目的,而政治制度、法律制度不论采取哪种学说、哪种流派,都只是为巩固政权而服务的,是可以调整的。在我国传统文化中,儒释道思想占据了浓墨重彩的一笔,那么,传统法律除了受儒家影响外,有没有受到过宗教因素的影响呢?答案依然是肯定的。

与西方发展不同,我国古代社会没有形成专门的教会法,但是,这并不代表我国传统法律没有受到宗教因素的影响。我国传统法律文化丰富多样,佛、道对传统法律文化的影响虽不如儒家那么显著和直接,但仍然与传统法律文化有着不可分割、千丝万缕的联系。

学者对于儒家文化对法制史的影响关注和讨论比较多,相对而言,对于宗教因素对法制史的影响,以及法制史对宗教方面的影响,关注和研究则少了很多,一般提及较多的时间段集中在远古和夏商西周时期,多为神权与王权的结合、天罚与王罚的沟通。除了远古和夏商西周时期之外,在整个历史长河中,宗教因素与传统法律之间,也曾产生过相互影响。

早在20世纪80年代,张晋藩就提出,在法律史的研究中,不应忽视道教和佛教对我国古代法律的影响。张晋藩在《中国法制史研究的现状与存在的主要问题》中指出,“过去研究中国法制史只注意了儒家学说对法律的影响,这是无疑的。但是道教、释教也都存在了一二千年,它的影响也不可忽视。汉初立法就受黄老之学的支配。西安保存下来的唐御史台精舍碑,便反映了释教的影响”[1]。在《中国法制史研究的现状与存在的主要问题》一文中,有关道教和佛教对古代法律的影响,张晋藩只是稍微提及了西汉黄老之学和唐御史台精舍碑,没有详细论述。[2]

张晋藩在《再论中华法系的若干问题》一文中,进一步对此论题进行了阐述:

> 然而,在中国古代对于社会广泛起作用的并不只是儒家。道教和释教也同样存在了一二千年。道教也有它的盛世宋王朝几乎奉道教为国

〔1〕张晋藩:《中国法制史研究的现状与存在的主要问题》,原载日本中央大学比较法研究所:《比较法杂志》第17卷第4号,1983年12月8日于东京;后收入《求索集——张晋藩先生与中国法制史学四十年》,南京大学出版社1996年版,第165页。

〔2〕按照通说,道教产生于我国东汉时期,西汉的黄老之学并不能算作严格意义上的道教。有关唐御史台精舍碑的研究,通说认为,唐御史台精舍碑的设立是重要的狱政措施,反映了佛教思想对唐代法制思想的影响,如胡留元、冯卓慧:《唐〈御史台精舍碑〉初探》,载《人文杂志》1983年第2期;也有学者有不同观点,唐御史台精舍碑设立的缘起及御史台精舍碑碑文内容及文字意义,均没有体现唐代政教合一的狱政措施的有关内容,是在武则天晚年打击酷吏、冤案惨重的形势下,御史台官员们在戾气甚重的特殊生存环境中,乞求消除戾气、祈福求安,作为心理寄托的非官方建筑,参见孙鹤:《唐〈御史台精舍碑〉略说》,载《政法论坛》2018年第1期。

> 教,皇帝自称道君皇帝。至于释教,南梁时梁武帝三次舍身为僧。保存下来的敦煌石窟的佛像雕刻历七百余年而未中断,则又表现了释教的地位。有关道教对于封建法制的影响,目前只注意到西汉初年黄老之学与法制的联系,以及唐律对盗毁天尊像的惩罚。对于释教,直到西安碑林中关于唐御史台精舍碑文的发现和研究之层才引起人们的关注。从内容十分丰富的碑文中,可以看到释教对法律的影响以及释、儒思想的某种融合。因此可以说以儒家学说为主导,儒道释三教在不同时期对封建法制起了不同程度的影响,这需要认真地研究。1975 年云梦秦简出土之前,大都认为秦自商鞅变法直到秦始皇统一六国,法家思想一直独占统治地位。由于秦简的发现,才使人发现就在这一段时间,儒家思想已经逐渐渗透到法家思想中去。作为剥削阶级共同的思想体系,尽管各个学派之间有对立的一面,但同时更重要的是相互渗透与相互吸收。因此,要对中华法系思想理论基础作全面的考察,不应当忽视道释两教的影响。[1]

张晋藩在该文中指出,道教对传统法律的影响,当时学界“只注意到西汉初年黄老之学与法制的联系,以及唐律对盗毁天尊像的惩罚”[2],佛教对传统法律的影响,得益于“西安碑林中关于唐御史台精舍碑文的发现和研究”,“才引起人们的关注”[3]。可以说当时不论是道教对传统法律的影响,还是佛教对传统法律的影响,其实相关研究都是相当不够的。张晋藩并以云梦秦简的出土,大家对秦国后期到秦朝统治思想的认识的变化,再一次论证研究道教和佛教对传统文化影响的意义。“1975 年云梦秦简出土之前,大都认为秦自商鞍变法直到秦始皇统一六国,法家思想一直独占统治地位。由于秦简的发现,才使人发现就在这一段时间,儒家思想已经逐渐渗透到法家思想中去。”[4]“因此可以说以儒家学说为主

---

〔1〕 张晋藩:《再论中华法系的若干问题》,载《中国政法大学学报》1984 年第 2 期。
〔2〕 张晋藩:《再论中华法系的若干问题》,载《中国政法大学学报》1984 年第 2 期。
〔3〕 张晋藩:《再论中华法系的若干问题》,载《中国政法大学学报》1984 年第 2 期。
〔4〕 张晋藩:《再论中华法系的若干问题》,载《中国政法大学学报》1984 年第 2 期。

导,儒道释三教在不同时期对封建法制起了不同程度的影响,这需要认真地研究。”[1]“因此,要对中华法系思想理论基础作全面的考察,不应当忽视道释两教的影响。”[2]

在张晋藩呼吁学者重视的同时,也有其他学者有着类似观点。比如,20世纪80年代,郭成伟也是充分肯定了宗教对古代中国法律的影响,“古代中国,宗教的传播对于法律的制定产生过程度不同的影响”[3]。

20世纪80年代,张晋藩主要呼吁学者要重视道教、佛教对传统法律的影响,到了20世纪90年代,张晋藩进一步提出传统法律文化具有杂糅法、道、释各派学说的综合性特征。[4]

在张晋藩等学者的呼吁和倡导下,关于我国传统法律文化与宗教因素相互作用方面的认识与研究,逐渐受到了重视,越来越多的学者开始研究道教、佛教、民间信仰与我国传统法律之间的关系和相互影响。

有的学者在文章中,主要从宏观层面论述我国古代法律的宗教性,如李光昱的《浅谈中国古代法律的宗教性》[5],谷东燕的《古代中国的宗教与法律——从法律的宗教性角度谈》[6],蒋传光的《中国古代宗教与法律关系的初步考察——一个法社会学的视角》[7],杜文忠的《民族性与宗教性——“中国法”不同于罗马法之法意》[8],等等。以上文章并非从某一种具体的宗教信仰探讨传统法律,更多的是揭示了我国古代法律和宗教的和谐性、包容性、多元性,才能更好地适应现实的复杂多变。

---

[1] 张晋藩:《再论中华法系的若干问题》,载《中国政法大学学报》1984年第2期。

[2] 张晋藩:《再论中华法系的若干问题》,载《中国政法大学学报》1984年第2期。

[3] 郭成伟:《元朝法律制度的特点》,载中国政法大学中国法律史研究所编:《中华法史丛谈》,中国政法大学出版社1988年版,第168页。

[4] 参见张晋藩、林中:《中国古代法律文化论纲》,载《政法论坛》1991年第5期。

[5] 参见李光昱:《浅谈中国古代法律的宗教性》,载《中外法学》1999年第2期。

[6] 参见谷东燕:《古代中国的宗教与法律——从法律的宗教性角度谈》,载《当代法学》2002年第12期。

[7] 参见蒋传光:《中国古代宗教与法律关系的初步考察——一个法社会学的视角》,载《法学家》2005年第6期。

[8] 参见杜文忠:《民族性与宗教性——“中国法”不同于罗马法之法意》,载《西南民族大学学报(人文社会科学版)》2010年第11期。

如果按照宗教信仰的类别作简单区分,佛教、道教、民间信仰与古代法律的关系等方面均有研究。

研究佛教与传统法律之间关系的有不少,其中,周东平的相关研究较多,从内容和形式上探讨了佛教对我国传统法律的影响,例如,《隋〈开皇律〉十恶渊源新探》(《法学研究》2005 年第 4 期),《隋〈开皇律〉与佛教的关系论析》(中国法律史学会编:《中国文化与法治》,社会科学文献出版社 2007 年版,第 184 – 198 页),《论佛教礼仪对中国古代法制的影响》[《厦门大学学报》2010 年第 3 期,又收入增勤主编:《首届长安佛教国际学术研讨会论文集》(第 5 卷),陕西师范大学出版总社有限公司 2010 年版,第 101 – 110 页],《论佛教对中国传统法律的影响》(中国政法大学宗教与法律研究中心编:《宗教与法律之多维探寻》,宗教文化出版社 2015 年版,第 108 – 119 页),《论佛教之"罪"在中国古代的法律化及其限度》(第一作者)(《厦门大学学报》2017 年第 6 期),《论佛教对中国传统法律中罪观念的影响》(第一作者)(《学术月刊》2018 年第 2 期),《论佛教对中国传统法律形式的若干影响》(第一作者)(《北方法学》2018 年第 4 期),《佛教影响中国传统法律论纲》(《中国历史文化新论——高明士教授八秩嵩寿文集》,台北,元华文创股份有限公司 2020 年版),《论佛教刑罚观对中国传统刑罚理念的影响》(第二作者)(《江苏社会科学》2020 年第 4 期),《论中国传统法律中的佛教影响》(《厦门大学学报》2020 年第 6 期),《论佛教对中国传统法律语言的影响》(《现代法治研究》2021 年第 2 期),《论佛教对中国传统法律之影响》(国家哲学社会科学成果文库,第二作者李勤通,中国社会科学出版社 2021 年版)。与李勤通合写的《论佛教对中国传统法律思想的影响》(《清华法学》2022 年第 1 期)。除周东平之外,还有李文军的《佛法与国法:规范合力与意义勾连——佛教与传统法律研究述评》[1],等等。除此之外,还有不少相关研究,涉及范围:既有从宏观的角度进行概述,又有从断代史的角度或者具体刑名进行研究;既有从整体性进行论述,又有从少数民族地域进行研究;涉及具体罪名的,既有从部门法的划分着手,又有从法律形式的

---

[1] 参见李文军:《佛法与国法:规范合力与意义勾连——佛教与传统法律研究述评》,载《世界宗教文化》2011 年第 1 期。

角度着手;既涉及相互影响和融合的方面,又涉及矛盾和冲突的一面,佛教戒律和法律规范二者关系之间的研究,以及对现代的启示意义;以及该主题的相关研究述评,等等。

从宏观的角度进行概述的有:殷啸虎的《佛教与古代法制》〔1〕,何柏生的《佛教与中国传统法律文化》〔2〕;从断代史的角度进行研究的有:李放的《南北朝时期佛教对法律思想的影响》〔3〕《南北朝时期佛教对法律文化的影响》〔4〕,周相卿的《汉至南北朝时期佛教与法的关系》〔5〕,陈义和的《佛教与宋代法律》〔6〕,陈灵海的《通往唐永徽〈律疏〉之路——中古佛教律学与世俗律学互动论》〔7〕,张海峰的《唐代法律与佛教》〔8〕,张径真的《法律视角下的隋唐佛教管理研究》〔9〕,段知壮的《唐代涉僧法律问题研究》〔10〕,是越越的《论佛教对唐代法制之影响》〔11〕;从具体刑名进行研究的有:杨荔薇的《佛教"盗戒"之构成——刑法学犯罪构成理论视角》〔12〕,李俊强的《从佛教史的角度看髡刑的废除》〔13〕,张海峰的《唐律"十恶"一词的佛教渊源》〔14〕;进行少数民族地域性研究的有:刀伟的《傣族历史上佛教与法律的关系初探》〔15〕,牟军的《西藏旧法在佛教发展中的作用》〔16〕;关于二

〔1〕 参见殷啸虎:《佛教与古代法制》,载《文史知识》1994 年第 2 期。

〔2〕 参见何柏生:《佛教与中国传统法律文化》,载《法商研究(中南政法学院学报)》1999 年第 4 期。

〔3〕 参见李放:《南北朝时期佛教对法律思想的影响》,载《船山学刊》2008 年第 3 期。

〔4〕 参见李放:《南北朝时期佛教对法律文化的影响》,载《理论界》2008 年第 6 期。

〔5〕 参见周相卿:《汉至南北朝时期佛教与法的关系》,载《金筑大学学报(综合版)》1999 年第 4 期。

〔6〕 参见陈义和:《佛教与宋代法律》,中国政法大学出版社 2015 年版。

〔7〕 参见陈灵海:《通往唐永徽〈律疏〉之路——中古佛教律学与世俗律学互动论》,载《学术月刊》2015 年第 9 期。

〔8〕 参见张海峰:《唐代法律与佛教》,上海人民出版社 2014 年版。

〔9〕 参见张径真:《法律视角下的隋唐佛教管理研究》,中国社会科学出版社 2018 年版。

〔10〕 参见段知壮:《唐代涉僧法律问题研究》,中国社会科学出版社 2020 年版。

〔11〕 参见是越越:《论佛教对唐代法制之影响》,南京大学 2017 年硕士学位论文。

〔12〕 参见杨荔薇:《佛教"盗戒"之构成——刑法学犯罪构成理论视角》,载《宗教学研究》2004 年第 4 期。

〔13〕 参见李俊强:《从佛教史的角度看髡刑的废除》,载《湘潭大学学报(哲学社会科学版)》2014 年第 2 期。

〔14〕 参见张海峰:《唐律"十恶"一词的佛教渊源》,载《现代法学》2012 年第 3 期。

〔15〕 参见刀伟:《傣族历史上佛教与法律的关系初探》,载《商丘师范学院学报》2005 年第 3 期。

〔16〕 参见牟军:《西藏旧法在佛教发展中的作用》,载《现代法学》1994 年第 4 期。

者冲突与融合的研究有:顾俊杰的《论佛教与中国传统法律文化的冲突与融合》[1],谢晶的《家可出否:儒家伦理与国家宗教管控》[2];涉及佛教戒律和法律规范二者关系,以及对现代借鉴研究的有:任汝平、张欧琼的《论佛教戒律对中国古代法制的影响》[3],李音祚的《浅谈佛教的基本戒律对现代生活方式的启迪》[4],周相卿的《佛法对我国当代法律制度的积极影响论纲》[5];研究述评有:李文军的《佛法与国法:规范合力与意义勾连——佛教与传统法律研究述评》[6],等等。

从以上列举的文章和专著来看,佛教与传统法律之间关系的研究受到了不少学者的关注,涉及的内容也不断扩大,研究的方向也不断趋于精细化。李文军的《佛法与国法:规范合力与意义勾连——佛教与传统法律研究述评》一文指出了今后研究需要注意的三点问题:在研究方法上,继续加强规范分析方法的运用,佛教戒律具有社会规范的属性,也有规范分析方法使用的必要;在研究材料上,重视"官方文本"和"民间文本"的结合使用;在研究对象上,应该更加重视佛教戒律在古代司法实践中所发挥的作用,相应的个案研究有所欠缺。[7] 他指出的这三点,放在现在仍然有借鉴意义,特别是佛教戒律与法律法规的关系依然有进一步研究的空间。

研究民间信仰[8]与传统法律之间关系的有[9]:从宏观的角度进行概述的有:郝铁川的《中华法系研究》,郝铁川在《中华法系研究》中将中华法系的特征概

---

〔1〕 参见顾俊杰:《论佛教与中国传统法律文化的冲突与融合》,载《同济大学学报(社会科学版)》2006年第3期。

〔2〕 参见谢晶:《家可出否:儒家伦理与国家宗教管控》,载《北方法学》2015年第4期。

〔3〕 参见任汝平、张欧琼:《论佛教戒律对中国古代法制的影响》,载《宜春学院学报》2013年第1期。

〔4〕 参见李音祚:《浅谈佛教的基本戒律对现代生活方式的启迪》,载《法音》2009年第8期。

〔5〕 参见周相卿:《佛法对我国当代法律制度的积极影响论纲》,载《金筑大学学报(综合版)》1999年第2期。

〔6〕 参见李文军:《佛法与国法:规范合力与意义勾连——佛教与传统法律研究述评》,载《世界宗教文化》2011年第1期。

〔7〕 参见李文军:《佛法与国法:规范合力与意义勾连——佛教与传统法律研究述评》,载《世界宗教文化》2011年第1期。

〔8〕 为了叙述的方便,本书将能够明确区分为道教和佛教的单独分类,其他诸如鬼神观念、因果报应、神判冥判,以及兼具道教、佛教和民间信仰的,都划分在民间信仰一类。

〔9〕 参见李俊丰:《"传统中国的宗教信仰与法律文化"研究述评》,载《世界宗教文化》2014年第3期。

括为“法典的法家化、法官的儒家化、民众法律意识的鬼神化”，他认为中国古代的社会文化明显地存在精英文化和大众文化的区别，大众文化主要表现为鬼神信仰及其仪式，一般民众的法律意识带有鬼神化的特征。[1] 从断代史的角度进行研究的有：陈登武的《从人间世到幽冥界——唐代的法制、社会与国家》[2]《地狱·法律·人间秩序——中古中国的宗教、社会与国家》[3]，等等。从具体内容切入的，如司法纠纷的解决、鬼神观念、因果报应、神判冥判等，司法纠纷解决的有：李可的《宗教社会纠纷解决机制：唐和宋的专题研究》[4]，柳立言的《宋代的宗教、身份与司法》[5]，吴元元的《神灵信仰、信息甄别与古代清官断案》[6]；从鬼神观念着手的有：李文军的《论鬼神观念对中国传统司法的积极意义》[7]《荒诞不经与法律真实——论鬼神观念与古代司法中的事实认定》[8]，郭东旭、牛杰的《宋代民众鬼神赏罚观念透析》[9]；从因果报应着手的有：霍存福的《复仇·报复刑·报应说——中国人法律观念的文化解说》[10]，夏清瑕的《另一种秩序——法律文化中的因果报应信仰》[11]，郭忠的《阴律：一种存在于观念中的法——对中国民间因果报应信仰的法理分析》[12]；从神判冥判着手的有：韦书觉的《论神

[1] 参见郝铁川：《中华法系研究》，复旦大学出版社1997年版；郝铁川：《中华法系研究》（增订本），商务印书馆2021年版。

[2] 参见高明士主编、陈登武：《从人间世到幽冥界——唐代的法制、社会与国家》，北京大学出版社2007年版。

[3] 参见陈登武：《地狱·法律·人间秩序——中古中国的宗教、社会与国家》，台北，五南图书出版有限公司2009年版。

[4] 参见李可：《宗教社会纠纷解决机制：唐和宋的专题研究》，法律出版社2010年版。

[5] 参见柳立言：《宋代的宗教、身份与司法》，中华书局2012年版。

[6] 参见吴元元：《神灵信仰、信息甄别与古代清官断案》，载《中国社会科学》2006年第6期。

[7] 参见李文军：《论鬼神观念对中国传统司法的积极意义》，载《河北法学》2009年第7期。

[8] 参见李文军：《荒诞不经与法律真实——论鬼神观念与古代司法中的事实认定》，载《北方法学》2010年第5期。

[9] 参见郭东旭、牛杰：《宋代民众鬼神赏罚观念透析》，载《河北大学学报（哲学社会科学版）》2003年第3期。

[10] 参见霍存福：《复仇·报复刑·报应说——中国人法律观念的文化解说》，吉林人民出版社2005年版。

[11] 参见夏清瑕：《另一种秩序——法律文化中的因果报应信仰》，载《宁夏大学学报（人文社会科学版）》2006年第5期。

[12] 参见郭忠：《阴律：一种存在于观念中的法——对中国民间因果报应信仰的法理分析》，载《青海社会科学》2013年第1期。

判的价值》[1]，郭忠的《看不见的正义：幽冥文化中的"法"观念》[2]，张守东的《城隍神的构造原理：法律与宗教互动的古代中国经验》[3]，范依畴的《民间司法公正观念的神话表达及其特征——明清文学中"城隍信仰"的法文化解读》[4]；研究述评有：李俊丰的《"传统中国的宗教信仰与法律文化"研究述评》[5]，等等。

"相较于儒家伦理道德，因果报应、城隍司法、鬼神赏罚等民间宗教信仰对民众法律意识、官员司法、民众守法、社会秩序构建发挥了同样重要的作用。"[6] 相较于法律的儒家化表达，有学者将此类现象称为法律的宗教性实践。[7] 近年来，越来越多的学者关注、研究古代社会此类宗教性实践的相关课题。李俊丰的《"传统中国的宗教信仰与法律文化"研究述评》一文对于未来研究路径提出了三点建议：一是重视实证、具体、微观的研究的开展，二是重视史料和研究方法的拓展，三是尝试跨学界式的研究。[8] 目前，实证、具体、微观的研究也越来越受到重视，史料和研究方法也得到了进一步拓展，只是跨学界的联合研究并不多见。

研究道教与传统法律之间关系的有，宏观、概括性的研究有：王谋寅的《道教与中国传统法律文化》[9]；从断代史的角度进行研究的有：池建华的《道法互动：唐代道教与法律的关系研究》[10]；从道教的信仰与仪式的角度进行研究的有：康豹的《精魂拘闭，谁之过乎？——道教与中国法律文化的建构初探》[11]；从道教经书着手的有：王谋寅：《〈太平经〉法哲学思想研究》[12]；从犯罪预防的角度进行

[1] 参见韦书觉：《论神判的价值》，载《吉首大学学报（社会科学版）》2009 年第 4 期。
[2] 参见郭忠：《看不见的正义：幽冥文化中的"法"观念》，中国政法大学出版社 2015 年版。
[3] 参见张守东：《城隍神的构造原理：法律与宗教互动的古代中国经验》，载《财经法学》2020 年第 2 期。
[4] 参见范依畴：《民间司法公正观念的神话表达及其特征——明清文学中"城隍信仰"的法文化解读》，载《法学》2013 年第 1 期。
[5] 参见李俊丰：《"传统中国的宗教信仰与法律文化"研究述评》，载《世界宗教文化》2014 年第 3 期。
[6] 杨国庆：《中国传统法律的宗教性特征》，载《华东政法大学学报》2018 年第 2 期。
[7] 参见杨国庆：《中国传统法律的宗教性特征》，载《华东政法大学学报》2018 年第 2 期。
[8] 参见李俊丰：《"传统中国的宗教信仰与法律文化"研究述评》，载《世界宗教文化》2014 年第 3 期。
[9] 参见王谋寅：《道教与中国传统法律文化》，中国政法大学 2009 年博士学位论文。
[10] 参见池建华：《道法互动：唐代道教与法律的关系研究》，上海师范大学 2015 年硕士学位论文。
[11] 参见康豹：《精魂拘闭，谁之过乎？——道教与中国法律文化的建构初探》，载《温州大学学报（社会科学版）》2010 年第 4 期。
[12] 参见王谋寅：《〈太平经〉法哲学思想研究》，载《社会科学研究》2016 年第 6 期。

研究的有:赵洪涛的《道教与犯罪控制》[1];有关道教戒律与传统法的研究,由于是本书关注的重点,下文单独列出。相比佛教与传统法律之间关系的研究、民间信仰与传统法律之间关系的研究,道教与传统法律之间关系的研究,则显得相对要冷清一些。

二、道教戒律与传统法研究现状

道教是我国的本土宗教,融合、吸收了传统文化的很多理念,反映了不同社会阶层的信仰诉求,与我国传统法律文化更是有着各种各样的联系。戒律与世俗法律有相通之处,均可以视为规范,道教戒律是道教内部的规范和法则,对道教徒的行为有着约束的功能。道教戒律有其产生和发展的历史过程,其调整对象除了道教徒之外,对统治者、士大夫以及社会一般民众的心理和行为皆产生了重要影响,与佛教戒律、儒家礼制、家法族规、乡规民约都可以视为与国家制定法相对应的其他规范,在与国家法的调和中,对导民向善、暗助王纲发挥着重要作用。

关于道教戒律与我国传统法的研究,哲学、宗教学、历史学、社会学、法律史等学科均有。哲学、宗教学、历史学、社会学主要集中在道教戒律的发展、内容、特色以及道教戒律所涉及的道经等方面,其中有部分内容直接或间接涉及道教戒律与传统法,但是并非其关注重点。以道教戒律为中心,笔者将道教戒律与传统法的研究概况划分为四个方面:第一,以道教戒律为中心的研究;第二,我国传统法对道教戒律的影响;第三,道教戒律对我国传统法的影响;第四,道教戒律与传统法的相互作用(国法与道教教规的关系)。

(一)以道教戒律为中心的研究

专门以道教戒律为研究对象的相关著述,有整体介绍道教戒律的发展及特色的,有介绍戒律内容的,有从断代史或某个教派进行研究的,有地域性研究的,有研究某个代表人物的戒律思想或某部道经的,等等。整体介绍道教戒律的发展及

---

[1] 参见赵洪涛:《道教与犯罪控制》,中国政法大学2009年硕士学位论文。

特别的有:丁常云的《试论道教戒律建设的发展历程》[1],见见的《道教戒律建设的历史发展与特色》[2],刘莉的《道教“鬼律”初探》[3];介绍戒律内容的有:尹志华的《道教戒律中的环境保护思想》[4],信灵的《道教戒律与道德》[5],李继武的《道教戒律的伦理道德思想》[6];从断代史或某个教派进行研究的有:唐怡的《全真道戒律的发展历史与特征》[7],郑好的《武当山元和观与明代以后的武当清规》[8];地域性研究的有:关思思的《敦煌道教戒律文書初探》[9],尹志华的《北京白云观藏〈龙门传戒谱系〉初探》[10],王辉刚的《晚清民国成都二仙庵传戒研究——以1942年传戒为中心》[11];研究某个代表人物的戒律思想或某部道经的有:张永龙的《张万福道教戒律思想研究》[12],张巍青的《王常月戒律思想研究》[13],王唯的《〈女青鬼律〉思想研究》[14],林夕梦的《〈女青鬼律〉研究》[15];从古代小说中解读道教戒律的有:许蔚的《泾河龙王的定罪与量刑——从道法律条看〈西游记〉中的龙王犯罪故事》[16],等等。

伍成泉的《汉末魏晋南北朝道教戒律规范研究》为历史学论文,其中,涉及道教戒律与传统法相关的内容有:道教戒律规范溯源、魏晋南北朝道教科律的罪与

---

〔1〕 参见丁常云:《试论道教戒律建设的发展历程》,载《中国道教》2004年第6期。
〔2〕 参见见见:《道教戒律建设的历史发展与特色》,载《中国道教》2004年第6期。
〔3〕 参见刘莉:《道教“鬼律”初探》,载《宗教学研究》2011年第3期。
〔4〕 参见尹志华:《道教戒律中的环境保护思想》,载《中国道教》1996年第2期。
〔5〕 参见信灵:《道教戒律与道德》,载《中国道教》2005年第1期。
〔6〕 参见李继武:《道教戒律的伦理道德思想》,载《人文杂志》2005年第3期。
〔7〕 参见唐怡:《全真道戒律的发展历史与特征》,载《云南民族大学学报(哲学社会科学版)》2006年第2期。
〔8〕 参见郑好:《武当山元和观与明代以后的武当清规》,载《中国道教》2020年第1期。
〔9〕 参见关思思:《敦煌道教戒律文書初探》,浙江大学2015年硕士学位论文。
〔10〕 参见尹志华:《北京白云观藏〈龙门传戒谱系〉初探》,载《世界宗教研究》2009年第2期。
〔11〕 参见王辉刚:《晚清民国成都二仙庵传戒研究——以1942年传戒为中心》,华中师范大学2013年硕士学位论文。
〔12〕 参见张永龙:《张万福道教戒律思想研究》,南京大学2011年硕士学位论文。
〔13〕 参见张巍青:《王常月戒律思想研究》,西南大学2010年硕士学位论文。
〔14〕 参见王唯:《〈女青鬼律〉思想研究》,南京大学2016年硕士学位论文。
〔15〕 参见林夕梦:《〈女青鬼律〉研究》,浙江大学2018年硕士学位论文。
〔16〕 参见许蔚:《泾河龙王的定罪与量刑——从道法律条看〈西游记〉中的龙王犯罪故事》,载《南开学报(哲学社会科学版)》2023年第1期。

罚、魏晋南北朝道教戒律规范的实际持行状况。该文认为，道教戒律规范的源头有三种：一是早期人类社会原始宗教的禁忌规定，二是先秦宗法性国家宗教的禁戒规定，三是世俗国家政令形式，这三种均是道教戒律规范的重要源头。[1] 除了道教戒律规范溯源之外，该文的研究主要集中在汉末魏晋南北朝时期。

唐怡的《道教戒律研究》为哲学论文，涉及道教戒律与传统法律文化相关的内容有以下四个方面：一是道教戒律与政府对道教的管理，二是道教戒律对个体的约束功能，三是道教戒律对教团的维系功能，四是道教戒律对国家法规的弥补功能。[2]

任宗权的《道教戒律学》是宗教人士内部第一本研究道教戒律的专著，其中，涉及道教戒律与传统法律文化相关的内容有：绪论的第一节"戒律的孕育与发生"和第五章"道教戒律与历代法制"[3]。

刘绍云的《宗教律法与社会秩序——以道教戒律为例的研究》属于历史学论文，其中，涉及道教戒律与传统法律文化相关的内容有：戒律对道教徒社会关系的规范，道教戒律与传统家规的关系，道教戒律重契守信的责任规范，以及第五章"道教戒律与传统法律的关系"的内容。在第五章中，主要是从以下几个方面着手：道教戒律与传统法律伦理价值观的一致性，内容上的相关性，道教戒律对刑罚约束的弥补，国家管理道教的法律规范。[4]

劳政武的《佛教戒律学》[5]和严耀中的《佛教戒律与中国社会》[6]主要研究对象是佛教戒律，由于古代社会官方对佛道的管理经常并列提及，以及佛教戒律和道教戒律之间存在相互影响，故对佛教戒律研究的有关视角、材料和方法也能够适用于道教戒律。尤其是在严耀中的《佛教戒律与中国社会》第三十章"戒律的玄化和道化"，主要论述了道教戒律对佛教戒律的影响。

---

[1] 参见伍成泉：《汉末魏晋南北朝道教戒律规范研究》，巴蜀书社2006年版。
[2] 参见唐怡：《道教戒律研究》，巴蜀书社2008年版。
[3] 参见任宗权：《道教戒律学》，宗教文化出版社2008年版。
[4] 参见刘绍云：《宗教律法与社会秩序——以道教戒律为例的研究》，巴蜀书社2009年版。
[5] 参见劳政武：《佛教戒律学》，宗教文化出版社1999年版。
[6] 参见严耀中：《佛教戒律与中国社会》，上海古籍出版社2007年版。

以上论文或者专著均是从历史学或者宗教学、哲学的角度切入，由于专业属性和篇幅的缘故，对于道教戒律与传统法律文化的关系虽有一定涉及，但是并非其关注重点。

（二）我国传统法对道教戒律的影响

笔者将这一类分为三个方面：我国古代法令对道教进行管理和规范方面；传统法对道教戒律内容上的影响；传统法对道教戒律形式上的影响。

1. 我国古代法令对道教进行管理和规范方面

王立民的《中国古代刑法与佛道教——以唐宋明清律典为例》主要论述了唐、宋、明、清的刑法中关于佛、道教的规定和僧道的主要犯罪行为，总结了古代刑法关于佛道规定的特点：我国古代刑法对于佛道教主要是调整、规范两教的行为，直接关于佛道教犯罪的内容规定得很有限，且我国古代刑法对佛道教犯罪用刑的力度也不大。[1] 雷晓鹏的《中国古代刑法对佛道教的规范》[2]论述了古代刑法对佛道教规范的内容，古代刑法对佛道教规范的特点及原因，还专门指出了：古代宗教的规范管理对道教生存状态的影响，由于立法技术的不断改善，宗教管理的规范化，这也是道教更加重视个人内在修炼，而逐渐忽视外在仪式的一个重要原因。[3]

潘明权的《历代宗教管理法令初探——以中国古代佛教、道教的管理法令为主干》，该书引证相关史料和实例，论述了中国古代至民国的政教关系、宗教政策、管理机构、宗教管理的法律制度、寺额制度、僧道籍制度、僧道官制度、度牒制度、寺观主持选任制度、寺观经济管理制度、整饬宗教肃正僧道措施，等等。该书对古代宗教管理的法令进行了较为翔实的梳理，其主旨是法令对宗教的规范，较少涉及宗教对法令的影响和作用，且并非专门以道教为研究对象。[4]

---

〔1〕 参见王立民：《中国古代刑法与佛道教——以唐宋明清律典为例》，载《法学研究》2002年第3期。

〔2〕 参见雷晓鹏：《中国古代刑法对佛道教的规范》，载《宗教学研究》2005年第4期。

〔3〕 参见雷晓鹏：《中国古代刑法对佛道教的规范》，载《宗教学研究》2005年第4期。

〔4〕 参见潘明权编著：《历代宗教管理法令初探——以中国古代佛教、道教的管理法令为主干》，宗教文化出版社2017年版。

其他还有按不同的朝代对历代宗教管理进行断代史的分析，这样的专著和论文较多。南北朝的有：刘康乐的《北朝国家道教管理制度略考》《南朝道教政策及其道官制度》。唐代的有：王永平的《道教与唐代社会》《信仰与习俗：社会文化史视野下的唐代道教》，林西朗的《唐代道教管理制度研究》，周奇的《唐代宗教管理研究》。宋代的有：唐代剑的《宋代道教管理制度研究》。金代的有：白文固的《金代官卖寺观名额和僧道官政策探究》。元代的有：林巧薇的《试论元代集贤院与地方道教事务管理的关系》。明代的有：赵亮的《明代道教管理制度》，杨立志的《明代帝王与武当道教管理》，罗卡的《试论明王朝对道教的管理》，赵轶峰的《明代僧道度牒制度的变迁》，魏荣的《明太祖时期道教政策研究》，贺晏然的《官僚、科举与道派：明代道官考选制度的建立与发展》。清代的有：卿希泰、由申的《乾隆朝的道教事务管理》，张践的《康熙的实学思想和宗教政策》，等等。

涉及两个以上朝代的有：丁强的《早期道教教职的研究》，刘康乐的《中古道官制度研究》，许利彰的《中唐以前唐代道教政策与道教管理制度研究》，张桥贵、赵慧生的《道官初探》，孙齐的《唐前道观研究》，陈辉的《论东汉魏晋南北朝统治者的道教政策取向》。

从单个朝代来看，唐、宋、明的论述相对多一些；从跨越两个以上朝代来看，中古及以前的多，这也是跟道教自身发展的特色和趋势有关。

2. 传统法对道教戒律内容上的影响

涉及此方面的内容主要有：任宗权的《道教戒律学》，但是相关描述比较分散；还有刘绍云的《宗教律法与社会秩序——以道教戒律为例的研究》，其中第五章“道教戒律与传统法律的关系”中，第一节讨论了道教戒律与我国传统法律伦理价值观的一致性。关于此方面内容的系统梳理似乎并不多见。

3. 传统法对道教戒律形式上的影响

涉及此方面的内容主要有：伍成泉的《汉末魏晋南北朝道教戒律规范研究》，其中第一章在探讨道教戒律规范溯源时，认为世俗的国家政令形式对道教戒律命名产生过重大影响；刘绍云的《宗教律法与社会秩序- —以道教戒律为例的研究》，其中第一章提及了道教戒律的形式特色。关于此方面内容的系统梳理似乎也并不多见。

(三)道教戒律对我国传统法的影响

王谋寅的论文《道教与中国传统法律文化》是第一次较为系统地论述了道教对中国传统法律文化的影响问题,跟道教戒律和传统法律文化直接相关的是第一章,该章从法律社会学的视角赋予道教戒律"法"的性质,探讨道教戒律的历史发展、基本内容及其与国家制定法的关系。[1] 正如作者在导言中所说,道教与传统法律文化的关系可划分为两个层次:一是国家对道教的法律规制,二是道教对古代法的影响。[2] 笔者认为,道教与传统法律文化的关系是否可以再作更细的划分。以道教戒律为中心,拟作以下划分:(1)传统法对道教戒律的影响,国家对道教的法律规制只是其中的一个方面;(2)道教戒律对传统法的影响;(3)道教戒律与传统法的互动关系。由于该文作者的重点在于道教对古代法的影响,所以该文对于传统法律对道教的影响和二者的相互关系未作深入探讨。

白照杰的《整合及制度化——唐前期道教研究》一书第五章为"唐前期的道戒整合",对先唐道戒进行了梳理,并对唐代律法与道戒的互动进行了探讨,在对唐代《道僧格》条文与道教戒律的逐一对比中,认为《道僧格》有很多内容可能参考借鉴了同时期重要的道教戒律。[3] 笔者认为,这种影响和借鉴不仅是单向的,而且应该是双向的,也就是说,既有国家制定法对道教戒律的借鉴和参考,又有道教戒律对国家制定法的维护和吸收。

李海啸的《〈大清律例〉中宗教性的体现》一文论述儒释道对《大清律例》的影响,其中第四章主要阐述的是道教元素对《大清律例》的渗透和影响,尤其是提到了道教戒律对《大清律例》的制定产生了深刻影响。[4]

(四)道教戒律与传统法的相互作用(国法与道教教规的关系)

池建华的《道法互动:唐代道教与法律的关系研究》一文论述了唐代道教与

[1] 参见王谋寅:《道教与中国传统法律文化》,中国政法大学2009年博士学位论文。
[2] 参见王谋寅:《道教与中国传统法律文化》,中国政法大学2009年博士学位论文。
[3] 参见白照杰:《整合及制度化——唐前期道教研究》,格致出版社2018年版。
[4] 参见李海啸:《〈大清律例〉中宗教性的体现》,上海师范大学2013年硕士学位论文。

唐代法律的互动关系，概括为以法治道、以道统法、道在法中、施法有道四个方面。[1] 其中，道在法中部分，主要介绍唐代的律、令、格、式中蕴含的道教因素，并非直接针对道教戒律，且仍有可以深入分析的地方。

林永峰的《国法与道教教规关系浅析》一文指出国法与道教教规关系的三个方面：国法是道教教规制定的基本准则；国法不允许的，教规也不允许；教规不允许的，国法不一定禁止。二者发生矛盾时，教规要服从国法。[2]

此外，还有冯玉军的《关于国法与教规关系的四点看法》[3]、王作安的《从三个维度正确认识和处理国法与教规的关系》[4]、穆卫宾的《"国法与教规关系研讨会"会议综述》[5]，虽然不是专门针对道教教规与国法之间的关系，但是也从不同角度探讨了国法与教规的关系。

三、道教戒律有关概念界定

宗教现象由来已久，著名的宗教有佛教、道教、伊斯兰教、天主教、基督教、东正教，等等。一方面，宗教是以一定的信仰为核心的一个观念体系；另一方面，宗教也是一个完备的社会规范体系。[6]

同为规范，宗教规范和法的规范存在明显的区别：第一，二者的产生方式不同。前者多由宗教领袖假借神的名义制定，后者由国家制定或认可。第二，二者的实现方式不同。前者的实现主要依靠的是教徒个人的意愿，后者的实现以国家强制力进行保障。第三，二者的制裁程序不同。一般违反宗教规范的行为主要由宗教内部进行处理，而违反国家法律规范的行为需要国家司法机构的介入。第四，二者的作用范围不同。前者不但规范人的外在行为，还规范人的所思所想。后者一般只规范人的外在行为，不规范人的所思所想。第五，二者的规范形式不

---

[1] 参见池建华：《道法互动：唐代道教与法律的关系研究》，上海师范大学2015年硕士学位论文。
[2] 参见林永峰：《国法与道教教规关系浅析》，载《中国宗教》2016年第8期。
[3] 参见冯玉军：《关于国法与教规关系的四点看法》，载《中国民族报》2015年8月4日。
[4] 参见王作安：《从二个维度正确认识和处理国法与教规的关系》，载《中国宗教》2015年第8期。
[5] 参见穆卫宾：《"国法与教规关系研讨会"会议综述》，载《宗教研究》2015年第1期。
[6] 参见张文显主编：《法理学》（第3版），法律出版社2007年版，第432页。

同。前者以强调人对神的服从义务为主,大多属于义务性规范。后者主要有两种基本形式:既包含义务性规范,又包含权利性规范。[1]

明确了宗教规范和世俗法律规范的区别,更有助于加深对我国古代宗教规范的认识和理解。除了以上提及的宗教规范和法的规范存在的不同之处,我国宗教规范与古代世俗法律尚存在相同之处——二者都受到道德的影响。我国宗教规范与古代世俗法律产生了这样的一个现象,即王夫之所谓,“其教佛、老者,其法必申、韩”[2],“佛、老之于申、韩,犹鼙鼓之相应也,应之以申、韩,而与治道弥相近矣”。[3] 严耀中将这种现象解释为道德与法律是佛家、道家、法家共通的约束理念,二者在约束功能上多是相互促进的,尤其是在道德与法律混为一谈的时候。[4]

本书所讲的道教戒律,其实也是一种宗教规范,关于道教戒律的界定,有不同的观点。如丁培仁认为,“戒律是体现教义、神学的行为规范,仅次于教义,是成熟宗教的标志之一,有别于原始宗教的禁忌。道教也不例外”[5]。丁培仁将戒律视为行为规范,对道教戒律范围的界定也较为广泛,他认为戒律类道书可以包括以下六种:戒经、律文、科文、清规、功过格、劝善书。戒经,如《虚皇天尊初真十戒文》《正一法文天师教戒科经》《赤松子中诫经》《老君音诵戒经》等;律文,如《道士夺算律》《玄都律》《女青鬼律》《太上老君经律》等;科文,如《三洞奉道科诫》《千真科》等;清规,如《全真清规》《道门十规》等;功过格,如《太微仙君功过格》《十戒功过格》《警世功过格》等;劝善书,如《太上洞玄灵宝太玄普慈劝世经》《太上感应篇》等。[6] 笔者同意此观点。

有学者认为,“戒律是道士和信徒必须遵守的宗教纪律,以伦理道德规范为重点”,因而主张将有关戒律的道经归到“伦理学”类,而“戒律与世俗法律有相通

---

〔1〕 参见张文显主编:《法理学》(第3版),法律出版社2007年版,第432-433页。
〔2〕 《读通鉴论》卷一七《梁武帝》,中华书局1975年版,第501页。
〔3〕 《读通鉴论》卷一七《梁武帝》,中华书局1975年版,第501页。
〔4〕 参见严耀中:《佛教戒律与中国社会》,上海古籍出版社2007年版,第11页。
〔5〕 丁培仁:《道书分类法之我见》,载丁培仁:《求实集——丁培仁道教学术研究论文集》,巴蜀书社2006年版。
〔6〕 参见丁培仁:《戒律类道经说略》,载朱越利主编:《道藏说略》,北京燕山出版社2009年版。

之处,亦可附于中国法制史类”[1]。戒律实为宗教规范,与世俗法律有很多类似的地方。道教戒律是道教内部的规范和法则,对道教徒所思、所言、所行皆有着约束功能。

道书中有不少对戒律进行界定和阐述的经文,如《洞玄灵宝玄门大义》《道教义枢》,被誉为小道藏的《云笈七签》,等等。

“戒律”二字一般连称,“戒者,解也,界也,止也,能解众恶之缚,能分善恶之界,防止诸恶也。律者,率也,直也,慄也,率计罪愆,直而不枉,使惧慄也”[2]。唐代孟安排《道教义枢》也有类似的解释:“戒律者,戒止也,法善也。止者止恶,心口为誓,不作恶也。”[3]“律者,终出戒中,无更别目,多论罪报刑宪之科,如天师制鬼、玄都女青等律具。斯则戒主于因,律主于果。以戒论,防恶;律论,止罪。故也。”[4]但是“戒”与“律”细究也是有差别的,“戒”是假借神的名义,是信教者与神所订立的契约;“律”更多的是针对违戒之后的惩罚,在这个意义上更接近于道教后期偏重于罚则的清规。由此也可见“戒”与“律”的区别在于:戒主要是从原因的角度而言,从源头上截断产生错误的可能性和根基;而律是从结果的角度而言,一旦有罪,必须领受惩罚,所以不敢染指错误的行为和思想。[5]

通常人们将“戒律清规”连用,戒律和清规对举时,戒律仅指狭义上的含义,与清规所指不同,狭义上的戒律和清规是有区别的。如果不是在戒律和清规对举的情况下,一般所指的戒律是指广义上的戒律,广义上的戒律可以包含清规。以下略就狭义上的戒律和清规作出说明。

第一,二者的内容不同。戒律往往是假托神的名义,用以规范制约信教者的言行甚至信教者的思想,并不一定有惩罚的内容;清规往往是各宫观自行制定的,相较于狭义的戒律,清规的罚则部分则得以凸显出来。一般而言,戒律侧重于将

---

[1] 参见朱越利:《道藏分类解题》,华夏出版社1996年版,第33页。

[2] 《洞玄灵宝玄门大义》,载《道藏》第24册,第734页。本书引用的《道藏》为三家本《道藏》,即文物出版社、上海书店、天津古籍出版社1988年联合印影本,以下同。

[3] 《道教义枢》,载《道藏》第24册,第818页。

[4] 《道教义枢》,载《道藏》第24册,第818页。

[5] 参见张凤林主编:《道教戒律建设与宫观管理》,宗教文化出版社2008年版,刘仲宇“序”第2页。

然之前,清规侧重于已然之后。不过戒律也并非绝对的警戒于事前,早期道教没有清规,但也有类似处罚规定的戒律。清规也并非只是绝对的事后惩罚,除了惩罚性条款,还具有其他制度性的内容,如规范道众、管理宫观事务等方面的制度和仪则,清规包括但不限于以下内容:规矩式清规、修持式清规、规榜式清规、诫谕式清规。[1] 第二,二者决定赏罚的主体不同,戒律由神在冥冥间给人以赏罚,戒律遵守好坏的赏罚决定权在缥缈的神灵手中;而清规的执行中决定赏罚的主体则是宫观住持和普通道众,突出了人的因素。第三,二者的惩罚依据和赏罚方式不同,戒律的惩罚依据主要建立在以鬼神、报应为基础的信仰上,遵守戒律可以延年益寿乃至飞升成仙,违反戒律则减少寿算乃至失去生命;而清规的惩罚依据更多是来自宫观团体的权威性,违反清规的处罚方式主要有罚跪、责杖、驱逐,甚至被处死,清规比戒律在惩罚手段上更具有可操作性。第四,二者的公开程度不同,戒律是随着道士的位阶而传授的,教阶层级越高,所能够掌握和应该遵守的戒律更多;而清规一般都是张榜公布在斋堂等公共场所,其公开性明显要高于戒律。第五,二者体现的意志和利益不同,戒律的内容主要为教理教义服务,清规更多的是体现团体的整体利益。第六,二者出现的时间也是不同的,戒律伴随早期道教的出现而逐步完善,而清规是全真道仿造佛教所订立,南宋以后才出现的。[2]

本书所论述的道教戒律,采取广义上的范畴,包括止恶的禁止性行为规范和劝善的劝诫引导性规范,主要关注重点是道士入道的准入机制、道士在宫观的行为规范、道士违反戒律和世俗法律的惩罚措施。

四、本书的学术价值和存在的不足之处

(一)本书的学术价值

第一,从研究的角度而言,以往研究道教方面的成果多是从历史学和宗教学

---

〔1〕 参见高大伟:《关于"道教清规"几个问题的辨析》,载《宗教学研究》2021年第4期。

〔2〕 关于清规和戒律的区别,可参见张凤林主编:《道教戒律建设与宫观管理》,宗教文化出版社2008年版;唐怡:《道教戒律研究》,巴蜀书社2008年版,第44-46页;任宗权:《道教戒律学》,宗教文化出版社2008年版。

的角度出发,以道教专业为例,他们更多地研究道教的一些传统方向:比如道经的整理及研究;道教史研究;道教思想与道教神学研究;道教科仪符咒研究;道教音乐研究;外丹术研究;内丹术阐释;道教医药与养生;宫观山志编纂与宫观考察;道教文学研究;儒释道三教关系等方面。无论是道教专业,还是全真道、正一派的道士,以及宗教的实务工作者,总体对戒律的关注和研究也是不够的,他们自己近几年也在呼吁要加强戒律方面的研究。本书涉及法学和宗教学两种不同的学科,从法律史的角度研究道教戒律。在法史学科,在法制史的领域研究道教戒律,将论文的范围仅限于道教的戒律部分,阐述戒律与法律的关系,这样的研究确实很少,本书进一步拓展了法史学的研究领域和研究范畴。

第二,从研究的方法而言,以往关于国法和教规之间关系的研究,多从宏观的方面进行,本书更多是从微观的层面进行研究。本书主要从每一条具体的法条着手,从细节上对比和深挖国法和教规之间的异同,具有一定的理论深度。唐律是中华法系的典型代表,其表现形式主要有:律、令、格、式四种,该文分章比较道教戒律与唐代律、令、格、式的相应内容。文章虽着重于细节的描述,但能着眼于宏观结局。

第三,从研究的内容而言,首先,以往对古代佛道的研究,主要集中在刑事犯罪和行政管理方面,而对僧道民事方面的研究则较少。本书除了关注道士、女官在刑事犯罪和行政管理方面的内容,还涉及了道士、女官大量的民事交往方面的内容。其次,以往的研究,较多地关注国法和道教教规在内容方面的异同,本书除了对国法和道教教规在内容方面进行比对,还对国法和教规在形式方面的异同进行了探讨。

第四,从研究的现实意义而言,古代的道教戒律有很多内容在今天仍然沿用,但是有的内容已经不符合现代法律理念了,本书通过对道教教规与国法关系的互动,可以为当下梳理道教戒律提供思路和借鉴。道教作为我国的本土宗教,不仅仅有消极出世的理念,更有积极入世的提倡,道教提倡仙道贵生、养身护生、乐生悦生的理念,宣扬和光同尘、三教圆融的观念,不论是在古代,还是在现代,对惩恶扬善、辅助教化、化民导俗,都发挥着重要作用。道教戒律一方面需要维护国家法律的权威,另一方面需要按照法律的要求对戒律内容适时进行损益和调整。道教戒律和国家法律都是对建立规范秩序的引导,本质上都是为了追求更好的秩序和生活状态。在对以往戒律整理和扬弃的基础上,新时期的道教戒律应当维护宪法和法律的权威,引导道众加强内部管理,继承和发扬道教优良传统。

(二)本书存在的不足之处

第一,本书的结构,一开始笔者是以专题的形式划分各个章节,比如道士如何入道、道士在宫观的行为规范、道士与家族关系如何处理、道士违反戒律和世俗法律的惩罚措施等方面,但如果这样设置章节,不利于深入地进行法条和戒律文本的逐一对比;再加上根据所搜集的材料进行整合以后,最后本书主要就以唐朝的律令格式划分章节。这样划分的优点在于可以从具体的文本着手,缺点在于显得有些分散和琐碎。

第二,与佛教的对比。按照最初的构想,本来应该是跟佛教有所对比的,虽然论文有的地方涉及跟佛教的对比,但是内容相对比较少,深度也不够,而且佛教方面的材料,更多的是使用的二手材料,参考和借鉴他人的研究成果较多,而对佛教戒律本身原典的阅读非常不够。

第三,案例不足。由于资料的缘故,唐代流传下来的关于道教方面的案例多为虚判,所以前人对实践中的案例研究成果较少。本来最开始的构想,是打算民事、刑事、行政方面都至少应该选取一个案例的。

刑事方面的案例,最开始选的是女道士鱼玄机打死婢女被判处死刑的案例。鱼玄机是唐代著名的一个女诗人,她比较有名的一句诗是“易求无价宝,难得有心郎”,由于为正妻所不容,她后来在长安咸宜观出家为女道士,在出家当道士的期间,她打死了她的婢女绿翘,被当时的京兆尹温璋以打死婢女的罪名处以死刑。从道教戒律来说,是禁止随意打骂奴隶的。但从唐律而言,打死奴婢,不应该判死刑。这个明显不是按照法律的规定判的案,或者鱼玄机有其他罪名没有记录,或者有政治的影响和考虑,这个案例,从现在已有的材料来看,明显没有依法裁判,所以最后笔者没有探讨这个案例。

行政方面的案例,既涉及道教戒律,又涉及世俗法,笔者最开始选择的是《三皇经》焚毁案。但是后来通过仔细阅读,发现此案虽然涉及道士,跟道士所受经戒法箓直接关联,最后也导致道士授田资格的变化,但是此案的起因更多的是语涉妖妄,所以最后把它放在了第三章唐令的第一节“道士女官僧尼给田”条与道教戒律。

民事方面本来打算选择敦煌文书这个个案,《唐天宝十三载(754)龙兴观道士杨神岳便麦契》编号为P. 4053v,主要是从民事方面探讨国法和道教戒律的实践层面。由于鱼玄机案并非严格依法裁判,《三皇经》焚毁案放在了第三章唐令部分,为了全文的体例,敦煌文书的个案就从正文中删掉了。

第一章　道教戒律的产生及发展演变

一般认为,道教出现的时间为东汉末年。道教形成于东汉末年,这是传统的观点,除了此通说之外,关于道教的形成和产生,一直有各种不同的观点。有学者将这些不同于通说的观点分为三种倾向。[1] 第一种倾向认为,从文化传承的角度,并非从历史分期的角度而言,不必以某种特定的外在形式或标准——如教团组织是否形成、经典是否完备等方面来界定道教形成的标志,如卢国龙认为东汉末年的民间道教不是道教的常规形态,道教的常规形态应该界定为其文化形态和文化传承。第二种倾向是把道教史的开端提前。傅勤家认为道教起源于老子,由于与佛教对抗的缘故,道教徒才别造起源于原始天尊。[2] 萧登福、韩秉方等学者把道教史开始的上限时间提早到先秦的春秋战国时期。詹鄞鑫、杨广伟、李申等主张把道教的历史提前到西汉。张勋燎、王育成从汉代墓券和碑刻等材料出发,认为可以将道教的历史提前到东汉前期,至迟在东汉和帝时期,已经存在早期道教的教团,极有可能是东汉末年道教运动前身的早期道教教团。第三种倾向是把道教史的开端定在晚于东汉末年的时间,如小林正美、福井文雅等日本学者持这一观点,以"三洞"结构为代表的"经教道教"

[1] 三种倾向的不同观点参见刘屹:《敬天与崇道——中古经教道教形成的思想史背景》,中华书局 2005 年版,导言第 2－7 页。

[2] 参见傅勤家:《中国道教史》,团结出版社 2005 年版,第 11－25 页。

诞生于刘宋时期。小林正美提出“道教研究的新范式”，认为道教的概念不是单独存在的，“道教”需要放在儒、释、道“三教”当中并列才能真正称其为“道教”。

之所以产生以上分歧，一是不同的人对道教的内涵外延界定和理解不一样，二是现代人和古代人思考问题的方式和观念存在巨大的差异。虽然对于道教产生的时间有不同观点，但是对于道教的思想来源众多，涉及道教思想的来源时，道教戒律的产生时，无一例外往前追溯。

第一节　道教戒律的产生——道教戒律与早期法制的关系

道教所包含的内容相当庞杂，马端临对此有过描述：“按道家之术，杂而多端，先儒之论备矣。盖清净一说也，炼养一说也，服食又一说也，符箓又一说也，经典科教又一说也。”[1]此处马端临所指代的“道家”，既包含有清净无为的道家，如“清净一说也”；又包含有宗教意义上的道教，如炼养、服食、符箓、经典科教。

由于道教内容上的“杂而多端”，较多地吸纳融摄诸家之说，其来源也具有多元性。有学者将道教思想的来源主要归结为以下五点：一是古代宗教和民间巫术，包括先秦的自然崇拜和鬼神崇拜；二是战国至秦汉的神仙传说与方士方术；三是先秦老庄哲学和秦汉黄老之学与黄帝崇拜；四是来源于儒学与阴阳五行思想；五是来源于古代医学与体育卫生知识，包括古医经《黄帝内经》。[2] 在《中国道教思想史》中，作者将道教的思想渊源分为四个层次：第一层次是上古时期以“敬天法祖”为核心的宗教观念，以及与之相应的占卜术；第二层次是以老庄为代表的道家学说和神仙思想观念；第三层次是儒、墨的伦理学说；第四层次是传统医学养生理论与兵家术数思想。[3]

---

〔1〕《文献通考》卷二二五《经籍考五十二·子·神仙家》，中华书局2011年版，第6203、6204页。

〔2〕参见牟钟鉴、张践：《中国宗教通史》（上），社会科学文献出版社2000年版，第260－266页。

〔3〕参见卿希泰主编：《中国道教思想史》（第1卷），人民出版社2009年版，第33－209页。

由此可见,道教思想的来源主要有:古代宗教;道家学说;除道家以外的其他诸家学说,如儒、墨的伦理学说,阴阳五行思想,神仙思想,古代医学理论,兵家术数思想等。

道教戒律作为道教的内部规范,深受诸家学说影响,其来源也具有多样性,鉴于本书的重点在于道教戒律与中国传统法,故主要探讨道教戒律在起源上与法律相关的部分。

一、道教戒律与巫觋、祭祀、礼乐文化

有学者将三代及其以前的文化模式概括为三个阶段的三种文化:巫觋文化、祭祀文化、礼乐文化,巫觋文化存续的时间段大约为夏以前,祭祀文化存续的时间段大约为殷商时期,礼乐文化存续的时间段大约为周代。[1]

女性巫师为巫,男性巫师为觋,巫觋又统称为“巫”。关于“巫”的起源和发展,在我国古代“绝地天通”的传说《吕刑》中有所记载,“蚩尤惟始作乱,延及于平民”,因为蚩尤作乱,祸及平民,然后各种违法犯罪现象出现,“罔不寇贼,鸱义奸宄,夺攘矫虔”[2],苗民制五刑,面对此种混乱的情形,上天便命令重和黎断绝原来天地之间本可以相互来往、相互联系的通道,以惩罚作乱的苗民。

“绝地天通”既是宗教现象,又是政治现象。个体巫术并没有被禁绝,只是在绝地天通以后,巫术不再是任何人都可以习得的,必须由统治阶级所独掌,只有统治阶级才具备跟上天沟通的能力。[3]

在由巫觋文化向祭祀文化转变,进而向礼乐文化转变的同时,与天沟通的能力逐步被少数人垄断。礼则由最初原始宗教的各种习俗和习惯,逐步渲染和改造,引申到政治、经济、文化、生活等多个层面,最后打造成为符合统治需要的行为规范,并逐步制度化和法律化。

周代的礼乐文化以居住在城邑中的贵族宗族共同体为基础逐步发展起来,村

---

〔1〕 参见陈来:《古代宗教与伦理:儒家思想的根源》(增订本),北京大学出版社2017年版,第13页。

〔2〕 王世舜、王翠叶译注:《尚书》,中华书局2012年版,第318-320页。

〔3〕 参见陈来:《古代宗教与伦理:儒家思想的根源》(增订本),北京大学出版社2017年版,第65-66页。

社公共事务的管理者最初是由村社选举，村社受国家和贵族辖理，村社最大的公共活动是祭祀，许多村社礼仪皆由此而出。[1]

值得一提的是，道教也经历了类似绝地天通式的改造，早期道教多杂有巫术，颇多降神之事，南北朝时期北方寇谦之、南方陆修静对道教进行改革，这也是某种意义上的绝地天通，道士不再是巫师，道教趋于人本化、理性化。[2]

礼的原始含义逐渐发生改变，上层的礼朝着律法的方向发展；下层的礼诸如村社最大的公共活动祭祀在民间得到了极大的保留，当道教产生以后，这些祭祀活动很大程度上成为道教生存的一个重要方面，而在一系列祭祀中形成的禁忌与规范成为道教戒律的重要来源。

二、道教戒律与兵家思想

提及我国古代法律的起源时，总是离不开"礼源于祭祀，刑始于兵"的描述。刑起于兵，此处的"兵"指的是"战争"，"刑始于兵"指的是刑法或者刑罚，起源于战争之中。古人很早就认识到战争的利弊，战争既可以打败敌人，开拓疆土，又可以抵御进攻，保卫家园，但是，战争更具有极大的破坏性，战争导致生灵涂炭，摧毁城池，破坏生产。我国自古以来的主流思想都主张和强调和平的重要性，不在迫不得已的情况下，不会选择以武力的方式解决争端，"知兵而不好战"，即是这一思想的反映。

关于刑起于兵、兵刑一体说，在古代文献中有相关的记载。如《国语·鲁语》记载，臧文仲言于僖公曰："夫卫君殆无罪矣。刑五而已，无有隐者，隐乃讳也。大刑用甲兵，其次用斧钺，中刑用刀锯，其次用钻笮，薄刑用鞭扑，以威民也。故大者陈之原野，小者致之市朝，五刑三次，是无隐也。"[3] 按照《国语·鲁语》的记载，刑之大者用甲兵，最大的刑罚手段便是采取战争，当然此时的战争主要针对的

---

〔1〕 参见陈来：《古代宗教与伦理：儒家思想的根源》（增订本），北京大学出版社 2017 年版，第 380－381 页。

〔2〕 参见姚中秋：《绝地天通：中国式宗教治理之道与世界宗教分类之尺度》，载《西南民族大学学报（人文社会科学版）》2022 年第 1 期。

〔3〕《国语·鲁语上》，胡文波校点，上海古籍出版社 2015 年版，第 106－107 页。

是异族部落。

到了东汉,班固所作的《汉书·刑法志》也有类似记载:"《书》云'天秩有礼,天讨有罪',故圣人因天秩而制五礼,因天讨而作五刑:大刑用甲兵,其次用斧钺;中刑用刀锯,其次用钻凿;薄刑用鞭扑;大者陈诸原野,小者致之市朝,其所繇来者上矣。"[1]《辽史·刑法志》也有相关记载:"刑也者,始于兵而终于礼者也。洪荒之代,生民有兵,如蠭有螫,自卫而已。蚩尤惟始作乱,斯民鸱义,奸宄并作,刑之用岂能已乎?帝尧清问下民,乃命三后恤功于民,伯夷降典,折民惟刑。故曰刑也者,始于兵而终于礼者也。"[2]刑法(刑罚)是和战争联系在一起的,对外征战需要统一行动,严明纪律,战争在进行中,以及战争结束以后,均需要对违犯军令及敌对者施以处罚。[3]

刑最初主要是借助战争的形式形成的,[4]上古时期的军事战争和法律制裁并未严格区分开来,战争的发起权来自君主,战争中需要严明军纪,战争结束后更需严明赏罚,但此时期的刑或者战争,更多的是针对敌对者、非同族之间。如果从秦汉以后的法律来看,各代一般会颁布军事类的法规,但是"兵刑一体"的思想对法律的内容并没有大的影响,汉朝《九章律》起有《兴律》,《魏律》有《擅兴》,《晋律》有《宫卫》《兴律》,隋唐律有《卫禁》《擅兴》,直到明清律有《宫卫》《军政》,"军法"和"刑民法"的界限是很明显的,并没有出现以"军法"兼代"刑民法"的规定,"兵刑一体"的思想在两千年以来只是被看作古老陈旧的起源。[5] "兵刑一体"的思想之所以两千年以来没有在法律上发挥十分重大的影响,并没有出现以"军法"兼代"刑民法"的规定,跟后来的社会发展变化有关系,究其原因可以说是多方面的,从思想方面来看,古代的仁爱、民本、和平等主流思想的影响可谓非常重要的。

古人认为,发动战争的目的应当是正义的,天子发动战争是为了礼制秩序,这

---

[1] 《汉书》卷二三《刑法志》,中华书局1962年版,第1079页。

[2] 《辽史》卷六一《刑法志》,中华书局1974年版,第935页。

[3] 参见张中秋:《中西法律文化比较研究》,中国政法大学出版社2006年版,第13页。

[4] 参见张中秋:《中西法律文化比较研究》,中国政法大学出版社2006年版,第15页。

[5] 参见杨鸿烈:《中国法律思想史》,中国政法大学出版社2004年版,第149页。

符合当时的正义标准。[1] 三代时期则有兵刑当以仁德为本的思想和主张，作战不能违背公认的武德标准，基本精神为仁义、爱人，既要体恤自己人，又要体恤敌对方的士兵和人民，甚至敌对方的主将，多表现为：发动战争的时机要恰当，不趁人之危；不对敌人赶尽杀绝，爱护伤兵，对战败国或存亡国，抚慰其国人；不使用诈术，等等。[2] 流传较广的兵书《司马法》，几经删改整理，大约成书于战国以后，书中对西周的一些军事思想有所继承，尤其是《司马法》的《仁本》篇，主要论述以仁为本的战争观，这实际上就是"人本"的一种体现。中国古代思想家向来重视百姓的生存，老子《道德经》中有浓厚的爱民意识，如"圣人无常心，以百姓心为心"，墨子的兼爱平等体现出浓厚的人本思想，孟子更是提出了民贵君轻的思想，可见在春秋战国时期，爱人以"仁"是一种社会的大思潮，在这种背景下，兵家奉行"仁本"主张，以不违农时、冬夏不兴师为兵戒。[3] 这种"以仁为本"的战争观念也为后世的兵家所继承和发扬，如《黄石公三略》认为"治国治军之本在用人才、得众心"[4]，以及曾国藩"以仁礼治军"[5]，等等。

反对战争、提倡和平的理念一直也为道教所继承和提倡，道教戒律也有相关内容，如"戒勿乐兵"，"若见兵甲，当愿一切各念仁心"，"不得与兵人为亲"，"不得与兵人为倡"，"不得畜刀杖兵器"，等等。其中，丘处机"一言止杀"的事迹更是广为流传。[6]

丘处机是全真道的著名高道。全真道的创始人为王喆，号重阳子。丘处机是王重阳的弟子，王重阳的弟子中最著名的有7位，即全真七子：马钰、丘处机、谭处端、王处一、郝大通、刘处玄和孙不二。金元时期，全真道主要在北方地区传教，其影响逐渐扩大，至丘处机接任掌教，赢得了成吉思汗的有力支持，全真教发展极

---

〔1〕 参见张少瑜：《兵家法思想通论》，人民出版社2006年版，第17页。

〔2〕 参见张少瑜：《兵家法思想通论》，人民出版社2006年版，第18－19页。

〔3〕 参见卿希泰主编：《中国道教思想史》（第1卷），人民出版社2009年版，第189页。

〔4〕 张少瑜：《兵家法思想通论》，人民出版社2006年版，第134页。

〔5〕 张少瑜：《兵家法思想通论》，人民出版社2006年版，第237页。

〔6〕 关于丘处机"一言止杀"的传说，也有学者持不同观点，如杨讷对丘处机"一言止杀"的传说进行了质疑，认为"一言止杀"并非史实，从中更可见早期全真教的传道与后世的误读。参见杨讷：《丘处机"一言止杀"考》，上海古籍出版社2018年版。另外，关于丘处机的姓氏，有的材料写作丘，有的材料写作邱，一种说法是因为避孔子的名讳，故"丘"写作"邱"。

盛。当成吉思汗派遣使臣召请时,丘处机当时已经80多岁的高龄,率领弟子,历时3年,行程上万里,抵达成吉思汗行宫所在地印度大雪山(今阿富汗境内)。丘处机得到了成吉思汗的接见,成吉思汗向丘处机询问长生之道,丘处机总是借机向成吉思汗宣扬敬天爱民之道,并劝诫成吉思汗寡欲止杀,《元史·释老传》明确记载:“太祖时方西征,日事攻战。处机每言欲一天下者,必在乎不嗜杀人。及问为治之方,则对以敬天爱民为本。问长生久视之道,则告以清心寡欲为要。太祖深契其言,曰天锡仙翁,以寤朕志。”〔1〕丘处机对成吉思汗所谈论的虽然主要是长生和统一天下的道理,但是,也确实明确地表达了道教反对杀戮、反对战争的态度。〔2〕

综上所述,刑始于兵,古代法律最初与战争有很大的关系,但是“兵刑一体”的思想却没有在古代法律上发挥大的作用,这与兵家仁爱、反对战争的思想有关,这种反对战争的思想为道教戒律所吸收和继承。

三、道教戒律与盟誓制度

道教戒律多是假托神灵之意而制定的,并且通过一定的仪式赋予戒律神圣性,如传戒受箓仪式。箓是道士的入道凭证和作法依据,也是道阶的标志,箓经常与符一起传授。符可以视为代表天帝、神仙的权力,更是道士和神进行沟通的信物。授箓传经仪式可以追溯到商周时候的盟誓制度,它们都是运用类似的契约式语言来指明缔约人相互间的权利义务,既约束神灵与道士,又约束师傅与弟子。〔3〕道教科仪中的“以物盟信,以信效心”思想与古代的礼制发展、诚信观念的演变均有很大关联。

据研究,春秋以前的盟和誓是不一样的,其含义与功能也各不相同。〔4〕“盟

---

〔1〕《元史》卷二〇二《释老传》,中华书局1976年版,第4524-4525页。

〔2〕本段内容参见王卡主编:《中国道教基础知识》,宗教文化出版社2005年版,第80-82页。

〔3〕参见[法]索安:《西方道教研究编年史》,吕鹏志、陈平等译,中华书局2002年版,第40-42页。

〔4〕参见张晋藩总主编、蒲坚主编:《中国法制通史》(第1卷·夏商周),法律出版社1999年版,第429页。

的本义即对神发誓，歃血为凭。"[1]《礼记·曲礼下》记载："约信曰誓，莅牲曰盟。"[2]《说文解字》中提道："盟，周礼曰：国有疑则盟，诸侯再相与会，十二岁一盟。北面诏天之司慎司命。盟，杀牲歃血，朱盘玉敦，以立牛耳。从囧皿声。"[3]《释名·释言语》："盟，明也，告其事于神明也。"

"誓"表示按照说的话去实行，以言语约束行动。《礼记·曲礼下》："约信曰誓。"[4]《说文解字》："誓，约束也。从言，折声。"[5]段玉裁注："按凡自表不食言之辞皆曰誓，亦约束之意也。"《尚书》中就有《甘誓》《汤誓》《泰誓》《牧誓》等篇目，即作战前告诫将士，以激励、约束将士行为的誓词，属于军令，是早期的一种军事法。

由此可见，春秋以前的"盟"和"誓"既有区别，又有联系。西周的"盟""誓"虽然"多不反映完全意义的信用关系"，但有极大的可能性在西周时期已经设有"司誓""司约""司盟"等官职，监督契约的履行。[6] 这反映了当时民间的信用关系已经由国家机关介入进行调整，这也是经济发展的必然结果。

"春秋以及后代的盟誓充满了浓厚的宗教的神秘性，相对来说，西周的誓行为，其宗教性就显得比较稀薄，而且它的运作方法和运作手段，与律令制度有着更多相似的地方。"[7]吕静以春秋时期的盟和誓为实例，对春秋时期盟和誓的异同进行了分析。二者在本质上是一致的：盟和誓都是通过语言向神或者人或者物，对自己将来的行为进行宣誓，宣誓中出现的神、人、物体现的是监证人的角色。[8]春秋时期的盟和誓在形式上至少在四个方面有所不同。[9] 第一，人数不同。誓

[1] 张晋藩总主编、蒲坚主编：《中国法制通史》（第1卷·夏商周），法律出版社1999年版，第429页。
[2] 《礼记·曲礼下》，载王文锦译解：《礼记译解》，中华书局2016年版，第45页。
[3] 《说文解字》卷七《囧部》，中华书局2013年版，第138页。
[4] 《礼记·曲礼下》，王文锦译解：《礼记译解》，中华书局2016年版，第45页。
[5] 《说文解字》卷三《言部》，中华书局2013年版，第45页。
[6] 参见张晋藩：《论中国古代民法研究中的几个问题》，载《政法论坛》1985年第5期。
[7] 吕静：《春秋时期盟誓研究：神灵崇拜下的社会秩序再构建》，上海古籍出版社2007年版，第89页。
[8] 参见吕静：《春秋时期盟誓研究：神灵崇拜下的社会秩序再构建》，上海古籍出版社2007年版，第50页。
[9] 参见吕静：《春秋时期盟誓研究：神灵崇拜下的社会秩序再构建》，上海古籍出版社2007年版，第51－54页。

的人数既可以是一个人宣誓，又可以是多人共同宣誓；而盟则至少是两个，甚至是更多的参盟者出席方能进行仪式。第二，仪式不同。誓相对更为简易，随时随地、无须专门的仪式即可以进行；而盟则必须进行一系列特定的仪式，诸如杀牲、歃血、神前起誓、宣读盟书、安放盟书等。第三，场所不同。誓是随时随地、任何地点都可以进行的宣誓；盟为了突出其重要性，都是在特定的场所举行的。第四，是否附带自我诅咒内容不同。誓往往只是邀请神灵作为见证人，对于违誓以后的惩罚不必然附带自我诅咒；对于盟而言，违誓以后将会受到严厉惩罚的自我诅咒是盟的关键性要素。

春秋以后，由于对人的地位的重视以及“信”的观念的流行，以往的盟誓制度发生了很大的变化。礼崩乐坏，以前维持社会秩序的周礼丧失了原来的功能，以盟誓为标志的“信”替代了礼的一些功能，继而维系着人们之间的权利、义务关系，此时以盟誓为标志的“信”俨然成为一种行为规范。[1]

战国以后，随着“信”观念的衰落，盟誓制度也逐渐衰落，以往由“信”进行调整的各种关系逐渐演变为由法令进行调整。

盟誓制度虽然逐渐衰落，但是对于在民间调整各种社会关系，神前起誓等各种仪式仍然具有效力。有的学者认为，歃血盟誓甚至影响到汉代订立契约，汉代契约中的饮酒行为即体现了歃血盟誓中请神灵作证的含义。[2] 法律规范的原生路径当中，盟誓和仪式扮演了重要的角色，在各个朝代民间社会皆是如此，即使到了明清，各种乡规民约、行业规定，仍然非常重视诸如神前起誓、演戏立碑等仪式所产生的效力。[3] 很多乡规民约生效的方式则是一系列特定仪式的展开，如民间杀猪封山以保护生态环境的习俗。杀猪封山是民间禁山护林的一种习惯，每年由村民共同商议确定封山的日期，到了约定封山的日期需当场杀猪，杀猪是封山前举行的重要仪式，猪是由全体村民共同出资购买的，猪被宰杀以后每一户村民都可以获得被宰杀的猪肉，杀猪分肉的仪式使得村民之间禁山护林的约定生效，

---

〔1〕 参见阎步克：《春秋战国时“信”观念的演变及其社会原因》，载《历史研究》1981年第6期。

〔2〕 参见高道蕴等编：《美国学者论中国法律传统》，中国政法大学出版社1994年版，第154－211页。

〔3〕 参见马小红总主编、李雪梅主编：《法律文化研究》（第10辑·古代法律碑刻专题），社会科学文献出版社2017年版，“主编导读”第4页。

村民之间每年禁山护林的约定相当于村民之间订立的协议。[1]

盟誓仪式当中最为关键的是祭祀的仪式，唐代孔颖达在为《礼记·曲礼下》“约信曰誓，莅牲曰盟”条所作注疏中，详细描述了盟誓仪式，“盟之为法：先凿地为方坎，杀牲于坎上，割牲左耳，盛以珠盘，又取血盛以玉敦，用血为盟”。主要包括除地筑坛、杀牲、割耳、歃血、宣誓等环节。

除地是盟誓中对特定场所的选取和清理；筑坛是指场地清理好以后修筑高台。除地筑坛也影响着道教仪式，先秦时期的盟誓仪式为道教所吸收和改造，根据《抱朴子内篇》、《太上灵宝五符序》、上清经、古灵宝经、《太上洞玄灵宝授度仪》等道门内部经书的记载，南方方士在传授仪式当中的一个重要环节便是登坛告盟。[2]

杀牲、割耳、歃血是传统祭祀中非常看重的杀生血祭的重要环节。血液信仰是人类早期的原始信仰，歃血是盟誓中彼此饮对方的鲜血，[3]其目的有二：一是为宣告拟制血缘关系，象征每一个结盟者均为拟制的大家庭中的一员，共同遵守契约，履行义务；[4]二是巫术式的歃血行为可以对违约者进行制裁。[5]早期道教反对杀生血祭，提倡清约，以鲜花水果供奉神灵即可，但是后期尤其是民间道教基于生存发展需要以及各方面的考量，慢慢也采用、吸纳血祭环节。

宣誓是盟誓仪式中关键的程序，宣誓的方式有口头和书面两种。随着文字使用范围的扩大，誓言被以文字的形式记录在玉石、铜铁等坚硬的材质上，制成盟书，又称载书，盟书通常一式两份，其中一份埋入土坎、山林，或沉入河湖，表示将誓言以及供物送达到神灵的意图；另一份带回国中，或收于宗庙之堂，或收于金匮

[1] 参见春杨：《徽州田野调查的个案分析——从“杀猪封山”看习惯的存留与效力》，载《法制与社会发展》2006年第2期。

[2] 参见吕鹏志：《唐前道教仪式史纲》，中华书局2008年版，第204页。

[3] 歃血的另一种解释为用血涂于嘴唇边。参见吕静：《春秋时期盟誓研究：神灵崇拜下的社会秩序再构建》，上海古籍出版社2007年版，第181页。

[4] 参见清水盛光：《支那家族の構造》，第一章“親族関係の本質と形態”，岩波书店1942年版，第29－30页。转引自吕静：《春秋时期盟誓研究：神灵崇拜下的社会秩序再构建》，上海古籍出版社2007年版，第179页。

[5] 参见吕静：《春秋时期盟誓研究：神灵崇拜下的社会秩序再构建》，上海古籍出版社2007年版，第9页。

石室。[1] 早期五斗米道三官手书,以及投龙简等仪式,均有将向神灵祷告的内容放置山林或沉入河湖的环节。

综上所述,盟誓是典型的宗教性行为,自上古以来的盟誓随着社会的发展而演变,在国家制定法的层面,律令取代了盟誓,成文法代替了盟书;在民间礼俗和习惯方面,仍然广泛存在请神灵作证、以特定仪式使民间规约生效的现象,并且深远地影响了道教戒律规范的各种形式。

四、道教戒律与道家戒律思想

道教之所以以“道”命名,很重要的原因在于道教教义中的许多概念和思想来自道家。正因为道教的产生和发展,与道家有着各种渊源,道教有时候也被称为道家。

司马谈在《论六家要旨》中将先秦学派共分为阴阳家、儒家、墨家、名家、法家、道家六家,他认为,道家“因阴阳之大顺,采儒墨之善,撮名法之要”[2],此处的道家指的是综合阴阳、儒、墨、名、法等各家的哲学流派。东晋著名道士葛洪在《抱朴子外篇·自序》中提到,“神仙方药、鬼怪变化、养生延年、禳邪却祸之事,属道家”,此时的道家已经指的是作为宗教含义的道教了。六朝以后的古代典籍中,“道教”和“道家”基本上是同义词,经常混用。

就古人的用语而言,道家和道教的界限较为模糊,有时候“道家”一词被用来指称作为宗教的道教,如《魏书·释老志》记载:“道家之原,出于老子,其自言也,先天地生,以资万类……其为教也,咸蠲去邪累,澡雪心神,积行树功,累德增善,乃至白日升天,长生世上。”[3]而又有用“道”或者“道家”一词指代包含道家与道教在内的混称。如一般提到“儒释道”中的“道”则是包含了道家与道教在内的混称。

现代学术研究的惯例一般把道家和道教予以严格区分,道家是以老庄和黄老

---

[1] 参见吕静:《春秋时期盟誓研究:神灵崇拜下的社会秩序再构建》,上海古籍出版社 2007 年版,第 182－183 页。

[2] 《史记》卷一三《太史公自序》,中华书局 1959 年版,第 3289 页。

[3] 《魏书》卷一一四《释老志》,中华书局 1974 年版,第 3048 页。

为主的学术派别和思想体系；道教是指和佛教、基督教等相类似的作为一种制度化的宗教。把道家和道教严格区分开来，主要是为了研究和表述的便利，更多的是人为地划分开来，与我国古代典籍的绝大部分表述并不相符。

道教和道家有着紧密的联系，自然道教戒律与道家戒律思想也是分不开的。道家中的老子与道教的关系是非常突出的，老子其人其书与道教有着紧密的联系：第一，道教徒多奉老子为教主，老子扑朔迷离的身世以及西出函谷关之后不知所踪的结局，更为后世的各种传说和神话增添了神秘的色彩，这些都为老子逐步神格化打下了基础；第二，老子的著述《道德经》为道教的主要经典，即使不同的道派也多对《道德经》极为推崇；第三，《道德经》中所描绘的那个玄之又玄的"道"，是道教之所以命名为道的来源和根据。[1] 可见，道教与道家，尤其与《道德经》关系密切，由于《道德经》在道教的重要地位，道教甚至将《道德经》奉为道统之源。

道教戒律继承并发扬了道家关于处理人与自身的关系，人与自然的关系，以及老子道法自然、清静无为的思想，黄老道的清静无为、约法省刑的思想。

道家关于处理人与自身的关系方面，要求节制欲望，控制过多的口腹、官能之欲，如《道德经》中提及的"五色令人目盲，五音令人耳聋，五味令人口爽，驰骋畋猎，令人心发狂"[2]，所以，应当"见素抱朴，少私寡欲"。

最初道家老子所指的节制欲望，既是对一般人的劝导，又是对上位者的劝诫，应当是控制不合理的欲望，而并非一概摒弃基本的需求。道教戒律中关于控制官能之欲的规定，对道教徒的要求明显要高于一般人，毕竟对于修道者而言，戒律对他们的要求，本就应该高于普通人。洞神派戒律"洞神五戒"明显借鉴了控制官能欲望的思想，"第一戒者目不贪五色、誓正教学长生；第二戒者耳不贪五音、愿闻善从无惑；第三戒者鼻不贪五气、用法香遣臭秽；第四戒者口不贪五味、习胎息绝恶言；第五戒者身不贪五彩、履勤劳以顺道"[3]。并且在五色、五音、五味的基

[1] 参见刘屹：《敬天与崇道——中古经教道教形成的思想史背景》，中华书局2005年版，第301－302页。

[2] 《道德经》第十二章，陈鼓应：《老子注译及评介》（修订增补本），中华书局2009年版，第104页。

[3] 《无上秘要》，载《道藏》第25册，第165页。

础上,增加了五气和五彩。

不仅在处理人与自身关系方面,而且在处理人与自然的关系方面,道家的"无欲""寡欲"等思想也为道教戒律所继承。老子的思想有着强烈的自然主义特征、效法自然的观念,"人法地、地法天、天法道、道法自然"即是其重要体现。道教中也有大量关于人与自然关系的描述,如《老君说一百八十戒》中的第四戒规定,不得杀伤一切;第十四戒规定,不得烧野田山林;第十八戒规定,不得妄伐树木;第十九戒规定,不得妄摘草花;第四十七戒规定,不得妄凿地毁山川;第七十九戒规定,不得渔猎伤杀众生;第九十五戒规定,不得冬天发掘地蛰藏;第九十七戒规定,不得妄上树探巢破卵;第九十八戒规定,不得笼罩鸟兽。[1] 道教继承了道家关于道生天地万物的观点,认为万物具有同源性,皆由道衍化而生,所以应该平等友好地对待其他生物。[2] 传统文化中有着很多关于人与自然关系的描述,为重自然生化、天人合一的理念提供了极其丰富的养分。道教戒律中关于生态保护的思想有源自道家的,也有可能借鉴吸收了其他文化的有益成分。

老子的道法自然、清静无为的思想也为道教戒律所继承。一般认为,道教中具有条文性质的最早的戒律,以想尔九戒的出现为标志。"想尔九戒"是《太上老君经律》中的"道德尊经想尔戒"。想尔九戒为:"行无为,行柔弱,行守雌,勿先动,此上最三行。行无名,行清静,行诸善,此中最三行。行无欲,行知止足,行推让,此下最三行。"[3] 在想尔九戒的基础上,后来又发展出"老君二十七戒";"老君二十七戒"又作进一步阐发,又有了《老君说一百八十戒》。

先秦道家学派以老庄学说为主流代表,除老庄主流学派之外,尚有黄老派,杨朱派,宋钘、尹文派,彭蒙、田骈派。[4] 对后世影响深远的主要是老庄和黄老。老庄之学,更偏重个人道德修养以及对宇宙的探索,以老子和庄子为代表。黄老之学,兴起于战国,《淮南子》一书则是黄老思想极盛的标志,汉初黄老之学可谓吸收、整合了儒家、法家、道家等思想,为帝王统治之术,每当大乱初平,天下初定,政

---

〔1〕《太上老君经律》,载《道藏》第 18 册,第 219 – 220 页。
〔2〕参见郑妤:《我国传统法律对生态文明的探索及其现代启示》,载《行政管理改革》2020 年第 4 期。
〔3〕《太上老君经律》,载《道藏》第 18 册,第 218 页。
〔4〕参见杨鹤皋:《中国法律思想通史》,湘潭大学出版社 2011 年版,第 153 页。

治清明的朝代便会采用黄老思想,清静无为、约法省刑、与民休息。黄老道家的清静无为、约法省刑、身国同治思想为后世道教形成后的戒律所继承。

综上所述,道家戒律思想是道教戒律的重要来源,老庄道家关于节制欲望、与天地万物友好相处、和谐共生的思想是道教戒律的重要内容,黄老道家的清静无为、约法省刑、身国同治思想也为后世道教戒律所继承。

五、道教戒律与儒家思想

近年来,“法律儒家化”的论述有不同的解读,也引起过不少的争议,但是不可否认的是,长期以来,“法律儒家化”的观点在中国法律史一直占据重要的位置,因为古代法律确实带有浓厚的儒家思想的特征。

道教思想深受儒家思想的影响,而道教戒律受儒家思想影响较深的原因主要有三点:一是无讼的价值追求;二是德法互补的手段运用;三是儒家纲常伦理思想的影响。

早在儒家的经典《周易》中就体现了慎重治狱的思想,如《周易》中的贲、旅、中孚等卦象,无讼一直作为儒家的价值追求。孔子所说:“听讼,吾犹人也,必也使无讼乎?”一般认为,这是孔子去刑无讼的表达,更是在后来的主流思想中占据权威地位。虽然不时有人质疑“无讼说”,如明代的丘濬在《大学衍义补》中提到,“民生有欲,不能无争,争则必有讼”,又如清代的崔述,他们都对无讼、息讼明确提出了反对意见,但是丝毫不影响无讼说的价值宣扬。而在道教戒律中,则多有体现息讼、无讼的规定。

德法互补在一定程度上可以说是法家和儒家的共识,他们都认识到了单纯的只依靠德或者法,有其天然的不足和缺陷,只是儒法两家各自的侧重点不同,各自在不同阶段的表述也不同。于儒家而言,早在西周时期,则有明德慎罚的思想。西周初年,一方面,统治者需要顺应民心,需要对推翻商政权建立新政权的合法性至少提供一种合理的使人信服的解释;另一方面,在大力提倡敬天保民、惟德是辅的同时,西周统治者不会放弃对刑或者是法的采用,在高举“德”的同时,依然有着明德慎罚的告诫。到孔子所说,“道之以政,齐之以刑,民免而无耻。道之以德,齐之以礼,有耻且格”。这句话并不能看作孔子反对政、刑,恰恰相反,这正好表达了孔子认识到了政刑和德礼各自的作用。到荀子时的隆礼重法思想,更是为后世封建政治奠定了基调。秦亡汉兴,德主刑辅更是被后世几千年的儒家所宣扬和高举。正如《唐律疏议·名例律》所说:“德礼为政教之本,刑罚为政教之用,犹昏晓阳秋相须而成者。”无讼的价值追求,与德法互补,乍看之下似有矛盾,但从目的和手段而言,则有其合理性。无讼是目的,德法互补是手段,以德法互补的手段,来达到无讼的价值追求。这也就是为什么德、法可以共存的很重要的一个原因,不论是以德去刑,还是以刑去刑,都是为了同一个价值追求——无讼。道教戒律中多有体现道德教化的内容,也有很多对人遵纪守法的劝解,更多的是体现有助于个人的悟道成仙,而从客观上则推进了“无讼”理念的宣扬。

儒家的纲常伦理思想在整个封建社会影响深远,并逐渐得到了法律的确认。家庭是社会基本的组织,家庭和睦、家族稳定,也就一定程度上保障了社会秩序的稳定。父子、兄弟、夫妇之间和睦相处,维护家长权威,也得到了法律的认可,如不孝罪历来被视为重罪。道教戒律中也存在很多劝解家庭关系和谐的规定。一般而言,事君与事父是相统一的,古人讲的“修身齐家治国平天下”,“家齐而后国治”,“君子之事亲孝,故忠可移于君”,如果事亲至孝,则可以事君尽忠。

第二节　道教戒律的发展演变

对道教戒律内容和特征的把握,离不开对道教戒律发展脉络的掌握。道教戒律的发展沿革,不仅与道教自身的历史发展紧密相关,而且与道教教义教理的发展变化,教团组织、宫观管理的发展变化,整理编纂道教戒律典籍的个人,以及儒释等其他文化的影响,政治形势的变化和政权的支持,所在区域的风俗习惯等,莫不有着各种联系。[1]

按照道教戒律的历史发展,有学者对道教戒律的历史分期提出了不同的看法。如丁常云的戒律三阶段说,第一阶段是早期道教的戒律,第二阶段是全盛时

〔1〕 参见郑妤:《加强新时代道教戒律建设需要解决的三个问题》,载《中国宗教》2019 年第 12 期。

期道教的戒律，第三阶段是明清时期道教的戒律。[1] 见见的四阶段说，第一阶段是从东汉末年张陵创教开始，到魏晋南北朝时期，这是道教戒律的创建和改造期；第二阶段是从隋唐到北宋，这是道教戒律的兴盛和发展期；第三阶段是从南宋开始，到明朝中叶，这是道教戒律宗派纷起和继续发展期；第四阶段是从明朝后期到清代，这是道教戒律的逐渐衰落期。[2] 刘绍云的四阶段说，第一阶段是汉魏时期，这是道教戒律的萌生时期；第二阶段是晋南北朝时期，这是道教戒律的成熟时期；第三阶段是隋唐宋元时期，这是道教戒律的发展时期；第四阶段是明清时期，这是道教戒律的泛化时期。[3] 唐怡的四阶段说，第一阶段是道教初创时期，这是道教戒律的雏形时期；第二阶段是魏晋南北朝时期，这是道教戒律的制定时期；第三阶段是隋唐北宋时期，这是道教戒律的充实时期；第四阶段是南宋以后，这是道教戒律的完善时期。[4]

不同的分期与对戒律总结的特点有关，当然也与对戒律的范围界定不同有关。虽然对道教戒律的内涵和分期尚有不同看法，但是对一些主要人物的活动和关键时间点是没有大的分歧的。结合以上道教戒律的分期，以及本书对道教戒律范围的界定，笔者拟将道教戒律的发展分为三个阶段：(1)汉魏晋南北朝是道教戒律的形成与成熟阶段；(2)隋唐北宋是道教戒律的兴盛与发展阶段；(3)南宋至民国是道教戒律的多样化与民间化阶段。

一、汉魏晋南北朝：道教戒律的形成与成熟

道教最初于东汉末年兴起于民间，主要有东部的太平道和西南的五斗米道。一般以这两个道派的建立，作为道教正式成立的标志。五斗米道和太平道分别都建立了有组织的宗教团体，并制定了一些关于内部管理的纪律和规范。

东边的是太平道，据《后汉书》和《三国志》的相关记载，其主要创始人是张

---

〔1〕 参见丁常云：《试论道教戒律建设的发展历程》，载《中国道教》2004年第6期。

〔2〕 参见见见：《道教戒律的历史发展与特色》，载《中国道教》2004年第6期。

〔3〕 参见刘绍云：《宗教律法与社会秩序——以道教戒律为例的研究》，巴蜀书社2009年版，第14－33页。

〔4〕 参见唐怡：《道教戒律研究》，巴蜀书社2008年版，第24－52页。

角，太平道以军事的形式组织教徒，一定程度上达到了以军事、政治、宗教相结合的方式进行管理。太平道所信奉的主要经典为《太平经》。任宗权的《道教戒律学》中将《太平经》所蕴含的戒律思想总结为以下八个方面：(1)关于受道必持戒的思想。(2)关于受诫长寿的思想。(3)戒律中的善恶、忠孝思想。(4)《太平经》戒律中的"守一"思想。(5)关于"道诫"与"法制"。(6)《太平经》戒律中的因果报应思想。(7)《太平经》戒律思想中的诚信观。(8)关于《太平经》的律统问题。[1] 其中"道诫"与"法制"与本书关系较为紧密，《太平经》中提到，"道诫"与"王法"相辅相成并不相悖；"道戒"法制相协，是《太平经》"安王大法"的根本之所在。[2] 一般认为，此时期的道教戒律仅有一些禁止性的规定，并非具有条文性的规定。

西边的是五斗米道。五斗米道的创始人是张陵，真正使五斗米道发扬光大的则是张陵的孙子张鲁。经过张家三代的用心经营，五斗米道在汉中立足并站稳脚跟。张鲁在汉中的政权也是采用政教合一的模式。张鲁教导民众突出诚信的品质，如果教民生病则要先反省、忏悔自己的罪过。张鲁以五斗米道的"祭酒"治民，让祭酒在路边修建"义舍"，义舍中悬挂放置米和肉，能够保障路过的行人基本上吃饱，但是，如果有谁贪心，多取米肉，那么，贪心的人则会被诅咒生病。在道门内部看来，灾难、疫病和公平正义是有关联的，如果谁破坏了这种秩序，就会被神灵降下疾病、灾难进行惩罚。比如，道教中信奉的西王母，既执掌刑杀，又主管瘟疫、疾病。

张鲁所建义舍，内有米肉，行人量腹取足，赢得了当地民众的支持，道教最初的产生体现了"均平"的思想，反映了长期以来民众渴望均平的民族心态。对于张鲁建义舍这种均平的价值追求，在唐代朱法满的《要修科仪戒律钞》中仍然有所体现，"家家立靖崇仰，信米五斗，以立造化，和五性之气，家口命籍，系之于米。年年依会十月一日同集天师治，付天仓及五十里亭中，以防凶年饥，民往来之乏，行来之人不装粮也"[3]。

---

[1] 参见任宗权：《道教戒律学》，宗教文化出版社2008年版，第52－84页。

[2] 以上内容参见任宗权：《道教戒律学》，宗教文化出版社2008年版，第65－68页。

[3] 《要修科仪戒律钞》，载《道藏》第6册，第966页。

五斗米道信奉的经典主要为《道德经》。《老子想尔注》是从《道德经》中引申出一系列的“道诫”,以作为五斗米道道徒的行为准则和宗教信条。《老子想尔注》对“道诫”不断进行强调,反复说明遵守“道诫”的意义,如“奉道诫者可长处吉不凶”[1],“人行道,不违诫,渊深似道”[2],如果不遵守“道诫”则会遭受惩罚,如“诫为渊,道犹水,人犹鱼。鱼失渊去水则死,人不行诫守道,道去则死”[3],等等。据饶宗颐考证,后世道书中提及的“道德尊经想尔戒”[4]应当是《老子想尔注》中“道诫”的具体内容,“想尔戒”的总原则主要为《老子》清静无为的理念。

《老子想尔诫》主要以老子无为清静的思想为主导来制定“道诫”,将戒律的来源追溯至老子;《太平经》中的“道诫”主要来自“天神”的“天诫”;二者对戒律的本源有不同的看法。[5]

从《太平经》和《老子想尔注》可以看出,早期道教尚未形成系统的、条文式的戒律。道教最早的正式戒律的形成,一般以想尔九戒的出现为标志。想尔九戒为:“行无为,行柔弱,行守雌,勿先动,此上最三行;行无名,行清静,行诸善,此中最三行;行无欲,行知止足,行推让,此下最三行。”[6]

总体来看,早期道教的戒律并不系统,甚至有些“模糊”,而这种模糊的戒律,对于早期道教教团自身的发展,自有其利弊所在。对于未入道的信徒,和已经入道的教徒,二者需要遵守的戒律并没有严格区分开来,可能会产生如下弊端:导致信徒对自身应当持守的戒规不甚明确,以致守戒的观念随之模糊;导致戒律对信徒的指引功能变弱,以致信徒对自身行为的预见性减弱;承当一定教职的教民违犯教规后,是否应该有不同于普通教徒的制裁措施;由于戒律的泛化,教区首领的号令从而导致执行的实效降低,等等。[7] 除了弊端之外,这种较为模糊的、指向

---

[1] 饶宗颐:《老子想尔注校证》,上海古籍出版社 1991 年版,第 46 页。

[2] 饶宗颐:《老子想尔注校证》,上海古籍出版社 1991 年版,第 7 页。

[3] 饶宗颐:《老子想尔注校证》,上海古籍出版社 1991 年版,第 46 页。

[4] 《太上老君经律》前题“道德尊经想尔戒”,文云:“行无为,行柔弱,行守雌,勿先动(原注:此上最三行)……”参见饶宗颐:《想尔九戒与三合义——兼评新刊太平经合较》,载饶宗颐:《老子想尔注校证》,上海古籍出版社 1991 年版,第 103 - 105 页。

[5] 参见任宗权:《道教戒律学》,宗教文化出版社 2008 年版,第 101 页。

[6] 《太上老君经律》,载《道藏》第 18 册,第 218 页。

[7] 参见丁强:《早期道教教职研究》,巴蜀书社 2008 年版,第 190 页。

不明确的戒律，也有其积极作用，因为戒律中广泛吸收了儒家伦理道德，有利于拉近信众和普通民众的距离，保持教团对一般民众的吸引力。[1]

五斗米道自汉末张鲁投降曹操以后，迁往北方各地，被人为分散。张鲁在世的时候，教团尚能维持统一和团结，但张鲁去世以后，教团内部的分化非常严重，一些祭酒道官各自为政，不再有统一的中心。虽然在曹魏末年，张鲁的后代曾经试图进行整顿，其中的一个手段便是采用重新发布戒律《大道家令戒》，但是收效不大，组织涣散、科律废弛的现象并没有得到改善。

不论是早期的太平道，还是早期的五斗米道，都主要在民间传播，往往还伴随着农民起义，尤其是东晋末年南朝时期孙恩、卢循领导的农民起义，带有道教的宗教色彩，起义虽然失败，却震撼了东晋王朝，给东晋的门阀士族带来了沉重的打击，所以道教的发展壮大为统治阶级所忌惮和限制，到了南北朝时期，道教内部的有识之士便有针对性地对道教进行了改革。[2]

在北方有北魏寇谦之领导的“清理道教”运动。寇谦之是北魏时期在北方的一位杰出的道教领袖。据《魏书·释老志》的记载，北魏神瑞二年（公元415年），寇谦之自称在嵩山遇见太上老君降临，太上老君告知寇谦之，自天师张陵去世以后，修道之人一直没有合适的天师传承人选，“今有嵩山道士寇谦之，立身直理，堪处师位”，而寇谦之正是继张陵之后最佳的天师继任人选，所以太上老君特意将天师之位传授给寇谦之，并且赐予《云中音诵新科之诫》二十卷，让寇谦之清整道教，宣扬新的戒律，“专以礼度为首”，维护清虚大道。[3]《老君音诵诫经》中也有类似记载[4]。寇谦之将以前的教义教规加以改造，以儒家的礼度为首，并吸收佛教仪制和戒律，制定新的戒律，往往在戒律的后面都标明“明慎奉行如律令”

---

〔1〕参见丁强：《早期道教教职研究》，巴蜀书社2008年版，第191页。

〔2〕参见王卡主编：《中国道教基础知识》，宗教文化出版社2005年版，第32－33页。

〔3〕相关内容参见《魏书》卷一一四《释老志》，中华书局1974年版，第3050页。

〔4〕老君曰：吾得嵩岳镇土之灵集仙宫主表闻称言：地上生民，旷官来久。世间修善之人，求生科福，寻绪诈伪经书，修行无效，思得真贤正法之教。宜立地上系天师之位为范则。今有上谷寇谦之，隐学嵩岳少室，精鍊教法，掬知人鬼之情，文身宣理，行合自然，未堪系天师之位。吾是以东游，临观子身，汝知之不乎？吾数未至，不应见身于世。谦之，汝就系天师正位，并教生民，佐国扶命，勤理道法，断发黄赤。见《老君音诵诫经》，载《道藏》第18册，第211页。

的字样。

在南方则为各道派的改造和整合。南方有着诸多道派,道派林立,大小不一,教理教义各有不同,尊奉的神灵也不一样,其中,势力和影响最大的道派,除了传统的天师道之外,当数上清和灵宝两大派系。南朝刘宋时期的陆修静撰《陆先生道门科略》,批评现实中存在的背弃盟威清约的现象,如"举止轻脱,贱慢法术",甚至耽酒嗜食,"五辛之菜,六畜之肉,道之至忌,啖之已自犯禁……背盟威清约之正教"〔1〕。陆修静在《陆先生道门科略》中,反复申明正一盟威之道,"天师正一盟威之道……罢诸禁心,清约治民,神不饮食,师不受钱。使民内修慈孝,外行敬让,佐时理化,助国扶命"〔2〕。

陆修静就南方天师道的组织制度提出了一系列改革方案,强调道徒应严守戒律,"科禁威仪教敕大小,务共奉行"〔3〕。有学者认为,陆修静的总结和改革,其意义使得道教科仪更加规范化,更深远的影响在于使道教的斋醮科仪脱离民间巫觋的陋习。〔4〕

南北朝时期道教清整的同时,随着戒律的整合和发展,南北朝时期的道教戒律反复强调道教徒要遵守戒律、奉戒行事,而此时期的戒律也正是因为适应南北朝道教发展的趋势而获得了良性的完善和发展,早期道教的道诫形式和内容都较为粗疏,而此时期的道教戒律已经初具条文性。〔5〕

可见道教戒律是随着道教在不同历史阶段,针对不同时代背景发展而来的,原有的道教戒律,尤其是北魏寇谦之改革天师道以来,道教更是与封建政权统治相结合,戒律也多有维护封建政权统治的目的。〔6〕

二、隋唐北宋:道教戒律的兴盛与发展

隋唐时期,尤其是唐代,道教各方面的发展都迎来了辉煌的时期,由于唐朝统

〔1〕《陆先生道门科略》,载《道藏》第24册,第781－782页。
〔2〕《陆先生道门科略》,载《道藏》第24册,第779页。
〔3〕《陆先生道门科略》,载《道藏》第24册,第780页。
〔4〕参见卢国龙:《道教哲学》,华夏出版社2007年版,第62页。
〔5〕参见张凤林主编:《道教戒律建设与宫观管理》,宗教文化出版社2008年版,第193页。
〔6〕参见张凤林主编:《道教戒律建设与宫观管理》,宗教文化出版社2008年版,第38页。

治者为了神化政权,提升政权来源的神圣性,奉道教中的老子李耳为唐朝统治者先祖,道教的社会地位不断提高;唐朝时期入道的人数显著增加,出现了很多有名的高道,如叶法善、成玄英、司马承祯、杜光庭,等等;唐朝道教宫观的数量不断增加,宫观的规模也在不断扩大;道教的教义教理和宗教仪式方面,与以前朝代相比,也出现了很多新的内容和形式。[1]

道教戒律在这一时期也有所发展,这一时期有关道教戒律的经书剧增,呈现繁荣之势,同时高道辈出,他们对道教戒律作了多方面的理论探讨,并对此前的戒律进行了系统的整理和编纂,其中具有代表性的著述包括唐代道士朱法满修撰的《要修科仪戒律钞》,张万福所撰《三洞众戒文》《三洞法服科戒文》《传授三洞经戒法箓略说》等,唐末五代道士杜光庭集录的《道门科范大全集》。

唐代的道教戒律纷呈杂出,且内容繁杂,而此时的道教发展也正处于巅峰时期,这两者之间具有同步性。由于本书的内容主要涉及唐代部分,以下就隋唐时期的主要戒律作简要介绍。

(一)《洞玄灵宝三洞奉道科戒营始》

《洞玄灵宝三洞奉道科戒营始》,一般简称为《三洞奉道科戒营始》,原题"金明七真撰",实际编纂者不详。敦煌本《三洞奉道科诫仪范》与之内容基本一致,学界一般认为同书异名。一般认为,此部道经大致成书于南北朝末期至隋代,最晚应当不晚于唐初,是道教戒律仪范中最全、最古的早期资料。[2]

《三洞奉道科戒营始》对道观秩序、道士日常生活已有明确要求,"造像写经,供养礼拜,烧香明灯,读诵讲说,传授启请,斋戒轨仪,修行法相,事事有则,皆著科条,其来已久"[3]。《置观品》中详尽地论述了置观的缘由、意义以及规格;《造像品》有专门关于造像方面的戒律;《法服品》沿袭了刘宋时期陆修静的"法服制度",等等。

---

〔1〕 参见唐大潮:《道教禁忌略谈》,载《宗教学研究》2005 年第 4 期。

〔2〕 参见任继愈主编、钟肇鹏副主编:《道藏提要》,中国社会科学出版社 1991 年版,第 872 页。

〔3〕《三洞奉道科戒营始》,载《道藏》第 24 册,第 741 页。

《三洞奉道科戒营始》将宫观制度及出家制度首次分开规定，并列有详尽的条款。[1]《三洞奉道科戒营始》字里行间表达出的戒律思想，已经紧密地向国家法律看齐和靠拢，[2]如“凡道士、女冠出家之后，先须纲纪，整齐法教”[3]。又如，“凡道士、女冠为纲纪者，须依法奉行，勤宣科戒，教示徒众”[4]。

(二)《三洞众戒文》

原书分上下两卷，《道藏》本作一卷。前有张万福的自序，讲述学道的深浅，以及不同情况所对应的传授的戒文。

在《三洞众戒文》中，张万福指出戒律的重要性，“夫戒者，戒诸恶行，防众行之最。若不持戒，道无由得”[5]。起心入道者先受“三归戒”：道、经、师。道为太上无极大道，“第一戒者归身，太上无极大道”；经为三十六部尊经，“第二戒者归神，三十六部尊经”；师为玄中大法师，“第三戒者归命，玄中大法师”[6]。此时的三归戒是南北朝三归戒的变迁、革新与整合。

《三洞众戒文》中的《弟子奉师科戒文》，专门讲述戒律的师承关系，以及奉师的礼仪等。

《三洞众戒文》中的《五戒文》[7]既延续了早期道教来自老子关于五音、五色、五味等方面对人的危害的五戒思想，又融摄儒家的仁义礼智信的五常思想，如“五戒延仁、礼、信、义、智”[8]，跟佛教的五戒“不杀生、不偷盗、不邪淫、不妄语、不饮酒”明显是不一样的。[9]

---

〔1〕 参见任宗权：《道教戒律学》，宗教文化出版社2008年版，第188页。

〔2〕 参见任宗权：《道教戒律学》，宗教文化出版社2008年版，第190页。

〔3〕 《三洞奉道科戒营始》，载《道藏》第24册，第751页。

〔4〕 《三洞奉道科戒营始》，载《道藏》第24册，第752页。

〔5〕 《三洞众戒文》，载《道藏》第3册，第396页。

〔6〕 《三洞众戒文》，载《道藏》第3册，第397页。

〔7〕 《三洞众戒文》中的五戒为“第一戒者，目不贪五色，誓止杀，学长生。第二戒者，耳不贪五音，愿闻善，从无惑。第三戒者，鼻不贪五气，用法香，遣俗秽。第四戒者，口不贪五味，习胎息，绝恶言。第五戒者，身不贪五彩，履勤劳，以顺道”。参见《三洞众戒文》，载《道藏》第3册，第399页。

〔8〕 《三洞众戒文》，载《道藏》第3册，第399页。

〔9〕 参见任宗权：《道教戒律学》，宗教文化出版社2008年版，第201页。

（三）《传授三洞经戒法箓略说》

《传授三洞经戒法箓略说》也是由张万福汇编整理的，主要讲述传授经戒法箓的宗旨和经戒法箓的传授程序。共两卷，收录于《正统道藏》正一部。

《传授三洞经戒法箓略说》叙述了早期道教授受经戒要有法信契券，法信契券也是现在全真道戒牒的前身，受戒得券契后还应进行盟誓，盟誓的形式经唐代张万福整理定型后，后世一直沿用，现代道教盟誓的形式依然采用的是经张万福制定的底本，只是稍微省去了“断发歃血”的仪式，以及取消了一些物品，如七宝、金银、金环、金龙、金钮、龙璧、断环等物。[1]

《传授三洞经戒法箓略说》中强调了受戒对于成仙的重要性，受戒是修道者的必修科目，不受戒，则无法成仙。“道学当以戒律为先，……若有法而无戒，犹欲涉海而无舟楫，犹有口而无舌……万福曰：凡初入法门，皆须持戒。戒者，防非止恶，进善登仙，众行之门，以之为键。……又云：学道不修斋戒，徒劳山林。又云：皆从斋戒起，累功结宿缘，飞行凌太虚，提携高上人。”[2]

《传授三洞经戒法箓略说》还指出传授经戒的次序，“凡人初入法门，先受诸戒，以防患止罪；次佩符箓，制断妖精，保中神炁；次受……次受……证于常道”[3]。

（四）《要修科仪戒律钞》

《要修科仪戒律钞》为唐代道士朱法满所撰。收录于《道藏》洞玄部戒律类，为道教科仪戒律之类钞，共16卷，8万多字。《要修科仪戒律钞》大致记载了如下内容：传道经、受道经、讲道经、诵道经的各种仪范，弟子奉师的各种礼仪规范，上章的各种信物和法度，行道守戒的各种杂仪，道士的各种仪式，等等。[4]

---

〔1〕 参见任宗权：《道教戒律学》，宗教文化出版社2008年版，第206－207页。
〔2〕 《传授三洞经戒法箓略说》，载《道藏》第32册，第185页。
〔3〕 《传授三洞经戒法箓略说》，载《道藏》第32册，第193页。
〔4〕 参见任宗权：《道教戒律学》，宗教文化出版社2008年版，第210－211页。

《要修科仪戒律钞》中也表现出了不少在宫观管理当中出现的一些问题，比如对宫观主持的任命要求，对住观的出家道士的行为规范，对宫观内部如何进行管理，从一个侧面也显示出了住观制度的日趋成熟。[1]

以上主要对隋唐时期的戒律类经书作简要说明，在唐朝时期的道教迎来了极大的发展，唐末五代的战乱对整个社会产生了极大的破坏，但是到了北宋，道教又迎来了继唐朝以后的另一个发展的高峰时期，与唐朝统治者出发点相类似，北宋的统治者为了借道教神话政权，甚至虚构先祖赵玄朗为道教中人。经过唐末五代以后，整个宋代的文化氛围十分浓厚，更因为神话政权的需要，此时期的道教也得到了较大的发展。宋代多次编纂道经，其中较为有名的有《大宋天宫宝藏》。由于《大宋天宫宝藏》卷帙浩繁，在《大宋天宫宝藏》编成以后，张君房选择了其认为最为精要和精华的部分，编纂了《云笈七签》。《云笈七签》是大型道教类书，被称为浓缩版的道藏。《大宋天宫宝藏》没能得以完整保存下来，但是《云笈七签》得以流传下来，保留了大量的宋代以前的道经。《云笈七签》中辑录了大量道教戒律类道经，卷三七为斋戒部，卷三八至卷四〇为说戒部，涉及多种道教戒律。

宋代道教戒律类经文对社会影响最大的地方，当属劝善思想，这也是宋代道教深入民心的表现。如宋代广泛流传的一些劝善书，其主旨多为劝人多做好事，莫做坏事，劝人遵纪守法之类，如《太上感应篇》《太微仙君功过格》《文昌帝君阴骘文》等。

宋代的戒律思想有了新的变革，特别是“不婚嫁”的独身思想的出现，为金元时期全真道严格的出家制度奠定了基础。[2]

宋代理学兴起，儒、释、道三教进一步融合，理学使道教思想走向社会化，也促使了道教戒律的社会化。[3]

早在唐末五代时期，道教外丹学逐渐向内丹学转化和融合，以及丹学的宇宙生成论，也开始流行起来。道教外丹学主要信奉靠炼制丹药服食而长生不老，但

---

〔1〕 参见任宗权：《道教戒律学》，宗教文化出版社2008年版，第211－212页。

〔2〕 参见任宗权：《道教戒律学》，宗教文化出版社2008年版，第245页。

〔3〕 参见任宗权：《道教戒律学》，宗教文化出版社2008年版，第237页。

丹药的服食耗费巨资，经常发生爆炸，且在实践中致人死亡，不利于道德积累的提倡，即使恶贯满盈之人也可以通过服食丹药而得道成仙，严重削弱了道教信仰的社会基础。内丹学强调性命双修，重视宗教伦理道德规范，行善积德方能促进内丹修炼，大大扩展了信奉道教的社会基础。

道教教义、戒律向法律形态的转化也体现了道教对法律制度的影响。道教的教义、戒律随着自身的发展，不断吸取有利元素，其中既有不少来自佛教，又深受儒家影响，如吕洞宾的和光同尘入世思想，主张三教合一，将忠孝礼义等宗法伦理道德纳入道教教规。道教戒律发挥着类似法律的社会功能，《道法会元》的《太上混洞赤文女青诏书天律》，详细介绍了神仙世界应当遵守的戒律。

道教的兴盛和发展与统治者的重视和扶持有巨大的关联，唐宋时期道教特别盛行，统治者出于神话政权，为自己的统治制造合法性和权威性，再加上个别皇帝的极端推崇，使得道教发展壮大。除了统治者的大力支持外，魏晋南北朝的动荡融合为唐宋道教的发展积累了前期的准备，并且道教对佛教的借鉴和吸收也为道教的教理教义、教团管理等方面注入了新鲜的血液，尤其是唐朝时道士人数的增加，极大地充实了道教队伍，再加上唐宋时期涌现出的一大批高道，他们对于道教理论的提升，对于戒律的整理，以及在社会的影响和号召力，都使得道教在唐宋时期以极其辉煌的姿态呈现。

需要说明的是，虽然道教在唐宋时期得到了极大发展，统治者尊崇道教，礼遇高道，唐代奉老子李耳为始祖，宋代虚构赵玄朗为始祖，北宋甚至出现了崇道的道君皇帝宋徽宗，但是，从整个历史发展的长河和整体而言，道教对于最高统治者的影响，并未改变统治者在治国方面始终以入世的儒家理念和儒家思想为主进行礼、乐、刑、政综合治理。统治者虽然以道教合法和神话政权，终究只是以道教作为一种标榜，落脚点和归宿最终还是在对现世的关注。

三、南宋至民国：道教戒律的多样化与民间化

南宋金元时期道派纷呈，在北方比较有影响力的有全真道、太一道、真大道，在南方比较有名的有神霄派、清微派、混元派、净明忠孝道、金丹派南宗，等等。其中，对后世影响最大的当数全真道。与传统的符箓派相比，全真道从创教初始便

提倡苦修清修，更是大力提倡住观制度，重视教规教制的建设，非常重视戒律的作用。尤其是全真道仿造佛教订立清规，注重对违反戒律的道士进行处罚，这是对道教戒律的重要发展。

宋金之际，王重阳在金人统治区建立全真教。丘处机等人率门下弟子，组织民众，在北方几乎无政府有效治理的情形下，教化百姓，垦田开荒，生聚教养，在一块块小地方，以道观为依托，建立社会基本秩序，保持文化传统始终不息，全真教以言传身教的方式促进地方自我治理的做法，使得普通民众在乱世之中保有一线生机，对后世产生了一定影响。[1] 自全真道开始，道教也开始出现清规类戒律，全真道自立教开始就十分注重清规戒律的制定和持守，早期立教时就有《重阳立教十五论》《教主重阳帝君责罚榜》，一直到《全真清规》，戒律的内容和形式逐渐完善，戒律的传播范围也由开始的单传秘授到后期的公开传授。

到了元代以后，金元时期纷繁的道教各派别或主动，或被动，逐渐形成融合的趋势，渐融于全真和正一两大派。明初正一道组织教团日趋腐化，戒律松弛，天师张宇初为重振道教，制定《道门十规》，在总结前代正一派戒律思想和条文的基础上，系统地对道教徒的修炼和日常行为作出了规定。

明清时期，在戒律方面做出巨大贡献的一个人物是全真道龙门派律师王常月，他将以前所传授的戒律进行整合，删繁就简，最后将所授戒律确定为“三坛大戒”——初真戒、中极戒、天仙大戒，他所改立的传戒制度也一直延续到今天。王常月对“戒行精严”、持戒守戒逐字逐词作了诠释。“戒”是降心顺道，“行”是忍耐行持，“精”是一丝不杂，“严”是一毫不犯，“持戒”是始终不变，“守戒”是穷困不移。[2] 如果做到“持戒在心”，于个人修行而言，“可以入圣成真，可以登仙了道”；于国家秩序而言，“在俗化导，国治民安，时和岁稔”；于社会风气而言，“忠孝节义、廉洁贞精”[3]。

明清以后，道教逐渐衰落，原因是多方面的。从政治的角度而言，官方的政策

---

[1] 参见李启成：《中国法律史讲义》，北京大学出版社2018年版，第260页。
[2] 参见《碧苑坛经》，载《藏外道书》第10册，第169页。
[3] 参见《碧苑坛经》，载《藏外道书》第10册，第161页。

一直以管束为主，尤其是明朝中叶以后，统治者对道教的支持力度比起以前的唐宋时期大为降低。明清以后，不仅仅是道教衰落，佛教也面临同样的境遇，这也跟整体的政治制度有关联，尤其在明清时期专制主义进一步得到强化。从外部的影响而言，现代科学技术输入，西方的近代科技文明逐渐进入中国，人们的思想理念有了很大变化，在科学思维的影响下，对于宗教信仰的依赖有所降低。从思想文化方面的转变而言，明清时期出现了反理学、反道学的思潮，重实学、求真务实的现实主义研究取代了唐宋时期文人进行的宗教研究。而仍然埋头进行道教、佛教自身教理教义研究的多局限于宗教内部人员，研究人员的数量已经大不如前。从道教自身发展情况而言，道教的教团教派始终并未呈现出多元发展的态势，其思想文化、教理教义也未有新的重大突破发展。明代正一派上层道士的腐化堕落，全真道虽有王常月的龙门中兴，但是继王常月中兴之后，似乎又陷入了僵局，其整体情形始终无法和唐宋时代的辉煌期相比。由此可见，道教的发展，除了需要王权的支持，自身的教义发展、戒律的遵守、队伍的壮大也是需要重视的因素。

纵向来看，明清时期的道教呈现衰落，其整体情形虽然无法和唐宋得到最高统治者大力扶持相比，但是在民间，道教反倒呈现出欣欣向荣之景象，最为显著的表现即为道教劝善书的广泛流行，如果说宋元时期是道教劝善书的初步发展时期，那么明清时期的道教劝善书可谓迎来了高光时刻。道教劝善书是道教戒律的一种重要的表现形式。善书具有导人向善、行善的目的，起教化人心的功效，道教劝善书是善书中的一种。道教劝善书宣扬行善积德、惩恶扬善的宗教道德，既有导民化俗的功能，又有法律宣传的功用，且形式灵活多样，简单易懂，便于普及和流传。道教劝善书鼓励人们行善修德，对改过迁善、预防犯罪有着积极的作用。劝善书以一种百姓普遍容易接受的形式，进行法律宣教，导人向善，赏善罚恶，宣扬息讼、无讼。劝善与教化，受众不仅仅包括道士，也包含一般的普通民众，甚至还包括司法官员。司法官员作恶法获恶报，作善法得善报，在这种理念下，对正义的彰显和对罪恶的惩治，乃至对生死的决断，莫不显示着人们朴素的正义观。为官审案甚至被认为行善或者为恶所累积的功过更超过普通人，在道教劝善书中，劝诫司法官员审慎断案、不要滥用酷刑的内容颇多。作为司法官员，在审判实践中如果为了所谓的福报，故意出罪，将重罪判为轻罪，将有罪判为无罪，或者故意入罪,将轻罪判为重罪,将无罪判为有罪,不但不能积善,反而是在积恶。也就是说,在审判实践中更应当秉持正义,扬善惩恶,勿纵勿枉,这才是真正意义上的积功累德。

第二章 道教戒律与唐律

唐律有狭义和广义之分。狭义的唐律仅指《唐律疏议》，广义的唐律包括《唐律疏议》在内的一系列唐代法律，除了《唐律疏议》以外，还有其他的一些法律形式，如令、格、式、敕，等等。为了表述的方便，本书书名中的唐律，指的是广义的唐律；本章所指的唐律，仅指狭义上的《唐律疏议》。

关于古代法律尤其是唐律对佛道教的规范，现有一些论著中有涉及。[1] 本书关注的重点在于国法和教规的关系，侧重于具体法条与道教戒律的比对，以此来说明国法和教规的互动关系。

《唐律疏议》中涉及道教或者跟道士、女官有关的法条共计 9 条。分别分布在《名例律》、《户婚律》、《贼盗律》、《杂律》和《断狱律》五篇之中。其中，《名例律》有 3 条——“除免比徒”条、“会赦应改正征收”条、“称道士女官”条；《户婚律》有 1 条——“私入

[1] 如潘明权编著：《历代宗教管理法令初探》，宗教文化出版社 2017 年版；张径真：《法律视角下的隋唐佛教管理研究》，中国社会科学出版社 2018 年版；张海峰：《唐代法律与佛教》，上海人民出版社 2014 年版；严耀中：《佛教戒律与中国社会》，上海古籍出版社 2007 年版；郑显文：《唐代〈道僧格〉研究》，载《历史研究》2004 年（后收入郑显文：《唐朝律令制研究》，北京大学出版社 2004 年版）；劳政武：《佛教戒律学》，宗教文化出版社 1999 年版，等等。以上论著主要是从佛教的角度进行解读，顺带提及道教。池建华的硕士学位论文《道法互动：唐代道教与法律的关系研究》，较为全面地梳理了《唐律疏议》中涉及道教的律文，由于其主要着眼点为道教，故跟道教或直接或间接的条文都有涉及，其优点是涉及条文详细，但也由于篇幅的限制，对于部分条文的解析还有进一步深入挖掘的空间。

道”条;《贼盗律》有 2 条——“缘坐非同居”条、“盗毁天尊佛像”条;《杂律》有 2 条——“监主于监守内奸”条、“和奸无妇女罪名”条;《断狱律》有 1 条——“立春后秋分前不决死刑”条。

另外,关于“和奸无妇女罪名”条和“会赦应改正征收”条均未单独列为一节,原因如下:

关于“和奸无妇女罪名”条〔1〕,其中,涉及道教的内容为:假有俗人媒合奸女官,男子徒一年半,女官徒二年半,媒合奸通者犹徒二年之类,是为“从重减”。此条涉及在媒奸的情况下对女官的处罚,由于仍然是对犯奸罪的打击,在其他部分有专门提及对奸淫的规定,故并未单独列为一节,特此说明。

关于“会赦应改正征收”条〔2〕,“【疏】议曰:‘私入道’,谓道士、女官,僧尼同,不因官度者,是名私入道”〔3〕。女官又被称为女冠,指的是女道士。不过在道教内部似乎并不赞同女冠的叫法,认为不应该把女官称为女冠,这是世俗对其的误读。在刘俊文的笺释中提到了孙奭《律音义》所引《升玄经》中的相关内容,便是一个证明,《升玄经》云:“女官,女道士也。流俗以其戴冠,改作冠字,非也。”〔4〕

---

〔1〕《唐律疏议》卷二六《杂律》“和奸无妇女罪名”条规定:“诸和奸,本条无妇女罪名者与男子同。强者,妇女不坐。其媒合奸通,减奸者罪一等。罪名不同者,从重减。【疏】议曰:‘和奸’,谓彼此和同者。‘本条无妇女罪名与男子同’,谓上条‘奴奸良人者,徒二年半’,此即和奸不立妇女罪名,良人妇女亦徒二年半之类,并与男子同。‘强者,妇女不坐’,谓上条奸主期亲强者斩,既无妇女罪名,其妇女不坐。但是强奸者,妇女皆悉无罪。其媒合奸通之人减奸罪一等,假如和奸者徒一年半,媒合者徒一年之类。注云‘罪名不同者,从重减’,假有俗人媒合奸女官,男子徒一年半,女官徒二年半,媒合奸通者犹徒二年之类,是为‘从重减’。”参见《唐律疏议》卷二六《杂律·和奸无妇女罪名》,载刘俊文笺解:《唐律疏议笺解》,中华书局 1996 年版。

〔2〕《唐律疏议》卷四《名例》“会赦应改正征收”条规定:“诸会赦,应改正、征收,经责簿帐而不改正、征收者,各论如本犯律。谓以嫡为庶、以庶为嫡、违法养子,私入道、诈复除、避本业,增减年纪、侵隐园田、脱漏户口之类,须改正;监临主守之官,私自借贷及借贷人财物、畜产之类,须征收。”“【疏】议曰:‘私入道’,谓道士、女官,僧尼同,不因官度者,是名私入道。”参见《唐律疏议》卷四《名例·会赦应改正征收》,载刘俊文笺解:《唐律疏议笺解》,中华书局 1996 年版,第 354-355 页。

〔3〕《唐律疏议》卷四《名例·会赦应改正征收》,载刘俊文笺解:《唐律疏议笺解》,中华书局 1996 年版,第 354-355 页。

〔4〕《唐律疏议》卷四《名例·会赦应改正征收》,载刘俊文笺解:《唐律疏议笺解》,中华书局 1996 年版,第 358 页。

“会赦应改正征收”条的法意，与它前面一条“会赦仍须出首”条的法意相类似，在于消除某些犯罪的犯罪结果，不让非法的状态持续延续。[1] 所以，为了消除私入道的影响和后果，不能让私入道的状态一直延续，私入道属于会赦仍需改正的情形之一。

《唐律疏议》卷四《名例》“会赦应改正征收”条处罚的对象是官员，官员因违法发放度牒而后遇到赦免的，以赦免后的百日为期限，官员应当及时回收违法发放的度牒，并更正跟度牒内容相关的账簿信息，否则，官员仍不能得到赦免。由于“会赦应改正征收”条主要涉及的相关内容是私入道，本章不单独列出此条内容，有关私入道的相关内容详见“私入道”条与道教戒律，特此说明。

第一节　“除免比徒”条与道教戒律

《唐律疏议》卷三《名例》“除免比徒”条规定：

诸除名者，比徒三年；免官者，比徒二年；免所居官者，比徒一年。流外官不用此律。谓以轻罪诬人及出入之类，故制此比。若所枉重者，自从重。

【疏】议曰：除名、免官、免所居官，罪有差降，故量轻重，节级比徒。流外之职，品秩卑微，诬告反坐，与白丁无异，故云“不用此律”。

注：谓以轻罪诬人及出入之类，故制此比。

【疏】议曰：假有人告五品以上官监临主守内盗绢一匹，若事实，盗者合杖八十，仍合除名；若虚，诬告人不可止得杖罪，故反坐比徒三年。免官者，谓告五品于监临外盗绢五匹，科徒一年，仍合免官；若虚，反坐不可止科徒一年，故比徒二年。免所居官者，谓告监临内奸婢，合杖九十，奸者合免所居官；若虚，反坐不可止得杖罪，故比徒一年。及出入之类

〔1〕《唐律疏议》卷四《名例·会赦应改正征收》，载刘俊文笺解：《唐律疏议笺解》，中华书局1996年版，第361页。

者，谓不盗监临内物，官人枉判作盗所监临，或实盗监临，官人判作不盗。即是官司出入除名，比徒三年。若出入免官者，比徒二年；出入免所居官，比徒一年之法。其藏匿罪人，若过致资给，或为保、证及故纵等，有除、免者，皆从比徒之例，故云“之类”。

注：若所枉重者，自从重。

【疏】议曰：谓诬告及出入之罪，重于比徒之法者，自从“反坐”等重法科之，不复仍准比徒之法。

若诬告道士、女官应还俗者，比徒一年；其应苦使者，十日比笞十，官司出入者，罪亦如之。

【疏】议曰：依格：“道士等辄著俗服者，还俗。”假有人告道士等辄著俗服，若实，并须还俗；既虚，反坐比徒一年。“其应苦使者，十日比笞十”，依格：“道士等有历门教化者，百日苦使。”若实不教化，枉被诬告，反坐者诬告苦使十日比笞十，百日杖一百。“官司出入者”，谓应断还俗及苦使，官司判放；或不应还俗及苦使，官司枉入：各依此反坐徒、杖之法，故云“亦如之”。失者，各从本法。[1]

一、律文解析

这条律文主要是关于除名、免官折抵徒的规定，其中，与本书内容主题直接相关的主要为后半部分，“若诬告道士、女官应还俗者，比徒一年；其应苦使者，十日比笞十，官司出入者，罪亦如之”。

（一）若诬告道士、女官应还俗者，比徒一年

疏议提到的依格，“道士等辄著俗服者，还俗”，其中的格即为祠部格，唐格以尚书省二十四司为篇名，唐代开元五年（公元 717 年）以前僧道隶属祠部，故此处

---

〔1〕《唐律疏议》卷三《名例・除免比徒》，载刘俊文笺解：《唐律疏议笺解》，中华书局 1996 年版，第 248－249 页。

所指的格为祠部格。[1] 关于祠部格与僧道格在第四章“道教戒律与唐格”中有介绍,此不赘述。

道士、女官还俗的情况除了着俗服之外,根据《唐六典》卷四“祠部郎中员外郎”条[2]的规定,道士、女官还俗的情况应当包括:道士、女官不穿道服而穿世俗人所穿的一般衣服,甚至穿绫罗绸带,乘大马,喝酒至醉,与人斗打,招引宾客,占相吉凶,以宫观的财物馈赠官吏,甚至拉帮结派、结党营私,有以上情形的,都属于还俗的情形。

按照疏议的规定,“依格:道士等辄著俗服者,还俗。假有人告道士等辄著俗服,若实,并须还俗;既虚,反坐比徒一年”。结合《唐六典》卷四“祠部郎中员外郎”条的相关规定,不是所有诬告道士、女官还俗的情形都受到反坐的惩罚。诬告道士、女官还俗需要反坐的情形,不包括诬告道士、女官乘大马,喝酒至醉,与人斗打,招引宾客,占相吉凶,以宫观的财物馈赠官吏,甚至拉帮结派、结党营私等类型,似乎诬告道士、女官还俗反坐的规定仅仅限于诬告其穿俗衣之类。

按照此条的规定,如果是诬告道士、女官应还俗者,反坐比徒一年,也就是反坐应该处以徒刑一年。根据《唐律疏议》卷二三《斗讼》“诬告反坐”条的规定,“诸诬告人者,各反坐。即纠弹之官挟私弹事不实者,亦如之。反坐致罪,准前人入罪法。至死而前人未决者,听减一等。其本应加杖及赎者,止依杖、赎法。即诬官人及有荫者,依常律。【疏】议曰:凡人有嫌,遂相诬告者,准诬罪轻重,反坐告人。……”[3]按照唐律的规定和一般法理,对于诬告处罚的基本原则为,诬告人反坐其罪,即按照诬告他人的罪名,给诬告人定罪。[4] 由于还俗和苦使是专门针

---

[1] 参见《唐律疏议》卷三《名例·除免比徒》,载刘俊文笺解:《唐律疏议笺解》,中华书局1996年版,第252-253页。

[2] 《唐六典》卷四“祠部郎中员外郎”条规定,“凡道士、女道士衣服皆以木兰、青碧、皂荆黄、缁坏之色”。注云:“若服俗衣及绫罗、乘大马、酒醉、与人斗打、招引宾客、占相吉凶、以三宝物饷馈官寮、勾合朋党者,皆还俗。若巡门教化、和合婚姻、饮酒食肉、设食五辛、作音乐博戏、毁骂三纲、凌突长宿者,皆苦役也。”参见李林甫等撰、陈仲夫点校:《唐六典》,中华书局2014年版,第126页。

[3] 《唐律疏议》卷二三《斗讼·诬告反坐》,载刘俊文笺解:《唐律疏议笺解》,中华书局1996年版,第1611-1612页。

[4] 参见《唐律疏议》卷二三《斗讼·诬告反坐》,载刘俊文笺解:《唐律疏议笺解》,中华书局1996年版,第1616页。

对僧道的处罚方式，理论上如果反坐的话，仍然应该对诬告人处以还俗和苦使的惩罚，但是对于一般人反坐的话很难也处以同样的处罚方式，所以，此条律文考虑到现实中的实际情况，对于一般人的反坐采取了可以变通执行的替代处罚方式。唐律在规定除免比徒法的同时，附带规定了诬告僧道的处理方式，诬告僧道受还俗处罚的则比徒一年，诬告僧道受苦使处罚的则十日比笞十，唐律之所以在除免比徒条专门作出对于诬告僧道的反坐规定，主要是因为还俗和苦使是针对僧道一类具有特殊身份的主体违反特定规定的特殊处罚，一般的人并不具有宗教教职人员的身份，如果是一般人诬告，或者是在官司枉断的情况下，导致僧道遭受了还俗或者苦使的处罚，那么诬告人或者枉断官司者则无法反坐其罪，有了此条的规定，就可以对诬告人或者枉断官司者以比折徒、杖的方式进行反坐处罚，这也是制定诬告僧道反坐的意义之所在，其实与除免比徒条的本质是一致的。[1]

（二）其应苦使者，十日比笞十

疏议称依格："道士等有历门教化者，百日苦使。"此处的格也应当是指祠部格。苦使是针对僧道所特有的惩罚措施，又称苦役，当是强制僧道承担一些繁重的劳作。《唐六典》卷四"祠部郎中员外郎"条注云："若巡门教化、和合婚姻、饮酒食肉、设食五辛、作音乐博戏、毁骂三纲、凌突长宿者，皆苦役也。"[2]此处疏议提到的唐格用语为"苦使"，《唐六典》的用语为"苦役"，用语虽不同，但含义是一样的，皆为承担一些辛苦的劳役。

按照疏议的解释，"若实不教化，枉被诬告，反坐者诬告苦使十日比笞十，百日杖一百"。也就是说，诬告苦使十日，反坐者笞十；诬告苦使二十日，反坐者笞二十；诬告苦使三十日，反坐者笞三十；诬告苦使四十日，反坐者笞四十；诬告苦使五十日，反坐者笞五十；诬告苦使六十日，反坐者杖六十；诬告苦使七十日，反坐者杖七十；诬告苦使八十日，反坐者杖八十；诬告苦使九十日，反坐者杖九十；诬告苦

---

〔1〕 参见《唐律疏议》卷三《名例·除免比徒》，载刘俊文笺解：《唐律疏议笺解》，中华书局1996年版，第255页。

〔2〕 李林甫等撰、陈仲夫点校：《唐六典》，中华书局2014年版，第126页。

使一百日,反坐者杖一百。为何此处反坐的惩罚截至杖一百,笔者推测,有三种可能性:第一种可能性,因为苦使的最高时限为一百日,相对应的反坐也就到杖一百;第二种可能性,即使苦使的惩罚超过一百日,反坐的最高惩罚也就到杖一百,不再加等;第三种可能性,苦使每增加十日,反坐者加一等处罚。按照唐律的立法技术来看,如《唐律疏议》卷一二《户婚》“私入道”条疏议云:“监临之官,不依官法,私辄度人者,一人杖一百,二人加一等,罪止流三千里。”如果加等的话,唐律中一般会明确规定何种情况加等,如此条的“二人加一等”,而且对于最高处罚也会明确,如此条的“罪止流三千里”,虽然在《名例律》“称加减”条中已有相关规定,“加者,数满乃坐,又不得加至于死”,但是在疏议的解释中仍然再次明确“罪止流三千里”。由此可见,诬告苦使百日杖一百,极有可能是苦使的最高处罚为百日。

(三)官司出入者,罪亦如之

根据本条疏议的解释,“官司出入者”,谓应断还俗及苦使,官司判放;或不应还俗及苦使,官司枉入:各依此反坐徒、杖之法,故云“亦如之”。失者,各从本法。也就是说,本来应该判为还俗和苦使的,官员没有如此裁判;以及不应该判为还俗和苦使的,官员却判定为还俗和苦使:有关官员应当反坐此条规定的徒、杖之法,此处的“徒、杖之法”应是泛指,笞刑应当也是适用的。以上情况不属于过失误判的,对于过失误判的,“失者,各从本法”,根据《断狱律》“官司出入人罪”条的相关规定,“断罪失于入者,各减三等;失于出者,各减五等。若未决放及放而还获,若囚自死,各听减一等”。

综上所述,《唐律疏议》卷三《名例》“除免比徒”条,其中涉及道士、女官的内容主要是,如果一般人诬告道士、女官,致使道士、女官被处以苦使或者还俗之类惩罚的行为,诬告之人由于不具备宗教教职人员的身份,所以在反坐的时候,无法按照诬告反坐其罪的一般原则,分别以笞刑、杖刑、徒刑对应道士、女官所受到的不同的处罚方式。具体而言,苦使对应的是十日比笞十,还俗对应的是徒一年。如果是官员枉法裁判,比照一般人诬告的行径进行反坐。该条文并非直接针对道士、女官的管理,针对的是对道士、女官的诬告行为,以及相关官吏如果对道士、女官审判出入罪的惩罚，从立法精神而言，更多的是体现了对道士、女官的保护。

二、道教戒律关于罚则的规定

《唐律疏议》卷三《名例》"除免比徒"条记载："若诬告道士、女官应还俗者，比徒一年；其应苦使者，十日比笞十。……【疏】议曰：……'其应苦使者，十日比笞十'，依格：'道士等有历门教化者，百日苦使。'"[1]

还俗和苦使是唐代官方法律提及的宗教内部惩罚方式。还俗的惩罚方式实则更重于苦使，之所以还俗的惩罚更重，笔者认为可以从以下三个方面考量：一是作为一种耻辱刑。对于有信仰且一直生活在宗教氛围的僧道而言，身份的认定本身能够带来归属感和荣誉感。一旦这种身份被剥夺，那么就意味着被整个宗教团体鄙视和抛弃，基于身份所带来的归属感和荣誉感也就荡然无存。这无疑是对僧道心理上极大的冲击和打击，会承受来自以往共同生活成员的异样眼光，所以从这个角度而言，还俗对于僧道来说是一种莫大的耻辱。二是重新开始世俗生活的艰辛。对于长期适应寺观生活的僧道而言，如果重新开始世俗生活，先要重回原来的户籍，然后要能够养活自己，还要考虑是否被新的环境友好接纳，古代的自然条件和环境，再加上小农经济模式，独立的个人其实是很难长期生存的。所以，对于世俗生活的担忧和适应，恐怕也是僧道还俗所要考虑的方面。三是有可能摧毁了僧道心理最后的寄托或者被剥夺了他们对最高信仰的向往和追求。对于真正有信仰的僧道而言，成仙成佛既是宗教信仰，又是生活追求，如果被剥夺了僧道的身份，那么意味着就此脱离了宗教团体，此生再无成仙成佛的可能了。这从心理上造成的打击恐怕是难以想象的。

还俗和苦使是官方法律所认可的宗教内部处罚方式，在道教戒律中，关于罚则的内容是比较丰富的，除了被官方提及和认可的还俗和苦使之外，尚有其他不同的惩罚方式。

伍成泉以《九真明科》和《四极明科》为例，关于违犯戒律的处罚规定作了如

〔1〕《唐律疏议》卷三《名例·除免比徒》，载刘俊文笺解：《唐律疏议笺解》，中华书局1996年版，第249页。

下五种归纳:第一,“夺算减命”,指的是以减少人的寿命作为惩罚;第二,“身丧失经”,如果受经者违犯禁忌,则不再有神灵侍卫经典,该持经者很快便会失掉经典且丧命而亡;第三,“罚功断事”,“断事”是指在特定时间内不得修行功法,“罚功”指的是使功力减退必须重新补修;第四,“被风刀之考”,主要针对的是违犯经戒授受科仪而设的惩罚措施,惩罚对象有的是只限于己身,有的是同时惩罚师及弟子,违犯者不仅遭受身体上的磨难,还有精神上的煎熬,特别是“魂魄十苦八难”;第五,“考延七祖”,惩罚对象甚至要牵连到祖宗七代,惩罚方式包括:(1)长闭幽途;(2)长充鬼役(运石负山);(3)万劫不解;(4)还后更生非人之道(变成畜生等)。〔1〕

伍成泉以上关于违反戒律的处罚规定,主要是神学意义上的惩罚,对于真正有宗教信仰的人来说,会非常畏惧,除以上五种处罚方式以外,唐代道教戒律中也存在另外一些惩罚规定,比之前的五种处罚方式更具有实践上的可操作性。

南朝刘宋道士陆修静所撰《洞玄灵宝斋说光烛戒罚灯祝愿仪》,其中关于道士的各种惩罚记载,较为细致。陆修静为南朝刘宋时期的人,他所作的《洞玄灵宝斋说光烛戒罚灯祝愿仪》主要收录了南北朝时期及以前时期违犯戒律的处罚方式,除了前面提及的神学色彩较浓的处罚方式如断功以外,在陆修静的《洞玄灵宝斋说光烛戒罚灯祝愿仪》中已经有较多的处罚方式是经济方面的惩罚,如罚物、罚香油、罚朱、罚香等〔2〕。

这些针对经济方面的处罚方式,多是针对在斋仪中的违规或不敬行为,是比

---

〔1〕 参见伍成泉:《道教的道德教化研究》,知识产权出版社2013年版,第146－148页。

〔2〕 有违罚如后条:到斋堂展履不整,罚油二升。坐起不庠序,罚朱半两。不正坐,罚香二斤。翻覆香火,罚香半斤。临行事与外人言,罚香一斤。侍经不整饰,高座触物,罚香半斤。语及世务,罚油二升。语言戏笑,罚朱一两。倚语低睡,罚朱半两。翻覆灯油,罚油五升。巾褐不整,罚香半斤。内外不豫相检饬,音声高厉,罚油五升。听经倚据不执简,罚油一升。不注念清虚,心想意倦,为众所觉,罚油二升。起出斋堂,不相关白,罚油二升。垂发驰步,罚香一斤。读经忽乱,请问败句,罚油五升。唱声不齐,罚油二升。行香不洗手漱口,罚油二升。坐起揖让失仪,罚香半斤。巡行不依次第,罚香半斤。侍香香烟中绝,罚油四升。都讲不谨唱赞,罚香一斤。起行来及还坐,不礼经三拜径去,罚香一斤。侍灯灯火中灭,罚香一斤。临烧香突行,罚油一升。斋主供具不办,触物有阙,罚香一斤。执纠见过,不弹私隐,罚油六升。受关不启上,罚油三升。斋次而因起居,逃遁不返,为众所纠,罚油一斗,香一斤。妄言绮语,论及私鄙,罚香一斤,油五升,朱三两。参见《洞玄灵宝斋说光烛戒罚灯祝愿仪》,载《道藏》第9册,第826页。

较轻的过失。在陆修静看来，针对这些较轻的过失，可以采用经济处罚，从而消灾解难，消散罪孽，“开黜罚之科，听以香油输赎，可得灾蒙释散……自新有阶”[1]。但是考虑到实际执行中存在的一些现实问题，陆修静进一步叮嘱道，香油不可要求太多，因为有的斋会办一日斋会，道士之间相互不认识，斋会办完之后，便各自分散，香油就很难输送了，违背经旨，反而增加咎考。[2]

除经济方面的处罚方式之外，还有罚斋戒和罚拜的处罚方式。罚斋戒和罚拜的处罚方式，针对的处罚对象为以道门内部的标准看来是“逆恶之身，犯莫大之罪”[3]，斋戒、礼拜方可向神灵请赎，消散咎考。不过，关于仪式方面的不敬或过失，也是可以处以罚拜的，罚拜的数量多少，则根据所犯轻重而定，执事之官可以有相当的自由裁量权。[4]

经济方面的处罚方式，以及罚斋戒和罚拜的方式，这些处罚一直到隋唐时期乃至现在仍然沿用。

约唐宋时期的《金箓大斋补职说戒仪》对陆修静的《洞玄灵宝斋说光烛戒罚灯祝愿仪》中的处罚方式有扩充和改动，比如将陆修静在《洞玄灵宝斋说光烛戒罚灯祝愿仪》提到的犯禁罚香油改为罚拜。陆修静认为，“仪式之失，若以礼拜罚之，亦在可通”，说明当时罚物和罚拜已经是并存的处罚方式。经文说得很明确，不存在含糊，如《洞玄灵宝斋说光烛戒罚灯祝愿仪》的“罚油一斗，香一斤”，《金箓大斋补职说戒仪》“罚礼二十拜”，不会引起歧义，甚至到了明代朱权《天皇至道太清玉册》中的《清规仪范章》关于“醮坛清规”，“登坛失仪者，清规有例，当罚香油，以赎其过，止罚拜以准之”。上述三部经书表意清晰，按照这些经书的处罚应当是相当明确，不会产生歧义。

在《三洞奉道科戒营始》中提及的处罚方式，明确有“罚香油”、鸣钟礼拜、服

---

[1] 《洞玄灵宝斋说光烛戒罚灯祝愿仪》，载《道藏》第9册，第826页。

[2] “又香油乃不为多，然卒难交办。且道士一日斋会，多非旧众。法座既毕，各各离散，不得输送，更违经旨，增其咎考。”参见《洞玄灵宝斋说光烛戒罚灯祝愿仪》，载《道藏》第9册，第826页。

[3] “夫逆恶之身，犯莫大之罪，犹使斋戒请赎，消散衅负。且斋之所修，尊乎礼拜，而况戒尚之士。”参见《洞玄灵宝斋说光烛戒罚灯祝愿仪》，载《道藏》第9册，第826页。

[4] “但仪式之失，若以礼拜罚之，亦在可通，其拜数多少，当随目轻重，执事之官，临时详判，敬白斋主。”参见《洞玄灵宝斋说光烛戒罚灯祝愿仪》，载《道藏》第9册，第826页。

重役、摈还本主、减算等方式。科曰:“凡道士、女冠为纲纪者,须依法奉行,勤宣科戒,教示徒众。若犯科者,各依法罚香油,鸣钟礼拜。如再犯不悛,当致重役。若使营修观内,又强梁不顺者,决以法科,摈还本主,必使愚人向道,不犯科戒,皆当执正,不得偏曲,败乱科典。违者,减算二千四百。”[1]

只是到了全真教初期《重阳立教十五论》中提及的处罚方式,反而不如之前的经书表意明确,容易引起歧义,也许从一开始就没有明确,后来的清规也大都沿用类似的“罚油”“罚香”的说法。关于“罚斋”的含义,可以有三种不同的理解:一是罚不准吃饭;二是罚斋戒思过;三是罚出钱置办斋饭。关于“罚香”的含义,可能有两种解释:一是罚香等同于罚“跪香”;二是罚出钱买香。如果罚香等同于罚“跪香”,那么又应该怎么理解类似的表达“罚油”“罚茶”呢?推测全真道最初制定清规的罚则时,其内部可能有约定俗成、共同知晓如何处罚,但是随着各道派的发展,时间久了以后,并没有一个权威的解释,各宫观就进行自我解释。据道门中人看来,清规戒律规定的一系列罚则是根据所犯行为的轻重而罚,一般是罚跪香,罚思过,出于宗教信仰的考虑,罚出钱不是主要目的。如果从宫观管理的角度来看,罚出钱则更便于操作。

到明清以后,在清规的拟定上,罚斋、罚香的处罚方式仍然存在。如武当道教的清规戒律,现存有据可查的主要有《太和宫清规榜》、《混元宗教(“教”疑为“坛”之误)临时监院清规例》、《五龙宫规条》、《自在庵条规》、《南岩宫规条》、《混元宗坛清规榜》(紫霄宫道总王复渺立)、《紫霄宫混元宗坛清规榜》(紫霄宫道总徐本善立)、《混元宗坛执事条教榜》等8份清规[2]。在这8份清规中,只有《混元宗坛执事条教榜》的处罚方式有罚斋。《混元宗坛执事条教榜》共35条,专门规定了对高功、书记、斋堂、园头、库房、账房、知客、监院等多种执事的职责以及失职失责的处罚。[3] 涉及罚斋这种处罚方式的一共有3条,分别是对点造、纠察、巡寮、监院的处罚方式。“点造,掌云厨之任,司法馔之权……勿执一己之嗜好,

[1] 《洞玄灵宝三洞奉道科戒营始》,载《道藏》第24册,第744页。

[2] 8份清规的具体内容可参见熊宾修、赵夔纂:《续修大岳太和山志》卷四《教规》,襄阳大同石印馆民国11年(1922)。

[3] 参见郑好:《武当山元和观与明代以后的武当清规》,载《中国道教》2020年第1期。

有乖五味之中和，谨防暴殄，切忌粗浮，倘有怠违，跪香罚斋。”[1]“纠察、巡寮，为巡照之辅佐，作常住之准绳，存心浑朴，立意谦虚，起丹安丹，原是分内，见事行事，莫问晨昏，随处勇行，功深百倍，勿致临事，推诿不前，违者跪香，重者罚斋。”[2]“监院，乃丛林之栋梁，作大众之领袖。以道德范其心胸，以仁义表其性分。……正己正人，修德修身。倘无忌惮，加倍罚斋。”[3]从中也可以看出，罚斋、罚香、罚油都是比较轻的处罚。

整体而言，唐代道教戒律的处罚方式与全真道创立清规以后的惩罚措施有很大的不同。虽然自道教创始之初，道教内部就开始形成了规范道众的传统，由于现实情况的变化，各阶段规范道众的方式以及惩罚措施也就随之不断变化，道教建立初期关注组建俗众团体，到了唐朝已经开始注重以宫观为基础的执事制度。[4]

另外，顺带提及佛教中的清规相关罚则以作对比，轻则有“罚香”“罚钱”“罚油”“跪香”“罚斋”，重则有“杖责”等，最重则为“摈罚”。依禅门清规制度，摈逐有三种等级：(1)摈出：逐出寺院，如果真诚悔过并得到批准，可以回寺。(2)默摈：虽然可以继续在寺院生活，但是不能跟任何人说话，也不被允许参加任何宗教仪式活动。(3)灭摈：当众焚烧受罚者的衣钵，永远逐出寺门，不准返寺。[5] 以上这些是佛教界对违反清规戒律的传统处罚方式，根据魏迎春对晚唐五代时期敦煌佛教教团的清规戒律研究，晚唐五代时期敦煌地区佛教教团的惩罚方式与传统中国佛教界清规戒律的惩处方式不一样。佛教传统的处罚方式以罚为主，礼拜忏悔性质较为常见，物质性的科征方式几乎就没有；晚唐五代时期敦煌地区的佛教教团，除了仍然沿用传统的对精神方面的处罚方式以外，物质性的科征、经济上的惩戒相继突出，敦煌佛教教团将科罚结合的惩处方式虽然是对传统佛教界清规戒律

---

[1] 熊宾修、赵夔纂：《续修大岳太和山志》卷四《教规》，襄阳大同石印馆民国11年(1922)。
[2] 熊宾修、赵夔纂：《续修大岳太和山志》卷四《教规》，襄阳大同石印馆民国11年(1922)。
[3] 熊宾修、赵夔纂：《续修大岳太和山志》卷四《教规》，襄阳大同石印馆民国11年(1922)。
[4] 参见孔丽维：《全真道规：以海因里希·哈京曼所藏为例》，载张广保编、宋学立译：《多重视野下的西方全真教研究》，齐鲁书社2013年版，第565页。
[5] 本段内容参见劳政武：《佛教戒律学》，宗教文化出版社1999年版，第177、184页。

的偏离，但是更是对传统佛教界清规戒律的发展和突破，这也是佛教人间化、世俗化的过程，这样才能使佛教的发展和官方的管理、民间的风俗更好地融合，减少为大众所接受的阻力。[1]

从道教自身关于罚则的发展趋势和佛教处罚方式的变化来看，内部的处罚方式在符合官方规定的前提下，结合教团自身的发展，各时期采用的处罚方式各有侧重。

小　结

"除免比徒"条主要是关于诬告道士、女官的处罚，以及官吏在审判道士、女官出现出入罪情况的惩罚，对于诬告者处以与苦使和还俗相对应刑罚——笞刑、杖刑、徒刑的折抵。本条规定不是直接针对道士、女官的管理，反而体现了对道士、女官的保护。其中提到了唐代官方法律所认可的宗教内部惩罚方式——苦使和还俗。佛教和道教戒律中对违反戒律的处罚方式远不止这两种，如佛教中的梵坛、摈出、灭摈、诫罚、棰摈、罚茶、还俗等，道教中的夺算减命、身丧失经、罚功断事、考延七祖、罚物、罚拜，等等。单就道教而言，宗教内部的惩罚主要以围绕信仰为主进行惩罚，而辅之以经济类、劳役类的惩罚方式。而法律认可的惩罚方式为苦使和还俗，一为劳役类的惩罚，另一为剥夺身份的惩罚，并未选择经济类的惩罚。剥夺身份的惩罚方式在国法和教规中都有，一般适用于较重的行为。劳役类的惩罚针对的行为可轻可重。

第二节　"称道士女官"条与道教戒律

《唐律疏议》卷六《名例》"称道士女官"条规定：

诸称"道士"、"女官"者，僧、尼同。

【疏】议曰：依《杂律》云，道士、女官奸者，加凡人二等。但余条唯称

---

〔1〕 参见魏迎春：《晚唐五代敦煌佛教教团戒律清规研究》，上海古籍出版社 2015 年版，第 107－108 页。

道士、女官者,即僧、尼并同。诸道士、女官时犯奸,还俗后事发,亦依犯时加罪,仍同白丁配徒,不得以告牒当之。

若于其师,与伯叔父母同。

【疏】议曰:师,谓于观寺之内,亲承经教,合为师主者。若有所犯,同伯叔父母之罪。依《斗讼律》,詈伯叔父母者,徒一年。若詈师主,亦徒一年。余条犯师主,悉同伯叔父母。

其于弟子,与兄弟之子同。

【疏】议曰:谓上文所解师主,于其弟子有犯,同俗人兄弟之子法。依《斗讼律》,殴杀兄弟之子,徒三年。《贼盗律》云:"有所规求而故杀期以下卑幼者,绞"。兄弟之子是期亲卑幼,若师主因嗔竟殴杀弟子,徒三年;如有规求故杀者,合当绞坐。

观寺部曲、奴婢于三纲,与主之期亲同;

【疏】议曰:观有上座、观主、监斋,寺有上座、寺主、都维那,是为"三纲"。其当观寺部曲、奴婢,于三纲有犯,与俗人期亲部曲、奴婢同。依《斗讼律》,主殴杀部曲,徒一年。又条,奴婢有犯,其主不请官司而杀者,杖一百。注云,期亲杀者,与主同。下条部曲准此。又条,部曲、奴婢殴主之期亲者绞,詈者徒二年。若三纲殴杀观寺部曲,合徒一年;奴婢有罪,不请官司而杀者,杖一百。其部曲、奴婢殴三纲者绞,詈者徒二年。

余道士,与主之缌麻同。犯奸、盗者,同凡人。

【疏】议曰:《斗讼律》:"部曲、奴婢殴主之缌麻亲,徒一年。伤重者,各加凡人一等。"又条,殴缌麻部曲、奴婢,折伤以上,各减杀伤凡人部曲、奴婢二等。又条:"殴伤杀他人部曲,减凡人一等;奴婢,又减一等。"即是观寺部曲,殴当观寺余道士、女官、僧、尼等,各合徒一年;伤重,各加凡人一等。若殴道士等折一齿,即徒二年。奴婢殴,又加一等,徒二年半。是名"于余道士,与主之缌麻同。"

注:犯奸、盗者,同凡人。

【疏】议曰:道士、女官、僧、尼犯奸盗,于法最重,故虽犯当观寺部曲、奴婢,奸、盗即同凡人。谓三纲以下犯奸、盗,得罪无别。其奴婢奸、盗，一准凡人得罪。弟子若盗师主物及师主盗弟子物等，亦同凡盗之法。其有同财，弟子私取用者，即同“同居卑幼私辄用财者，十匹笞十，十匹加一等，罪止杖一百。”若不满十匹者，不坐。[1]

一、律文解析

（一）诸称“道士”“女官”者，僧、尼同

此条的疏议提及《唐律疏议》卷二六《杂律》“监主于监守内奸”条规定，“诸监临主守于所监守内奸者，谓犯良人。加奸罪一等。即居父母及夫丧若道士、女官奸者，各又加一等。妇女以凡奸论”[2]。道士、女官奸者，加凡人奸罪二等。即使还俗后被发现犯奸，仍然要按照犯罪时的身份加凡人二等处罚。关于“监主于监守内奸”条在后文详述。

此处明确指出，“道士、女官时犯奸，还俗后事发……不得以告牒当之”。告牒即度牒，是官方发放的关于出家的身份证明，出家必须是官度，官方一直禁止私入道。唐代官度入道的基本制度大致如下，由于天下寺观僧尼和道士的数量是有一定限额的，由官府选择“聪明有道性，可以传习参学者”，具备以上资质的才可以被官府选拔剃度，剃度时，“两京度僧、尼、道士、女官，御史一人莅之”，州县度僧、尼、道士、女官，长吏亲临，凡受度者由“祠部给牒”，作为凭证，是为官度。[3]

“不得以告牒当之”的表述从反面也可以证明，在唐代时允许以度牒折抵刑罚，但是度牒可以折抵哪些种类的违法行为和处罚，以及怎样折抵并不明确。此条只能看出道士、女官犯奸罪是不能以度牒折抵的，也从另一个侧面反映出官方对宗教人员犯奸行为的严厉打击。

日本养老《僧尼令》第21条“准格律”条规定：“凡僧尼有犯，准格律。合徒年

[1] 《唐律疏议》卷六《名例·称道士女官》，载刘俊文笺解：《唐律疏议笺解》，中华书局1996年版，第527－529页。

[2] 《唐律疏议》卷二六《杂律·监主于监守内奸》，载刘俊文笺解：《唐律疏议笺解》，中华书局1996年版，第1854页。

[3] 参见《唐律疏议》卷一二《户婚·私入道》，载刘俊文笺解：《唐律疏议笺解》，中华书局1996年版，第932页。

以上者,还俗。许以告牒当徒一年,若有余罪,自依律科断。如犯百杖以下,每杖十,令苦使十日。若罪不至还俗,及虽应还俗,未判讫,并散禁。如苦使条制外,复犯罪不至还俗者,令三纲依佛法量事科罚。其还俗,并被罚之人,不得告本寺三纲及众事。若谋大逆、谋叛及妖言惑众者,不在此例。”[1] 此条令文区分了三种法源:第一,徒罪以上的,可以用告牒折抵徒一年,如果还有剩下的,则依律科断;第二,如果是依律被判处百杖以下的犯罪,可以用苦使的刑罚进行折抵,此时适用《僧尼令》第15条有关苦使的规定;第三,如果在《僧尼令》和《律》中都没有规定的犯罪行为,那么按照佛教内律进行处罚。[2] 此处是日本关于僧尼的规定,仅作参考,此处的告牒用于折抵徒罪以上的处罚,告牒可以当徒罪一年,并没有对犯奸罪的排除规定。

(二)若于其师,与伯叔父母同;其于弟子,与兄弟之子同

“师,谓于观寺之内,亲承经教,合为师主者。”对比“其当观寺部曲、奴婢,于三纲有犯,与俗人期亲部曲、奴婢同”的表述,后者对于“观寺”的提法,比前者多了一个“当”字,强调“当”字时,指的是部曲、奴婢与三纲及其他道士等,都是同一寺观的,即律疏所谓“当观寺”[3]。而此处对师并没有规定要在同一宫观,可见此处的师应该包括在不同寺观的师。有学者认为,律文中的“师”是指“于观寺之内”的,表明律法是要构建和规范寺院内部的封建伦理关系。[4] 这是以世俗伦理关系比附,道士与师主的关系就好比凡人与伯叔父母,换言之,道士与弟子的关系,则按兄弟之子的关系进行处理。

> 【疏】议曰:“师,谓于观寺之内,亲承经教,合为师主者。若有所犯,同伯叔父母之罪。依《斗讼律》,詈伯叔父母者,徒一年。若詈师主,亦

---

[1] 井上光贞等校注:《律令》,第221－222页。转引自赵晶:《〈天圣令〉与唐宋法制考论》,上海古籍出版社2014年版,第167页。

[2] 赵晶:《〈天圣令〉与唐宋法制考论》,上海古籍出版社2014年版,第167页。

[3] 参见《唐律疏议》卷六《名例·称道士女官》,载刘俊文笺解:《唐律疏议笺解》,中华书局1996年版,第532页。

[4] 参见严耀中:《佛教戒律与中国社会》,上海古籍出版社2007年版,第148页。

徒一年。余条犯师主,悉同伯叔父母。”[1]

《唐律疏议》卷二二《斗讼》“殴兄姊”条规定:“诸殴兄姊者,徒二年半;伤者,徒三年;折伤者,流三千里;刃伤及折肢,若瞎其一目者,绞;死者,皆斩;詈者,杖一百。伯叔父母、姑、外祖父母,各加一等。即过失杀伤者,各减本杀伤罪二等。”[2]“殴兄姊”条规定期亲相殴罪的刑罚。[3] 道士犯师主,比照凡人犯伯叔父母,比犯兄姊加一等,则为:道士殴师主者,徒三年;伤者,流二千里;折伤者,流三千里;刃伤及折肢,若瞎其一目者,及死者,皆斩;詈者,徒一年。过失杀伤者,各减本杀伤罪二等。

> 【疏】议曰:谓上文所解师主,于其弟子有犯,同俗人兄弟之子法。依《斗讼律》,殴杀兄弟之子,徒三年。《贼盗律》云:“有所规求而故杀期以下卑幼者,绞。”兄弟之子是期亲卑幼,若师主因嗔竟殴杀弟子,徒三年;如有规求故杀者,合当绞坐。[4]

《唐律疏议》卷二二《斗讼》“殴兄姊”条规定:“若殴杀弟妹及兄弟之子孙、曾、玄孙者,各依本服论。外孙者,徒三年;以刃及故杀者,流二千里。”[5]师主犯弟子,比照凡人犯兄弟之子,则为:师主殴杀弟子,徒三年;以刃及故杀者,流二千里。

另外,《唐律疏议》卷二〇《贼盗》“盗缌麻小功财物”条规定:“诸盗缌麻、小功亲财物者,减凡人一等;大功,减二等;期亲,减三等。杀伤者,各依本杀伤论。

---

〔1〕《唐律疏议》卷六《名例·称道士女官》,载刘俊文笺解:《唐律疏议笺解》,中华书局1996年版,第527页。

〔2〕《唐律疏议》卷二二《斗讼·殴兄姊》,载刘俊文笺解:《唐律疏议笺解》,中华书局1996年版,第1557页。

〔3〕参见《唐律疏议》卷二二《斗讼·殴兄姊》,载刘俊文笺解:《唐律疏议笺解》,中华书局1996年版,第1559页。

〔4〕《唐律疏议》卷六《名例·称道士女官》,载刘俊文笺解:《唐律疏议笺解》,中华书局1996年版,第527－528页。

〔5〕《唐律疏议》卷二二《斗讼·殴兄姊》,载刘俊文笺解:《唐律疏议笺解》,中华书局1996年版,第1557页。

此谓因盗而误杀者。若有所规求而故杀期以下卑幼者,绞。余条准此。"[1]

"盗缌麻小功财物"条【疏】议曰:缌麻以上相盗,皆据别居。卑幼于尊长家强盗,已于"恐喝"条释讫。其尊长于卑幼家窃盗若强盗,及卑幼于尊长家行窃盗者:缌麻、小功减凡人一等,大功减二等,期亲减三等。"杀伤者,各依本杀伤论",谓因盗误杀伤人,若杀伤尊卑、长幼,各依本杀伤法。注云"此谓因盗而误杀者",谓本心只欲规财,因盗而误杀人者,亦同因盗过失杀人,依斗杀之罪。不言伤者,为伤罪稍轻,听从误伤之法。但杀人坐重,虽误,同斗杀论;若实故杀,自依故杀伤法。"若有所规求,故杀期以下卑幼者,绞",即此条因盗,是为有所规求,故杀期以下卑幼者,绞。误杀者,自依本斗杀伤论。余条,谓诸条奸及略、和诱,但是争竞,有所规求而故杀期以下卑幼,本条不至死者,并绞。故云"余条准此"[2]。

"盗缌麻小功财物"条成立的一个前提是"皆据别居",此条以亲属别居为要件,因为按照同居共财,无所谓盗,只存在卑幼私辄用财罪。[3] "盗缌麻小功财物"条规定的处罚,"仅适用于卑幼于尊长家窃盗、尊长于卑幼家窃盗及尊长于卑幼家强盗三种情况。若是卑幼于尊长家强盗,则适用《盗贼律》'恐吓取人财物'条"[4]。

由于"称道士女官"条的疏议提及《贼盗律》云:"有所规求而故杀期以下卑幼者,绞。"是放置于"其于弟子,与兄弟之子同"之下的,再加上【疏】议曰:谓上文所解师主,于其弟子有犯,明显疏议的内容只针对师主。那么,这里可能存在的情况有两种:师主于弟子处窃盗、师主于弟子处强盗两种情况。

对比"称道士女官"条下"观寺部曲、奴婢于三纲,与主之期亲同"的【疏】议曰"其当观寺部曲、奴婢,于三纲有犯,与俗人期亲部曲、奴婢同"。此处强调一个

---

〔1〕《唐律疏议》卷二〇《贼盗·盗缌麻小功财物》,载刘俊文笺解:《唐律疏议笺解》,中华书局1996年版,第1405页。

〔2〕《唐律疏议》卷二〇《贼盗·盗缌麻小功财物》,载刘俊文笺解:《唐律疏议笺解》,中华书局1996年版,第1405-1406页。

〔3〕《唐律疏议》卷二〇《贼盗·盗缌麻小功财物》,载刘俊文笺解:《唐律疏议笺解》,中华书局1996年版,第1406页。

〔4〕《唐律疏议》卷二〇《贼盗·盗缌麻小功财物》,载刘俊文笺解:《唐律疏议笺解》,中华书局1996年版,第1407页。

"当"字,此所谓部曲、奴婢与三纲及余道士等,均指同一观寺者,即律疏所谓"当观寺"[1]。"其于弟子,与兄弟之子同"并没有专门强调是否为同一宫观。而"盗缌麻小功财物"条明确强调亲属别居。"称道士女官"条是将僧道自相犯比附世俗一般人的伦理关系,那么,对于师主于弟子处窃盗、师主于弟子处强盗这两种情况,问题在于此处的师主与弟子之间是否要求别居。

考虑到唐代宫观制度尤其是住观制度的发展情况,唐代的很多道士并不住观。即使是住观的道士,也有前师和后师之分,不同的阶段可能有不同的师父。这可以分为两种情况进行探讨:一种情况是,如果师主对弟子成立窃盗和强盗的犯罪,要求二者居于同一宫观,也就是说,师主对同居弟子的财物侵犯,是可以成立窃盗和强盗的犯罪。那么,相当于变相承认了弟子对个人财产的权利,师父不得擅自动用、处分弟子个人财产。似乎与现实不符合。

另一种情况是,如果师主对弟子成立窃盗和强盗的犯罪,不要求二者居于同一宫观,也就是说,师主对别居弟子的财物侵犯,是可以成立窃盗和强盗的犯罪。那么,师主对同居弟子的财物侵犯,不可以成立窃盗和强盗的犯罪。也就是说,在同居寺观中,弟子是没有自己的财产权的,其财产的所有、处分权利属于师主。

另外,"称道士女官"条,"若于其师,与伯叔父母同"指向的是弟子,适用的是《斗讼律》"殴兄姊"条;"其于弟子,与兄弟之子同"指向的是师主,除了适用《斗讼律》"殴兄姊"条,还多加了一条《盗贼律》"盗缌麻小功财物"条,如果符合有所规求故杀的条件,犯罪之后处罚方式为死刑。师主因嗔竞殴杀弟子,徒三年;如有规求故杀者,合当绞坐。

嗔竞指一般的发怒,仍适用于《斗讼律》的一般规定,徒三年;对于谋财的,处罚尤为严重,一则比照世俗伦理,二则也是对出家人的高要求。

(三)观寺部曲、奴婢于三纲,与主之期亲同

【疏】议曰:观有上座、观主、监斋,寺有上座、寺主、都维那,是为"三

---

[1] 《唐律疏议》卷六《名例·称道士女官》,载刘俊文笺解:《唐律疏议笺解》,中华书局1996年版,第532页。

纲”。其当观寺部曲、奴婢，于三纲有犯，与俗人期亲部曲、奴婢同。依《斗讼律》，主殴杀部曲，徒一年。又条，奴婢有犯，其主不请官司而杀者，杖一百。注云，期亲杀者，与主同。下条部曲准此。又条，部曲、奴婢殴主之期亲者绞，詈者徒二年。若三纲殴杀观寺部曲，合徒一年；奴婢有罪，不请官司而杀者，杖一百。其部曲、奴婢殴三纲者绞，詈者徒二年。[1]

这主要是关于寺观中贱籍身份的部曲、奴婢和三纲之间关系比照的规定，若寺观中具有贱籍身份的部曲、奴婢对三纲有所犯，比照主和主的期亲对部曲、奴婢的相关规定。依据《斗讼律》“主殴部曲死”条的规定，“诸主殴部曲至死者，徒一年”[2]，也就是说，上座、观主、监斋殴杀部曲，徒一年。依据《斗讼律》“主杀奴婢”条的规定，“诸奴婢有罪，其主不请官司而杀者，杖一百。无罪而杀者，徒一年”[3]。如果奴婢有罪，上座、观主、监斋不请官司而杀者，只罚杖一百。如果奴婢无罪，上座、观主、监斋将其杀死，则对三纲处以徒一年。根据《斗讼律》“部曲奴婢过失杀伤主”条的规定，“部曲、奴婢殴主之期亲者绞，已伤者皆斩，詈者徒二年”[4]。也就是说，部曲、奴婢殴三纲者，绞；有伤者斩；骂詈者徒二年。

(四)余道士，与主之缌麻同

【疏】议曰：《斗讼律》：“部曲、奴婢殴主之缌麻亲，徒一年。伤重者，各加凡人一等。”又条，殴缌麻部曲、奴婢，折伤以上，各减杀伤凡人部曲、奴婢二等。又条：“殴伤杀他人部曲，减凡人一等；奴婢，又减一等。”观寺部曲，殴当观寺余道士、女官、僧、尼等，各合徒一年；伤重，各加凡人

---

〔1〕 参见《唐律疏议》卷六《名例·称道士女官》，载刘俊文笺解：《唐律疏议笺解》，中华书局1996年版，第528页。

〔2〕 《唐律疏议》卷二二《斗讼律·主殴部曲死》，载刘俊文笺解：《唐律疏议笺解》，中华书局1996年版，第1534页。

〔3〕 《唐律疏议》卷二二《斗讼律·主杀奴婢》，载刘俊文笺解：《唐律疏议笺解》，中华书局1996年版，第1531页。

〔4〕 《唐律疏议》卷二二《斗讼律·部曲奴婢过失杀伤主》，载刘俊文笺解：《唐律疏议笺解》，中华书局1996年版，第1536页。

一等。若殴道士等折一齿,即徒二年。奴婢殴,又加一等,徒二年半。是名“于余道士,与主之缌麻同”〔1〕。

寺观中除了三纲以外的道士、女官,部曲、奴婢和他们的关系比照主之缌麻亲。观寺部曲,殴当观寺除三纲以外的道士、女官,徒一年;伤重,各加凡人一等;若殴道士等折一齿,徒二年。奴婢殴当观寺除三纲以外的道士、女官,徒一年半;伤重,各加凡人一等;殴道士等折一齿,徒二年半。

(五)犯奸、盗者,同凡人

【疏】议曰:道士、女官、僧、尼犯奸盗,于法最重,故虽犯当观寺部曲、奴婢,奸、盗即同凡人。谓三纲以下犯奸、盗,得罪无别。其奴婢奸、盗,一准凡人得罪。弟子若盗师主物及师主盗弟子物等,亦同凡盗之法。其有同财,弟子私取用者,即同“同居卑幼私辄用财者,十匹笞十,十匹加一等,罪止杖一百”。若不满十匹者,不坐。〔2〕

按照《杂律》“监主于监守内奸”条的规定,“诸监临主守于所监守内奸者,谓犯良人。加奸罪一等。即居父母及夫丧若道士、女官奸者,各又加一等。妇女以凡奸论”〔3〕。也就是说,虽然道士、女官犯奸,按照凡人的一般规定,但是由于对凡人的规定中,专门加重了对道士、女官奸者的处罚,即加凡人奸罪二等,处以徒二年半的处罚。实际上,道士、女官犯奸者是要比凡人加重处罚的。

关于“盗”,“弟子若盗师主物及师主盗弟子物等,亦同凡盗之法”。关于财产类侵犯,此处比照一般人的盗法,结合“若于其师,与伯叔父母同”,“其于弟子,与兄弟之子同”,如果把弟子和师主之间比照世俗的身份,常人伯叔父母与兄弟之子之间的关系,其财产类的犯罪则应该适用“盗缌麻小功财物”。但是如果弟子

---

〔1〕《唐律疏议》卷六《名例·称道士女官》,载刘俊文笺解:《唐律疏议笺解》,中华书局1996年版,第528页。

〔2〕参见《唐律疏议》卷六《名例·称道士女官》,载刘俊文笺解:《唐律疏议笺解》,中华书局1996年版,第529页。

〔3〕《唐律疏议》卷二六《杂律·监主于监守内奸》,载刘俊文笺解:《唐律疏议笺解》,中华书局1996年版,第1854页。

和师主有同财，弟子私取用的，比照《户婚律》"同居卑幼私辄用财"的相关规定，"诸同居卑幼，私辄用财者，十匹笞十，十匹加一等，罪止杖一百"[1]。

对于财产类的犯罪而言，除了在同财的情况下，并没有特别强调弟子和师主之间的伦理关系。在财产类的犯罪方面，似乎更强调同居共财，对于共同居住的要求更高于其他类型。而对于人身伤害类的犯罪而言，特别强调弟子和师主之间的伦理关系。

按照刘俊文的解析，"称道士女官"条律文规定了僧道自相犯比附常人科断的三个原则：第一，师主与弟子相犯的情形，可以比附为普通人伯叔父母与兄弟之子相犯的法条，主要指的是人身伤害类犯罪，其中也包括骂詈的行为；第二，观寺部曲、奴婢与三纲及其余僧道相犯的情形，可以比附为普通部曲、奴婢与主人之亲属相犯的法条，这主要也是人身伤害类犯罪；第三，如果所犯的类型是奸和盗两种类型，则不作区分，不论所犯者是师主，还是弟子，抑或观寺部曲、奴婢，或为三纲及其余僧道，一律按照普通人犯奸和盗的法条进行科断，其所受处罚要比普通人加重。[2]

其中，对于身份的要求，刘俊文专门强调了两点：对于在第一种情况下的师主，限于"观寺之内，亲承经教，合为师主者"，非指一般居于师辈者。对于在第二种情况下的部曲、奴婢与三纲及余道士等，均指同一观寺，即律疏所谓"当观寺"，非指不同观寺者。[3]

综上所述，"称道士女官"条主要是关于僧道用语的立法解释以及僧道内部相犯如何比附一般人适用法律。特别是对于师徒之间，比照伯叔父母与兄弟之子的关系。尤其对犯奸、盗的行为进行严厉打击。

二、道教戒律关于师徒关系的规定

从《唐律疏议》卷六《名例》"称道士女官"条可以看出，其中对于师徒之间的

[1] 《唐律疏议》卷一二《户婚律·同居卑幼私辄用财》，载刘俊文笺解：《唐律疏议笺解》，中华书局1996年版，第960页。

[2] 参见《唐律疏议》卷六《名例·称道士女官》，载刘俊文笺解：《唐律疏议笺解》，中华书局1996年版，第532－533页。

[3] 参见《唐律疏议》卷六《名例·称道士女官》，载刘俊文笺解：《唐律疏议笺解》，中华书局1996年版，第532页。

关系，主要是比照伯叔父母与兄弟之子的关系进行处理，但是道教戒律中关于师徒之间的关系，远比《唐律疏议》中的规定复杂得多。

（一）师的构成

道教中关于师的含义较多，道教一直也秉承着尊师重道的传统和理念。如道教三归戒，“三归戒，此三戒者，初起心入道受，令归依三宝也”[1]。三归戒即指皈依道、经、师，此处的师是一种泛指，指的是法师，即道士、女官的含义，其范围较广。

《要修科仪戒律钞》是唐代朱法满所整理的戒律汇编，有8万多字，其中明确提到“师”的地方达400多次，以下以《要修科仪戒律钞》中所引经书中分别提到的“师”为例。

关于玄师，指的是通过存想、存思等方式，在意念中进行传授的师父。《要修科仪戒律钞》卷一《年限钞》所引《登真隐诀》云：“有至学之子，唯当勤心幽灵，启请玄师，才分苟合，必将感悟，得是众真应付之限，然后乃盟，盟而修，修而必终，吾将分金与之，为友不如此者，无烦强营，徒守之满笈，适足累其七祖考，河之石，弥增其多耳。古人谓之皮好，吾今号为耳学，所以闻道则膝行，道寂则俱亡也。夫道必须授受乃得，遵修者非为徒然，如世中禁术，若非传受，则用之不行，举此一言，足以深悟。”[2]此处提到了玄师。与现实中面对面传授的方式不同，玄师是通过存想或者意念进行传授的，正如《登真隐诀》提到的“唯当勤心幽灵，启请玄师，才分苟合，必将感悟”。修道特别讲究要由师父传授，如果不是传授而得的法术，轻则法术不能使用，重则会增加罪孽。

关于法师，第一种提法，偏重仅仅是演说科仪道法的道士。《要修科仪戒律钞》卷二所引《讲说钞》提到，“《升玄经》曰：讲经之时，法师与经师对坐，座高五尺，坐时东西南北随便，以三拜为限。……次存三师，先起向座，于座前礼三尊，三

[1] 《传授三洞经戒法箓略说》，载《道藏》第32册，第184页。

[2] 《要修科仪戒律钞》，载《道藏》第6册，第924-925页。

拜;次仍存经师、籍师、度师,各礼一拜,合六拜,乃登高座”〔1〕。此处提到了法师与经师,以及经师、籍师、度师。此处的法师与经师对举,表达的应当是和经师相对应而又有所区别的含义。根据“讲经之时,法师与经师对坐”的表述推测,此处的法师有可能更偏重演说科仪道法的道士,而经师有可能更偏重讲说经义的道士。

关于法师,第二种提法,不仅包括演说科仪道法的道士,同时此道士也讲说经义,宣扬道法。如《要修科仪戒律钞》卷二所引《讲说钞》提到过的“法师”:

> 《本相经》云:斋主请法师开讲,便起,三上香斋香炉,诣法师前,三拜长跪,请曰:弟子等千载幸会,遭值法轮,元始遗教,流布于世。今日某虽复奉道,希闻灵音,唯愿法师,流布慈泽。法师许欲,升高座咏曰:
>
> 弟子仰法师,敢启有所陈。众生暗塞久,思闻至法音。大慈开长夜,设化万劫新。主人建福斋,延及四辈人。
>
> 法师升高座时咏曰:……
>
> 定座咏曰:……
>
> 下座咏曰:……〔2〕

以上从斋主请法师开讲,以及法师所吟咏的内容来看,此处的法师,既宣讲道法,又含有相应的科仪流程于宣讲内容之中。

关于法师,第三种提法,泛指各种类型的道士,是对道士的一种尊称。《要修科仪戒律钞》卷一所引《传经钞》提到,“《升玄经》云:末世人民,有三可畏,宜善详焉。一者道义嫉妬可畏,二者诽谤可畏,三者贪欲可畏。道义嫉妬,则经法不行;诽谤法师,则使百姓信道不浓;贪欲财色,人所弃薄。此三者,二在外,一者在内,除此三患,乃可传道”〔3〕。此处提到的法师,则是对道士的一种尊称,指的范围是比较广的。

关于法师,第四种提法,有品行、通经戒、懂斋法,行为众范、受人尊重的道士

---

〔1〕《要修科仪戒律钞》,载《道藏》第6册,第927页。

〔2〕《要修科仪戒律钞》,载《道藏》第6册,第928页。

〔3〕《要修科仪戒律钞》,载《道藏》第6册,第922页。

才能获得法师的称号。《要修科仪戒律钞》卷八专门有一部分为《法师钞》，其中提到，“《太真科》曰：若就斋戒仪轨，大德之人，应当前行前坐，约语徒众，必使齐整，勿使主人有所嫌鄙，或各争异论，无有畏忌，非唯道俗，贤善同恶，亦乃十方大圣冥鉴，为罪招殃，各自己受”[1]。此处的法师，首先要有大德，品行上可以堪当众范，业务上必须精通经戒、斋仪道法，才有资格获得法师的称号。[2] 在唐代，根据道士所受经戒法箓的位阶高低不同，在法师的前面还会贯之以不同的授箓位阶，形成不同的称谓，如正一法师、高玄法师、洞神法师、洞玄法师、洞真法师、大洞法师、三洞法师等。[3]

关于经师，第一种提法，经师与法师并提时，经师偏重于指讲说经义的道士。前面在法师的第一种提法中，提到了《要修科仪戒律钞》卷二所引《讲说钞》，“《升玄经》曰：讲经之时，法师与经师对坐”，此处经师与法师并提，法师更偏重演说科仪道法的道士，经师则更偏重讲说经义的道士。

关于经师，第二种提法，经师、籍师、度师连在一起，常被称为三师，这种说法更为常见。经师是籍师之师，籍师是度师之师。如《要修科仪戒律钞》卷一所引《传经钞》提到，“不为经师，开度弟子三人，籍师，七人，度师，九人，并考由明威曹”[4]。经师、籍师、度师三师的说法，大约始于南北朝，在唐代经、籍、度三师的说法在道教内部是非常流行的。经、籍、度三师并提的时候，经师指的是籍师之师，籍师指的是度师之师，度师指的是业师。

关于明师，第一种提法，是对道士的尊称，也是一种泛指。《要修科仪戒律钞》卷二所引《发心钞》提到，“《本际经》云：若说小乘有得之义，生灭相法，有有有无，有因有果，如是说者，名为明师”[5]。此处提到了明师。这里的明师也是一种泛指，是对经义有相当造诣的道士的尊称。

关于明师，第二种提法，指的是传授道法之师。《要修科仪戒律钞》卷一所引

---

〔1〕《要修科仪戒律钞》，载《道藏》第6册，第956页。
〔2〕参见林西朗：《唐代道教管理制度研究》，巴蜀书社2006年版，第156页。
〔3〕参见林西朗：《唐代道教管理制度研究》，巴蜀书社2006年版，第157页。
〔4〕《要修科仪戒律钞》，载《道藏》第6册，第923页。
〔5〕《要修科仪戒律钞》，载《道藏》第6册，第928页。

《传经钞》提到,"《本际经》云:具十善愿,便可授之。何谓十善愿?一者愿离世间秽杂境土……四者愿值明师,谧受上道……具此十愿,乃可授之"[1]。从此处的第四愿"愿值明师,谧受上道"来看,这里的明师指的是传授道法之师,既有可能是玄师,又有可能是业师。

关于正一三师。《要修科仪戒律钞》卷三提到了正一三师,"律曰:正一家三师者,一,正一师;二,天师;三,度师。三五治箓,等三师也,通当有敬。违律,被考三十"[2]。按照道教内部的说法,东汉末年张陵(张道陵)创立了正一盟威之道,即正一道,将《正一经》奉为经典,正一的含义即为真一,含有正道、真道的意思。由于张陵和他的后人被道众和世人称为天师,张陵所创立的正一道又被称为"天师道"。据说张道陵创道之时曾自称天师;北魏寇谦之宣称在嵩山遇见太上老君,被授予天师之位;刘宋时期的陆修静也被称为陆天师;在唐代仍有不少高道被称为天师,如叶法善、司马承祯、邓紫阳等。但是在唐代以后,天师的称谓则成为张道陵及其后裔子孙专属的称号。

关于心师、宗师、祖师的含义。《要修科仪戒律钞》卷三提到了心师、宗师、祖师等,"科曰:事先达与师同。先达者,言堪为师,崇彼如师,一名心师。问讯时,诸师并在,先拜宗师,次问讯祖师,次问讯籍师、度师也"[3]。心师指的是"先达者,言堪为师,崇彼如师",可见此处的心师指的是有德行学问的长辈,不一定是本人的业师。宗师一般指各道派有名望的首领;宗师也指五代祖师,《要修科仪戒律钞》卷三云:"师之师准祖师,祖师之师准曾祖,曾祖之师准高祖,高祖之师,一号宗师。宗师至弟子身,是为五代祖师。"[4]祖师一般指各道派创始人,如天师道称张陵为祖师爷或祖天师;祖师也指师父的师父,"师之师准祖师"[5]。

关于前师、后师、别师的含义。《要修科仪戒律钞》卷一〇所引《太真科》曰:

---

〔1〕《要修科仪戒律钞》,载《道藏》第6册,第922－923页。
〔2〕《要修科仪戒律钞》,载《道藏》第6册,第933页。
〔3〕《要修科仪戒律钞》,载《道藏》第6册,第933页。
〔4〕《要修科仪戒律钞》,载《道藏》第6册,第933页。
〔5〕《要修科仪戒律钞》,载《道藏》第6册,第933页。

"第六,百五十将军箓,后犹是前师,不重输信,若前师授七十五后,别师进七十五,应输薪米、纸笔墨书刀、朱素如法。若未受一、十、七十五而德高者,并受百五十。……右六条,名外箓。凡缘次至满足如前例,若童女而有成人之功,成人未有所受、而有殊勋异德,皆超受百五十,先仙后灵,由外成内,并用黑官。若先就一师,受一、十、七十五,后至百五十,皆目录,并出入佩带,带后者,前者悉封箱函中,不得去失,去失输罚一半,不须重受。十、七十五者,两受之者,若后别师,皆输前箓,以付后师,积沓并送。"[1]在这里的前师、后师、别师,主要是按照授箓的时间先后所作的区分,同时也说明了道士受箓并非只有一位师父。

关于五代之内的各种"师之师"。《要修科仪戒律钞》卷三提到了五代之内的各种"师之师"[2],师:弟子之师(1代);祖师:师之师(2代);曾祖师:祖师之师(3代);高祖师:曾祖之师(4代);宗师:高祖之师(5代)。

关于官方的提法。以上所举《要修科仪戒律钞》中所引分别提到了玄师、法师、经师、籍师、度师、天师、祖师、宗师、心师、前师、后师、别师,等等。除了在《要修科仪戒律钞》中提及的各类师主,官方的提法主要见于《唐六典》。《唐六典》卷四"祠部郎中"记载:"而道士修行有三号:其一曰法师,其二曰威仪师,其三曰律师。其德高思精谓之练师。"[3]这里一共提到了四种:法师、威仪师、律师和炼师[4]。法师指具有一定品德和学识的道士,或侧重于传授经戒法箓、修斋行道[5]。威仪师指擅长科法仪范的道士。律师专指以戒行精严为主要修行的道士。关于炼师,《道教大辞典》的解释有以下三种:一是醮坛执事名,在举行斋醮仪式中负责相关职守的道教徒;二是旧时对懂得养生、炼丹方法的道士的尊称;三

---

〔1〕《要修科仪戒律钞》,载《道藏》第6册,第967页。

〔2〕"科曰:师与弟子言,皆称吾我卿弟子,弟子亦如此,天亲也。凡事师门,外称弟子,内称名不称姓。师之师,准祖师;祖师之师,准曾祖;曾祖之师,准高祖;高祖之师一号宗师。宗师至弟子身,是为五代。祖师至敬,一礼讯言语。书略同,悉称弟子,不得慢言,若有违,七刑论。"参见《要修科仪戒律钞》,载《道藏》第6册,第934页。

〔3〕李林甫等撰、陈仲夫点校:《唐六典》,中华书局2014年版,第125页。

〔4〕参见李林甫等撰、陈仲夫点校:《唐六典》,中华书局2014年版,第125页。该页使用的是"练师",而在道教书籍方面多使用"炼师",本书除了使用《唐六典》的直接引用外,皆用"炼师"。

〔5〕参见林西朗:《唐代道教管理制度研究》,巴蜀书社2006年版,第158页。

是专门替亡人超度的道士。[1] 而《唐六典》中提到的炼师，与以上三种解释的侧重点不同，偏重"德高思精"。

此外，后世全真道尤其重视戒律的作用，戒律传授需要九种师。核心为传戒大师。除传戒大师之外的另外八大师主要负责辅助工作，分别为证盟大师、监戒大师、保举大师、演礼大师、纠仪大师、提科大师、登箓大师、迎（引）请大师。[2]

从以上所举的《要修科仪戒律钞》《唐六典》以及后来全真道传戒所涉及的各种"师"来看，道教内部关于师的类型非常之多。即使在道教内部，对于师的认识也是存在分歧的。比如，玄中之师有时需要通过灵媒传授经典，那么，问题就出在这一环节，作为中介的灵媒是否应该尊为师呢？早在南北朝陶弘景整理《真诰》时就面临了这一困境。[3]

在传授不同的经戒法箓时，可能有不同的师，也就是说，道士在每个位阶都有可能有不同的经、籍、度三师，大约成书于南北朝时期的《传授经戒仪注诀》中"书

---

〔1〕 参见中国道教协会、苏州道教协会编：《道教大辞典》，华夏出版社1994年版，第777页。

〔2〕 参见唐怡：《道教戒律研究》，巴蜀书社2008年版，第63－64页。"戒律需九大师传授，即传戒大师和辅助其工作的八大师。传戒大师一般由传戒所在的十方丛林的方丈来担任。此方丈需受过天仙大戒，戒行精严，德高望重，也称传戒律师或传戒本师，专门负责开坛演戒，解说戒律，传授戒法。辅助传戒律师工作的八大师及其职责是：证盟大师指受教典，即专门为戒子解说经义，回答戒子疑问。监戒大师背律考行，即专门负责监督戒坛威仪，禁止戒子违规。保举大师荐引入戒，即专门负责保丹、保戒、保香，一般由开坛传戒丛林的监院担任。演礼大师教习礼法，即专门负责教授戒子登规行礼及戒坛一切礼仪。纠仪大师稽查勤怠，即专门负责纠正戒子仪规。提科大师忏悔过愆，即专门负责诵经礼忏及经堂事务。登箓大师专司词表经牒，即专门负责给戒子取道号，填写《登真箓》。迎（引）请大师率众三请登坛，即专门负责主持大型道场，担任高功。"

〔3〕 参见孙瑞雪：《道教尊师礼仪中的"礼三师"》，载盖建民主编，周冶、朱展炎副主编：《"回顾与展望：青城山道教学术研究前沿问题国际论坛"文集》，巴蜀书社2016年版，第645页。《真诰》中对此有相应记载，《真诰》卷十九《翼真检第一》记载："二许应修经业，既未得接真，无由见经，故南真先以授杨，然后使传，传则成师。所以长史与右英书云：南真哀矜，去春使经师见授洞房云云。而二许公世典为隔，未崇礼敬，杨亦不敢自处，既违真科，故告云受经，则师乃耻之耶。然则南真是玄中之师，故杨及长史皆谓为玄师。又云疾者当启告于玄师，不尔不差，而长史与右英及众真书亦称惶恐言者，此同于师仪尔，实非师也。"（梁）陶弘景撰：《真诰》，赵益点校，中华书局2011年版，第336页。

三师讳法”提到书写三师名讳的方法[1]。根据唐代的受箓制度，自正一法位以上，每个法位都须书写经、籍、度三师名讳，共有：正一师讳、五千文师讳、神咒师讳、洞神师讳、升玄师讳、洞玄师讳、上清师讳等七个等级，道士每接受一个阶段的经箓，都须记录下三师的名讳，以确定道法与师承。[2]

综上所述，“师”很多时候是对道士的尊称，并不具有业师的含义；即使是在表达师主这一层含义时，在道教内部，师的来源和构成具有多样性。有玄师、法师、经师、籍师、度师、天师、祖师、宗师、心师、前师、后师、别师，也有法师、威仪师、律师和炼师，等等。

（二）师徒关系

按照《要修科仪戒律钞》卷八的规定，“律曰：弟子见师，敬事如父母，师主见弟子，念之如赤子。违律，罚算各一纪”。这是道教戒律中关于师主与弟子关系的一般原则，是从较为宏观的层面而言的，一般将师主与弟子的关系视为父母与子女的关系。这已经跟之前提到的“称道士女官”条中世俗法律将师父、弟子比附为伯叔与子侄的关系完全不一样。在世俗社会中，即使是父母与子女之间的关系和亲等也是相当复杂的。虽然唐律中尚没有明确提出“三父八母”的概念，但是已经初具雏形。以“母”为例，《唐律疏议》中已经出现了除乳母以外的七种母名，包括嫡母（庶子对父之正妻的称呼）、继母（父之正妻亡或被出，父再娶，父之众子对再娶之妇的称呼）、慈母（无生母的妾子对经父指定养育自己的妾的称呼）、庶母（庶母包括非所生庶母及庶生母）、养母（妇无子，养育同宗之子，同宗之子对其的称呼）、嫁母（父亡后母再嫁者，对母的称呼）、出母（被父休弃的生

---

〔1〕“某年太岁某某月朔日，某子某郡县乡里男女弟子姓名，年若干岁，某于某州郡县乡里某山馆，受《道德经》五千文、三品要戒。三师姓讳如左。度师，某州郡县乡里男女官道士先生，姓某，讳某，年如干岁，字某。籍师，某州郡县乡里男女官道士先生，姓某，讳某，年如干岁，字某。经师，某州郡县乡里男女官道士先生，姓某，讳某，年如干岁，字某。右墨书黄素五寸。”参见《传授经戒仪注诀》，载《道藏》第32册，第172页。

〔2〕参见孙瑞雪：《道教尊师礼仪中的“礼三师”》，载盖建民主编，周冶、朱展炎副主编：《“回顾与展望：青城山道教学术研究前沿问题国际论坛”文集》，巴蜀书社2016年版，第648页。

母)。[1] 基于不同种类的“母”,丧服等级也有所不同。

唐律中将师父、弟子比附为伯叔与子侄的关系。《要修科仪戒律钞》卷八《都讲钞》记载:“《太真科》曰:……常修习用黜罚之科,使内外齐同,令改昏见晓。师不得滥罚弟子,弟子受罚,不得有辞,所罚必谬,许有薄诉,达心而已。不得苦言,苦言怨己,师与弟子,同五行论。”[2] 此处提到“师与弟子,同五行论”,在道教戒律中,师徒之间的关系与唐律的规定大不相同,师父与弟子之间的伦理关系可以从丧服制度中得以窥见。

按照《礼记·檀弓上》的记载,“事师无犯无隐,左右就养无方,服勤至死,心丧三年”[3]。郑玄注:“心丧,戚容如父而无服。”按照儒家的理念,对于一般人尤其是儒家士人而言,受业恩师若过世,守丧不一定必须要穿丧服,只要神色哀戚,在心里哀悼,弟子为老师服心丧礼三年即可。根据《正一威仪经》记载,“正一事师威仪:师亡,持服百日,心丧三年,殡诸山林,几棺布囊,举尸而已。造众福田,思念容止”[4]。《正一威仪经》中关于弟子为师父服丧,与《礼记》中的规定相似,可能也跟道教中的丧葬礼制提倡薄葬有关,唐代道教的丧葬礼制虽然是以世俗丧葬礼制为依据的,但是它却有自身的特点,唐代道教崇尚“古以野为棺,庄周以天地为椁”,“若生能重道德,死必贱形骸”的薄葬礼制,不提倡“专在礼法度数,观于众人之耳目哉”[5]的厚葬礼制。[6]

但是根据《要修科仪戒律钞》卷一六《成服仪》的相关记载,明显与《礼记》中弟子为师心丧三年的规定有所不同:

> 经师、籍师。
>
> 右二孟云:二人而言服,经师小功,籍师大功,亦复看师之轻重。看

---

[1] 参见张伊:《〈唐律〉“母”之亲属等级与礼制“母”之丧服等级比较研究》,中国政法大学2011年硕士学位论文。

[2] 《要修科仪戒律钞》,载《道藏》第6册,第957页。

[3] 《礼记·檀弓上》,载王文锦译解:《礼记译解》,中华书局2016年版,第55页。

[4] 《正一威仪经》,载《道藏》第18册,第255页。

[5] 《要修科仪戒律钞》,载《道藏》第6册,第1001页。

[6] 参见赵树龙:《〈道士吉凶仪〉所见唐代道教的丧制与服制初探》,载《首都师范大学学报(社会科学版)》2011年增期。

师轻重者,为师三年,为籍师一期,为经师大功;为师一期,籍师大功,经师小功;为师大功,籍师小功,经师三日;为师小功,籍师三月,经师无服。若师为籍师,皆轻弟子,于师又轻,各从减之也。

同学。

右上,二孟同制,缌麻三月日服。

师为弟子。

右二孟云:师为弟子,例一等为师,三年报一期。齐衰者,九月;大功者,五月;小功,三月。石井公云:报服同弟子,唯不解发耳。至如俗礼所明,以卑厌尊,从二孟为允,师年过老,若不胜衰,心丧而已。

二孟云:门中弟子为师依经说,度脱生死,恩重二亲,而居丧事,用不同俗礼,既无凶苦,不为拔经,诸余服纪,皆依法轻重,以为制度。石井公云:报服所养,生小成拔,并须散发,不限受法,大小若著服者,临时自裁。[1]

《要修科仪戒律钞》中有关于丧服制度的详细记载,与《礼记》的规定大不一样。不同的师父,弟子所服丧等不同。死者若是经师,弟子则服小功;若是籍师,则服大功。死者若是同学,服缌麻三月。

从服制而言,父为长子斩衰、母为长子齐衰三年,为众子期,但法律中长子与众子同为期亲,法律中称"子"之处,包括长子在内。[2] 如果师父为弟子服丧,担任师的时间长短不同,丧服的轻重也是不同的。《要修科仪戒律钞》中师父为弟子服丧,可见是对世俗父为子服丧的借鉴。

弟子为师父服丧,弟子根据所受的经戒法箓位阶高低的不同,丧服的轻重也有所不同:

受治,以满箓。

三五元命,乃八券、十箓。八券者:定志券、升玄券、卖子券、乞儿券;上清四券者:血液券、神仙券、大度券、通灵券。十箓者:除满箓、三五箓、

---

〔1〕《要修科仪戒律钞》,载《道藏》第6册,第1000-1001页。

〔2〕参见马建兴:《丧服制度与传统法律文化》,知识产权出版社2005年版,第232页。

元命箓外，更有斩邪箓、破殗百鬼召箓、都章毕印箓、九州社令箓、太玄四部箓、河图箓、青甲箓、东野大禁箓、十将军箓。

右件，依小孟仪，若大孟，无八券、十箓，石井公有十箓，无八券。依小孟，同丝麻三月服，男女十五升布为衣冠，若大孟及石井公并云：发蒙之教，恩情极重。

制举哀受吊，无成服之仪。今按《易》云：童蒙来求我，匪我求童蒙，若不发童蒙，终当见覆。《升玄经》云：先师、后师，通当有敬，岂容敬，乃是同服而顿隔。依小孟，三月以为通允。

五千文、大诫百八十律、真诰、五岳、六甲、禁山。

右件，二孟同制，小功五月。男女十一升布为裳，十二升布为冠，今人不为冠，直为巾者，务省耳。按儒礼，丧服以变吉服。吉服头戴冠，身上著罗，身下着裳。若按二孟，十二升布为冠用，十一升布为褐、为裙。若石井公云：此等同服，小功五月，男绢巾，女练裳，今人既以为巾，何不绢作？明学道之人，粗衣布褐，及其师死，更着练裳，非但于理有违，亦乃人情未可。既言小功五月，那更将绢为衣。按《丧服仪》云：缌麻者，缕小如丝，实是麻作，故曰缌麻；小功者，布缕既小，用功则多，故曰小功；布缕既大，用功则少，故曰大功。石井公虽有此条，窃不用也。请依二孟，未葬之前，布冠布褐；若其葬毕，布巾布帔。

自然、中盟、三皇、五符、七传、宝神等经符。实神，即洞神经也。

右件，二孟同制，服大功九月，男女七升布为衣，十一升布为冠，石井公直云：九月不言升数。

灵宝大盟、真经三品。真经，即上清大洞真经也。三品是上清受道经，有二品经目，合三十五卷。三箓：一、八素曲辞箓，二、上皇玉箓，三谓三天正法箓；三奔：日奔、月奔、星奔，三奔即是三景，受上清三奔，登上玉清景、上清景、太清景，今受三奔，得称三景弟子。

右件，二孟同制。服齐衰期，男女四升布为衣，七升布为冠，心丧三年，不从燕乐。若前来五千文、自然大盟等三条中经法，同是一师受者，皆服斩衰三年，从极重之制，饮食言语、观听寝处，皆依孝子本仪，竟则服吉而无余禫。今人大盟之师，则一期散发。上清之师，或去无服，或至三号，或云九月，非直不识三品、三奔、三箓，未知三品，复是何经，直据七传，是上清枝条，因而即服九月，坐由不睹经卷，观览岂复能周，师以慕广轻传，资乃爱紫争受。陶先生云：古人以为皮好，吾今以为耳学。信哉斯言。岂其受得上清，见经而不识，既不识法，岂得慢师。上清、大盟，同是真经，俱存重服，请各思审，二孟久详。[1]

从以上记载可以看出，如果弟子受三五元命及八券十箓，则为师服缌麻三月。弟子若受五千文、大诫百八十律、真诰、五岳、六甲、禁山，则为师服小功五月。受自然、中盟、三皇、五符、七传、宝神等经符，则为师服大功九月。受灵宝大盟、真经三品，服齐衰期，心丧三年。如果五千文、自然、大盟等三条中经法同是一师所受，则为师服斩衰三年。仍然是倡导薄葬节俭，"未葬之前，布冠布褐；若其葬毕，布巾布帔"，这也符合道家一贯朴素简约的思想观念。所受不同的经戒符箓，弟子为师所服丧等也各不相同，缌麻、小功、大功、齐衰、斩衰，对应不同的情形。

以上主要是涉及师主与弟子之间，以及同学之间的亲等关系，在宫观中，除了直接经教授受的师主与弟子之间的关系，还会涉及教团内部和宫观体系中不同教阶、不同职掌的道士女冠之间的交往和相互关系。[2]

小　结

"称道士女官"条主要从立法技术上明确道士、女官所包含的范围，以及宫观内师主与弟子的关系、非平民犯三纲及其余道士的相关规定，主要是调整他们之间的人身类和财产类犯罪。尤其对于师徒之间的关系，世俗法将其比照伯叔父母与兄弟之子的关系进行处理。

---

〔1〕《要修科仪戒律钞》，载《道藏》第6册，第999－1000页。

〔2〕参见程乐松：《中古道教类书与道教思想》，宗教文化出版社2017年版，第214页。关于宫观内除师主以外，其他人之间交往和相互关系的规范，也可参见《要修科仪戒律钞》卷三的相关规定，参见《要修科仪戒律钞》，载《道藏》第6册，第935－936页。

对于师的来源和界定，道教内部明显较法律条文更为广泛，师的来源和构成具有多样性，其戒律也有不少关于事师的礼仪和规则。"师"很多时候是对道士的尊称，并不具有业师的含义。道教中关于师的称谓有玄师（通过存想等方式，在意念中进行传授的师父）和法师（第一种提法，偏重于仅仅是演说科仪道法的道士；第二种提法，不仅包括演说科仪道法的道士，也包含讲说经义、宣扬道法的道士；第三种提法，泛指各种类型的道士，是对道士的一种尊称；第四种提法，有品行、通经戒、懂斋法，行为众范、受人尊重的道士才能获得法师的称号）、经师（第一种提法，经师与法师并提时，经师偏重于讲说经义的道士；第二种提法，经师、籍师、度师连在一起，常被称为三师，经师是籍师之师）、籍师（籍师是度师之师）、度师（业师）、明师（第一种提法，是对道士的尊称，也是一种泛指；第二种提法，指的是传授道法之师，即业师）、天师、祖师（祖师为各派创始人）、宗师（第一种提法，各道派传教的首领；第二种提法，又指师之师）、心师（心师指的是有德行学问的长辈，不一定是本人的业师）、前师、后师、别师（前师、后师、别师，主要是按照授箓的时间先后所作的区分），五代之内的各种"师之师"——祖师（师之师）、曾祖师（祖师之师）、高祖师（曾祖之师）、宗师（高祖之师）等。

《唐六典》中一共提到了四种：法师、威仪师、律师和炼师。法师指具有一定品德和学识的道士。威仪师偏重科法仪范。律师则偏重道教戒律的钻研和持守。炼师偏重"德高思精"。

对于不同的师父，服丧的等级有所不同。经师，弟子服小功；籍师，弟子则服大功。所受经戒符箓不同，弟子为师所服丧等也各不相同，缌麻、小功、大功、齐衰、斩衰，分别对应不同的经戒授予情形。师父如果为弟子服丧，则根据担任师父时间长短的不同，丧服的轻重有所区别。关于师徒之间关系的比附，道教戒律跟世俗法关于伯叔与子侄的比附并不相同，明显规定得更细。而对于这些不同的方面，法律也并未禁止。在宫观中，除了直接经教授受的师主与弟子之间的关系之外，道教戒律对于不同教阶、辈分及职司的道士、女冠之间的行为也有所规范。

第三节　“私入道”条与道教戒律

《唐律疏议》卷一二《户婚》“私入道”条规定：

诸私入道及度之者，杖一百；若由家长，家长当罪。已除贯者，徒一年。本贯主司及观寺三纲知情者，与同罪。若犯法合出观寺，经断不还俗者，从私度法。即监临之官，私辄度人者，一人杖一百，二人加一等。[1]

【疏】议曰：“私入道”，谓为道士、女官、僧、尼等非是官度，而私入道及度之者，各杖一百。注云“若由家长，家长当罪”，既罪家长，即私入道者不坐。已除贯者，徒一年；及度之者，亦徒一年。“本贯主司”，谓私入道人所属州县官司及所住观寺三纲，知情者，各与入道人及家长同罪。若犯法还俗，合出观寺，官人断讫，牒观寺知，仍不还俗者，从“私度”法。断后陈诉，须著俗衣，仍披法服者，从“私度”法，科杖一百。即监临之官，不依官法，私辄度人者，一人杖一百，二人加一等，罪止流三千里。若州县官司所度人，免课役多者，当条虽有罪名，所为重者自从重论，并依上条“妄增减出入课役”科之。其官司私度人，被度者知私度情，而受度者为从坐；若不知私度情者，而受度人无罪。[2]

一、律文解析

（一）诸私入道及度之者，杖一百

按照此条律文的解释，私入道的主体不仅包括道士、女官，也包括僧、尼，而且

---

〔1〕《唐律疏议》卷一二《户婚·私入道》，载刘俊文笺解：《唐律疏议笺解》，中华书局1996年版，第931页。

〔2〕《唐律疏议》卷一二《户婚·私入道》，载刘俊文笺解：《唐律疏议笺解》，中华书局1996年版，第932页。

按照《唐律疏议》卷六《名例》“称道士女官”条的规定,“诸称道士、女官者,僧、尼同”。无论是道士、女官,还是僧、尼,只要是非官度,私入道和度他人的,各自被处杖一百。

(二)若由家长,家长当罪

根据此条律文的解释,既罪家长,私入道者不坐。而且按照《唐律疏议》卷五《名例》“共犯罪造意为首”的规定,“若家人共犯,止坐尊长”。也就是说,私入道者经家长同意,只处罚家长,私入道者本身不受处罚。

(三)已除贯者,徒一年

除贯指的是消除户籍。私自入道,并且从原来户籍除名的,处以徒一年。此时受处罚的对象为:度人者和被度者。若被度者是经家长同意的,则只处罚家长,不处罚被度者,此时受处罚的对象为:度人者和家长。

(四)本贯主司及观寺三纲知情者,与同罪

本贯主司指私入道者所属州县官司。观寺三纲指的是具体宫观中的基层僧道官。基层道官三纲为:上座、观主、监斋;基层僧官三纲为:上座、寺主、都维那。[1] 以上所列的这些人如果不知情,则不被处罚;这些人只有在知情的情况下,才会受罚。对这些人的处罚分两种情况:私自入道没有从原来户籍除名的,杖一百;私自入道从原来户籍除名的,徒一年。

(五)若犯法合出观寺,经断不还俗者,从私度法

包括两种情况:若犯法还俗,合出观寺,官人断讫,牒观寺知,仍不还俗者,从“私度”法,处杖一百;断后陈诉,须著俗衣,仍披法服者,按私入道罪论处,杖一百。

---

〔1〕 李林甫等撰、陈仲夫点校:《唐六典》,中华书局2014年版,第125页。

（六）即监临之官，私辄度人者，一人杖一百，二人加一等

1. 关于监临之官的范围，《唐律疏议》卷六《名例》“称监临主守”条规定：诸称：“监临”者，统摄案验为监临。谓州、县、镇、戍，折冲府等，判官以上，各于所部之内，总为监临。自余，唯据临统本司及有所案验者。即临统其身而不管家口者，奸及取材亦同监临之例。[1]

2. “一人杖一百，二人加一等”中关于等级的规定。按照《唐律疏议·名例》的规定，五刑一共分二十等：笞刑五（笞十、二十、三十、四十、五十）、杖刑五（杖六十、七十、八十、九十、一百）、徒刑五（徒一年、一年半、二年、二年半、三年）、流刑三（二千里、二千五百里、三千里）、死刑二（绞、斩）。[2] 具体到本条，杖一百加等依次分别为：徒一年、徒一年半、徒二年、徒二年半、徒三年、流二千里、流二千五百里、流三千里。

3. “一人杖一百，二人加一等”中关于处罚的规定。按照《唐律疏议·名例·称加减》的规定，诸称加者，就重次。[3] “杖一百，加一等”的处罚应该是徒一年（则不执行杖刑）；如果是“杖一百，加二等”的处罚应该是徒一年半，依次类推。

4. “一人杖一百，二人加一等”中关于计数的规定。此处的“二人加一等”，在已经度了一个人的前提下，再每满2个人，需要加一等处罚。按照《唐律疏议·名例·称加减》的规定，“加者，数满乃坐”[4]。也就是说，如果总共度2个人的话，仍然处以杖一百，这个时候是不满足加等的；如果总共度3个人的话，处以徒一年；如果总共度4个人的话，仍然处以徒一年；如果总共度5个人的话，处以徒一年半；如果总共度6个人的话，处以徒一年半；依次类推。

5. 若州县官司所度人，免课役多者，当条虽有罪名，所为重者自从重论，并依

---

〔1〕《唐律疏议》卷六《名例·称监临主守》，载刘俊文笺解：《唐律疏议笺解》，中华书局1996年版，第509页。

〔2〕《唐律疏议》卷一《名例》，载刘俊文笺解：《唐律疏议笺解》，中华书局1996年版，第17－42页。

〔3〕《唐律疏议》卷六《名例·称加减》，载刘俊文笺解：《唐律疏议笺解》，中华书局1996年版，第521页。

〔4〕《唐律疏议》卷六《名例·称加减》，载刘俊文笺解：《唐律疏议笺解》，中华书局1996年版，第521页。

上条“妄增减出入课役”科之。

按照《唐律疏议·名例·本条别有制》的规定，“当条虽有罪名，所为重者自从重”[1]。如果州县官司所度人，免课役多者，依上条“妄增减出入课役”科之，指的是依照本条“私入道”条的上一条“里正官司妄脱漏增减”条。按照《唐律疏议·户婚·里正官司妄脱漏增减》的规定，“诸里正及官司，妄脱漏增减以出入课役，一口徒一年，二口加一等。赃重，入己者以枉法论，至死者加役流；入官者坐赃论”[2]。

6. 其官司私度人，被度者知私度情，而受度者为从坐；若不知私度情者，而受度人无罪。

若监临之官私度人的情况，被度者不知情的，被度者不受处罚，监临之官需受处罚；被度者知情的，被度者和监临之官都需受处罚，只是受度者为从坐，即受度者比监临之官减一等处罚。

另外，根据刘俊文的解析，官司私度和前面的民间私度是不一样的种类。二者的处罚范围和处罚标准各不相同：民间私度，处罚范围包括度人者、被度者（若被度者奉家长之命，即家长当罪，被度者无罪）、被度者所属州县官司及所住观寺三纲知情者（不知情者无罪）；处罚标准为仅度而未注销户籍者，一律科杖一百；度并且注销户籍者，一律加一等科徒一年。官司私度，处罚范围包括监临官人、被度人知情者（不知情之被度人无罪）；处罚标准为监临之官计私度人数，一人杖一百，二人加一等，罪止流三千里；若所私度人免课役多者，按照《唐律疏议·户婚·里正官司妄脱漏增减》的规定，一人徒一年，二人加一等，赃重入己以枉法论，至死者加役流；赃重入官者坐赃论。被度人知情者，各以从论，减监临之官一等。[3]

---

〔1〕《唐律疏议》卷六《名例·本条别有制》，载刘俊文笺解：《唐律疏议笺解》，中华书局1996年版，第481页。

〔2〕《唐律疏议》卷一二《户婚·里正官司妄脱漏增减》，载刘俊文笺解：《唐律疏议笺解》，中华书局1996年版，第929页。

〔3〕《唐律疏议》卷一二《户婚·私入道》，载刘俊文笺解：《唐律疏议笺解》，中华书局1996年版，第934、935页。

另外，关于"赃重入己以枉法论，至死者加役流"。若有因脱漏增减，取其课调入己，计赃得罪，重于脱漏增减口罪者，准赃以枉法论。按照《唐律疏议·职制·监主受财枉法》的规定，诸监临主司受财而枉法者，一尺杖一百，一匹加一等，十五匹绞。至死者加役流，谓计赃至十五匹者，不依枉法律处以绞刑，而处以加役流。关于"赃重入官者坐赃论"，按照《唐律疏议·杂律·坐赃致罪》的规定，诸坐赃致罪者，一尺笞二十，一匹加一等，十匹徒一年，一匹加一等，罪止徒三年。

二、道教戒律的相关规定——关于道士入道等准入机制

在早期道教内部对于道士入道并没有太高的门槛。如太平道的相关记载，"初，巨鹿张角自称'大贤良师'奉事黄老道，畜养弟子，跪拜首过，符水咒说以疗病，病者颇愈，百姓信向之"[1]。太平道的传道活动，在以符水、符咒为人治病的同时，也广招弟子，此时期对道士入道似乎并没有明显的门槛，黄巾起义被镇压以后，太平道之后的传授不明。

关于早期五斗米道的记载如下："初，祖父陵……受其道者辄出五斗米，故谓之'米贼'。"[2]张陵更多的是道教经书中神话的人物，真正治理或者说是经营巴蜀时间较长的主要是张修和张鲁。张鲁在汉中建立了政教合一的地方政权，"不置长吏，皆以祭酒为治"，"皆教以诚信不欺诈，有病自首其过。大都与黄巾相似。诸祭酒皆作义舍，如今之亭传。又置义米肉，悬于义舍，行路者量腹取足；若过多，鬼道辄病之。犯法者，三原，然后乃行刑"[3]。可见此时期五斗米道入道除了缴纳信米之外，也没有太高的门槛。

在道教形成的早期阶段，延续了秦汉时期方士秘传道术的方式。魏晋南北朝时期的道教教团，继承了春秋战国以来私学发展的模式，与两汉时期的经学传授具有类似的以师生关系为纽带的模式，只是各自传授的内容不同，儒家以经学为主，而道教教团以悟道成仙的宗教内容为主。[4] 这种师徒传授的模式决定了早

---

〔1〕《后汉书》卷七一《皇甫嵩传》，中华书局1965年版，第2299页。

〔2〕《后汉书》卷七五《刘焉传》，中华书局1965年版，第2436页。

〔3〕《三国志》卷八《魏书·张鲁传》，中华书局1982年版，第263页。

〔4〕参见卢国龙：《道教哲学》，华夏出版社2007年版，第71页。

期道士入道的门槛主要在于师父个人的意愿，只要通过了师父的考验，弟子则可跟随师父修道，由于此时道教并没有引起官方足够的重视，也不存在度牒制度，只要经过师父个人的同意，也就取得了道士身份。

北魏时期在北方有寇谦之领导的“清理道教”运动。寇谦之强烈抨击三张旧法的诸多弊端，并进行了一系列改革，其中有不少内容涉及道士入道。首先，道官招收弟子，须先对信徒进行考验，考验期为三年。其次，如果信徒一旦从师，不能随意更换师父，不能随意改投道官。

整体而言，道教在南北朝时期得到了极大的发展，为道教在隋唐以后走向兴盛打下了基础，道教逐渐发展为制度化宗教，道教也逐渐被官方重视甚至警惕，因而道士身份的取得必须得到官方的承认。度牒制、道籍制度是官方对道士身份掌控的表现，而道教内部关于道士入道方面的规定主要在于传戒和受箓。传戒主要是传授经戒。箓主要具有两种不同的功能：一为道士名册，主要记录道士个人的基本信息，如名号、师承关系等，表明从此名登道箓，开始拥有学道和修行法术的资格；二为天神名册，主要记载天神的名称、职司等，表明能够召唤的神灵。[1]

在唐代，如果想要出家入道，在道教内部的要求是必须依科授受最初级的经戒法箓，如果没有被授予最初级的经戒法箓，不论男女老少都只能算作教外人士，也被称为在俗弟子。[2] 年方十岁的女道童，称为南生弟子；七岁男童初学道者，称为箓生弟子。南生弟子和箓生弟子可以被授予“一将军箓”、“十将军箓”以及三归戒、五戒等。如果已经成年的男女，在没有授戒前，一般被称呼为男人、女人，或善男子、善女人，只有等在道门内部的户籍上登记造册之后，才可以被称为户长，诚心入道的则必须先授受三归戒。[3]

《三洞奉道科戒营始》卷三《度人品》记载了多种类型的出家标准，有十二种度人之相、二十五种可使出家的情况、三十种可以出家的情况，以及二十五种不合入道的标准、不得使出家的十种情况。[4]

---

〔1〕 参见詹石窗：《道教文化十五讲》(第2版)，北京大学出版社2012年版，第232-233页。

〔2〕 参见林西朗：《唐代道教管理制度研究》，巴蜀书社2006年版，第213页。

〔3〕 参见林西朗：《唐代道教管理制度研究》，巴蜀书社2006年版，第214页。

〔4〕 《洞玄灵宝三洞奉道科戒营始》，载《道藏》第24册，第749-750页。

十二种可以出家的情形："度人之相，凡有十二种：一者帝子天孙，二者大臣宰辅，三者皇后妃主，四者聪明智慧，五者识量明敏，六者富贵男女，七者形相端严，八者仁信淳厚，九者行业精苦，十者讲诵精熟，十一者勇猛精进，十二者凡厥有心。择此十二，度使出家，下自一人，上至亿载，绍隆法教，宣扬经传。"[1]

二十五种可以出家的情形："又有二十五种相，可使出家：一者家世奉道、信乐经法，二者见世奉道、信乐经法，三者己身奉道、信乐经法，四者家世淳善、信奉正真，五者见世淳善、信奉正真，六者己身淳善、信奉正真，七者经业优长，八者行业精苦，九者炼气断谷，十者专诚于道，十一者誓弘大道，十二者志宣经教，十三者习道来久，十四者清净身心，十五者无健羡心，十六者无世间爱着心，十七者无世间胜负心，十八者无世间憎慢心，十九者无世间矫妄心，二十者无世间毁誉心，二十一者运心举意、唯欲出家，二十二者愿得出家、绍隆正法，二十三者愿得出家、舍身命财、唯在于道，二十四者愿得出家、为帝王国主、天下地上君臣吏人建大福利，二十五者愿得出家、为一切众生作生死福田、讲说大乘、广开愚暗、悉使悟道。"[2]

三十种可以出家的情况："凡出家，有三十相：一者常行精进、于世无染，二者常行勇猛、于道不退，三者常行慈悲、不杀众生，四者常行愍念、济度群品，五者常行忍辱、不怀瞋怒，六者常行欢喜、导引一切，七者常发善心、绍隆三宝，八者常发大心、修营灵观，九者常发大心、宣扬经教，十者常愿发心、开导一切、使归正道，十一者常愿发心、讲说大乘、开悟愚暗，十二者常愿发心、为帝王国主建大福利，十三者常愿发心、为宰辅大臣作诸福田，十四者常愿发心、为一切众生并皆离苦，十五者常愿国王万寿、国土安宁，十六者常愿天下太平、五谷丰熟，十七者常愿经教大弘、普得悟解，十八者常愿天下众生遍皆回向大道，十九者常持斋戒、心心不退，二十者常奉经法、念念修行，二十一者常对天尊、烧香行道，二十二者广写经教、散布人间，二十三者广修灵观、使一切回向，二十四者愿我法身坚固不退，二十五者大作福田、遍及一切，二十六者广行乞取、造诸功德，二十七者广运慈心、济度群品，二十八者广行慈悲、施惠一切，二十九者常持法相、不舍威仪，三十者普为三涂地

[1]《洞玄灵宝三洞奉道科戒营始》，载《道藏》第24册，第749页。

[2]《洞玄灵宝三洞奉道科戒营始》，载《道藏》第24册，第749－750页。

狱、以无上妙法使悉升度、永免幽苦。以此三十事,为出家法相,常愿过去、未来、见在三世,念念不退,常在法身,永不休懈,绍隆大道,作一切众生,无量福利,使一切世间,若有识、若无识,一切众生,成无上道。"[1]

十种不能出家的情形:"复有十种,不得使出家:一者背臣逆子,二者刑戮子孙,三者杀师叛道,四者不信大法,五者屠沽淫欲,六者偷盗奸娇,七者饮酒食肉,八者不识罪福宿命因缘,九者形容不具足,十者凡厥凶顽。有此十种,勿使出家,损道威仪,破坏法教。"[2]

二十五种不符合入道的标准:"又有二十五相,不合入道:一者家世诽谤、不信经法,二者见世诽谤、不信经法,三者己身诽谤、不信经法,四者家世浮伪、不奉正真,五者见世浮伪、不奉正真,六者己身浮伪、不奉正真,七者贪酒嗜肉,八者心不奉道,九者破坏大道,十者不念经法,十一者耽习色欲,十二者专求俗事,十三者身心秽恶,十四者心怀健羡,十五者心有是非,十六者爱着声色,十七者有世间胜负,十八者有世间憎慢,十九者常怀矫妄,二十者常思放荡,二十一者无心奉法,二十二者唯贪世利,二十三者捉心不专,二十四者惰慢不谨,二十五者但利于已、不利一切。"[3]

从以上可以出家的标准来看,门槛其实并不高,并不需要满足一定标准或者通过资格性的选拔;从不符合入道的标准来看,主要是违反法律和不信道法的人被排除在外。入道的关键在于经由法师同意即可,而度人则被视为无限功德,"道以人弘,教因师得,若不度人,则法桥路断,所以弘教先在度人",[4]"种种福田,度人为上,度人功德,不可思议"[5]。同时,也强调"度人之时,依科拣择,必须合法,方可出家"[6]。在道教内部看来,入道主要取决于实践,而是否在官方进行登记似乎并未纳入考量的标准。[7]

---

[1] 《洞玄灵宝三洞奉道科戒营始》,载《道藏》第24册,第750页。
[2] 《洞玄灵宝三洞奉道科戒营始》,载《道藏》第24册,第750页。
[3] 《洞玄灵宝三洞奉道科戒营始》,载《道藏》第24册,第750页。
[4] 《洞玄灵宝三洞奉道科戒营始》,载《道藏》第24册,第749页。
[5] 《洞玄灵宝三洞奉道科戒营始》,载《道藏》第24册,第750页。
[6] 《洞玄灵宝三洞奉道科戒营始》,载《道藏》第24册,第750页。
[7] 参见白照杰:《整合及制度化——唐前期道教研究》,格致出版社2018年版,第55页。

综上所述,早期道教入道缴纳一定的信物即可入道;魏晋时期由于仍然盛行传统的师徒模式,官方也并未介入,只要取得师父个人的同意,也就取得了道士身份;到了唐代,道教内部关于道士入道方面的规定主要在于传戒和受箓,并没有太多资格方面的限制,多为道德方面的考量和要求。道教内部对于入道的门槛明显低于官方的规定。

三、与"私入道"条相关的其他规定

官方对入道设置的标准,可以从年龄、性别、学识、人数等方面着手。唐初对道士入道似乎没有年龄的限制,如道士尹文操、刘若水等入道时均未满16岁。唐玄宗时期逐渐对入道年龄有了规定。开元二十六年(公元738年)唐玄宗下令:"其天下观寺,大小各度十七人。简择灼然有经业戒行,为乡闾所推,仍先取年高者。"[1]此时尚未对年龄有具体的规定,只是年长者优先。天宝六年(公元747年)诏曰:"天下诸观道士等,如闻人数全少,修行多阙,其欠少人处,度满七人。并取三十以上,灼然有道行经业者充,仍令所由长官精加试练,采访重覆,勿使逾滥。度讫,挟名奏闻。其诸观有绝无人处,亦度三两人,准此简试。"[2]说明到天宝六年(公元747年),已有了30岁的具体年龄规定。道士、女官并提,可见在性别方面,唐代并没有进行限制。

随着官方对于入道门槛的提高,官方也一直打击私入道的行为,往往设定一系列与打击私入道相关的措施,并且设置了与之相配合的其他制度,诸如度牒制等。

度牒是经过官方同意而获得出家的僧道的一种身份凭证,此凭证需经过一定的程序由官方予以颁发。一般认为,度牒制度正式形成是在唐代,但度牒制度的起源可能更早,至少可以往前追溯到南北朝时期的"凭由"或者"印牒","凭由"或者"印牒"可谓是度牒的最初原始形态,直到五代时,仍有将度牒称为凭由的说法,后周世宗朝规定:"应合剃头受戒人等,逐处奏闻,候敕勒下,委祠部给付凭

---

〔1〕《册府元龟》卷五三《帝王部·尚黄老》,凤凰出版社2006年版,第560页。
〔2〕《册府元龟》卷五四《帝王部·尚黄老》,凤凰出版社2006年版,第567页。

由,方得剃头受戒。”[1]

自唐代正式实行度牒制度以来,从宋代一直到清代,历代都不同程度地采用了度牒制度,只是不同的朝代把握的标准和尺度有所不同。一直到清代乾隆年间,官方停止颁发度牒,至此度牒制度便退出了历史舞台。正常情况下发放度牒本应是免费的,其目的在于官方可以控制出家的人口数量和规模,经过一定的选拔程序,在某种程度上可以保证入道的质量,但是官方有时基于各种原因,如财政紧缺,或者战争需要军费,或者救济灾民,有时会采取公开买卖度牒的形式。从短期来看,买卖度牒使得国家财政收入有所增加,缓解了当时的危机。但是买卖度牒是对度牒制度的极大破坏,从长期来看也不利于国家财政的良性发展。第一,买卖度牒使得度牒制度对控制出家人数的作用大打折扣,不排除一些不符合标准的人进入,质量有所下降,影响整体的宗教形象。第二,买卖度牒短期来看增加了财政收入,但是这是一种寅吃卯粮的做法,并未从根本上解决财政问题,只是暂时延缓而已。第三,由于僧道享有一些特权,如经济上免除地税、徭役等,一些人为了经济利益,有可能催生伪造度牒的现象。

由于僧道所享有的特权,出家人数一旦过多,会带来国家的劳动生产力锐减、财政税收下降等负面影响,之所以实行度牒制度,主要就是为了严格控制僧道人数,各朝对出家人数都有定额限制。

早在北魏时期对于僧尼的人数就有明确要求,“(北魏)太和十六年(492),四月八日、七月十五日,听大州度一百人为僧尼,中州五十人,下州二十人,以为帝准,著为令”[2]。永平二年(公元509年)春,灵太后令曰:“年常度僧依限,大州应百人者,州郡于十日前送三百人,其中州二百人,小州一百人。州统维那与官,及精练简取充数,若无精行,不得滥采。”[3]隋唐时期及以后朝代对僧尼人数也多有限制。

为了限制出家人数,历朝历代禁止私度,对私度处以相应的处罚规定。北魏

[1] 《旧五代史》卷一一五《周书·世宗纪二》,中华书局1976年版,第1530页。
[2] 《魏书》卷一一四《释老志》,中华书局1974年版,第3039页。
[3] 《魏书》卷一一四《释老志》,中华书局1974年版,第3042页。

世宗熙平二年(公元517年),灵太后下旨,“自今有一人私度,皆以违旨论。邻长为首,里、党各相降一等。县满十五人,郡满三十人,州镇满三十人,免官,僚吏节级连坐。私度之身,配当州下役”[1]。唐代将私度罪纳入律条,在《唐律疏议·户婚》中专设“私入道”条。宋代也延续了唐代“私入道”条的规定,“诸私入道及度之者,杖一百。若由家长,家长当罪。已除贯者,徒一年。本贯主司及观寺三纲知情者,与同罪。若犯法合出观寺,经断不还俗者,从私度法。即监临之官私辄度人者,一人杖一百,二人加一等”[2]。明清对私自出家依然进行严厉处罚。《大明律》中规定:“若僧道不给度牒,私自簪剃者,杖八十。若由家长,家长当罪。寺观住持,及受业师私度者,与同罪,并还俗。”[3]清代《大清律例》中对于私度僧尼的处罚,基本与明代《大明律》中的内容相似。

小 结

由于取得了道士、女官等宗教身份,能享有赋税、政治等方面的一些特权,早在南北朝时期,官方就已禁止私度。为了严厉打击私自入道的行为,历朝历代往往都对“私入道”行为进行惩罚。为了配合打击私入道的行径,官方通常会采取度牒制,严格控制出家数量。发放度牒本应是免费的,官方公开买卖度牒,正是对度牒制度的极大破坏,也不利于财政收入的可持续发展。

对于一般人而言,要想入道,其实需要同时满足官方和道教内部的要求。除了需要符合《唐律疏议》律文的规定外,需要满足的入道条件是综合性的、多方面的。官方入道的门槛更高,有着年龄、知识水平、通过考试取得度牒以及人数的限制等;而道教内部入道门槛则低得多,多为基于道德品行方面的考量,以传戒受箓作为道教内部入道的门槛。

---

〔1〕《魏书》卷一一四《释老志》,中华书局1974年版,第3042页。

〔2〕《宋刑统》卷一二《户婚律·僧道私入道》,载薛梅卿点校:《宋刑统》,法律出版社1999年版,第215页。

〔3〕怀效锋点校:《大明律》,法律出版社1999年版,第47页。

第四节　“缘坐非同居”条与道教戒律

《唐律疏议》卷一七《贼盗》“缘坐非同居”条规定:

诸缘坐非同居者,资财、田宅不在没限。虽同居非缘坐,及缘坐人子孙应免流者,各准分法留还。

【疏】议曰:……

若女许嫁已定,归其夫。出养、入道及娉妻未成者,不追坐。出养者,从所养坐。道士及妇人若部曲、奴婢犯反逆者,止坐其身。

【疏】议曰:“女许嫁已定”,谓有许婚之书及私约或已纳娉财,虽未成皆归其夫。“出养”,谓男女为人所养;“入道”,谓为道士、女官若僧、尼;“聘妻未成者”,虽克吉日,男女未相见:并不追坐。出养者从所养家缘坐,不涉本生。“道士及妇人”,称道士,僧、尼亦同;妇人不限在室及出嫁、入道。若部曲、奴婢者,奴婢不限官、私。“犯反逆者,止坐其身”,自道士以下,若犯谋反、大逆,并无缘坐,故云“止坐其身”。

问曰:杂户及太常音声人犯反、逆,有缘坐否?

答曰:杂户及太常音声人各附县贯,受田、进丁、老免与百姓同,其有反、逆及应缘坐亦与百姓无别。若工、乐、官户不附州县贯者,与部曲例同,止坐其身,更无缘坐。[1]

一、律文解析

该条法律涉及道教的主要为:入道是不追坐的一种情况,另外两种不追坐的情况是“出养”和“娉妻未成者”。古代社会,如果有人犯有谋反、大逆等重罪,往往其亲属也会受到惩罚。而道士、女官已经入道,如果家族内有亲属犯有谋反、大

〔1〕《唐律疏议》卷一七《贼盗·缘坐非同居》,载刘俊文笺解:《唐律疏议笺解》,中华书局1996年版,第1247－1248页。

逆等罪，道士、女官则免予缘坐；如果是道士、女官犯有谋反、大逆等罪，罪止其身，不缘坐家属。

按照刘俊文的解析，其一，此条规定缘坐罪正犯应具之属性，道士和女官如果犯应缘坐之罪如谋反大逆等，罪止一身，不从缘坐之法，即疏议所说的"自道士以下，若犯谋反、大逆，并无缘坐，故云止坐其身"。其二，规定缘坐罪缘坐人的认定。缘坐人不包括道士、女官，如果正犯亲属中有人属于道士、女官的，那么，虽然拥有亲属关系，但是已经入道的道士和女官免予缘坐。[1]

在问答中提及杂户和太常音声人如果犯有谋反、大逆等罪，与一般百姓同样缘坐，是因为杂户和太常音声人的户籍和一般百姓的户籍相类似。进一步表明了户籍是缘坐与否的重要考量因素，户籍关系到受田，受田进而关系到国家税赋收入。道士、女官已经入道，户籍已不在原籍，故入道不追坐。

该条法律规定了在涉及谋反、大逆等重罪时，道士、女官和原家族的处理准则，这主要是在刑事方面，尤其是在发生重罪时的情况下，而道士、女官虽然已经出家，但是在民事方面，除了跟所在宫观的道众发生各种联系之外，跟自己原家族仍然有着各种联系，道教戒律对此有一系列的补充规定。

二、道教戒律关于婚姻家庭、亲属继承的规定

《洞玄灵宝道学科仪》约成书于唐代，收入《正统道藏》太平部，记载了道士日常修行所应遵守的规则。《洞玄灵宝道学科仪》下卷"父母品"记载："出家之人，若道士、女官，身心依道，俗化全隔，然于鞠养，有殊常俗。若在远，随四时省问；若在近，随月朔省问；在寒在热，在凉在喧，定省之时。"[2]据以上戒律，有学者指出，"道士女冠虽不住家，但在归省双亲的问题上仍与世俗人并无二样，平常也要经常归省家里，向父母请安问候"[3]。虽然身心依道，但是也需要像世俗人一样孝

〔1〕《唐律疏议》卷一七《贼盗·缘坐非同居》，载刘俊文笺解：《唐律疏议笺解》，中华书局1996年版，第1249页。

〔2〕《洞玄灵宝道学科仪》，载《道藏》第24册，第777页。

〔3〕吴真：《道教修道生活的忠与孝——以初唐"致拜君亲"论争为中心》，载《现代哲学》2009年第4期。

敬父母,不论距离远近,皆需向父母省问。可见即使出家,道士、女官与原家庭仍然存在各种联系。

(一)婚姻家庭关系方面

在婚姻家庭关系方面,道士、女官已是出家人,道士、女官是否可以结婚生子,官方的规定和道教戒律的表述一直有所不同。

《三洞奉道科戒营始》卷三《度人品》记载了“二十五种可使出家”及“二十五种不合入道”的情况。二十五种可使出家的标准有“一者家世奉道、信乐经法,二者见世奉道、信乐经法,三者己身奉道、信乐经法,四者家世淳善、信奉正真,五者见世淳善、信奉正真,六者己身淳善、信奉正真”[1],二十五种不符合入道标准的有“一者家世诽谤、不信经法,二者见世诽谤、不信经法,三者己身诽谤、不信经法,四者家世浮伪、不奉正真,五者见世浮伪、不奉正真,六者己身浮伪、不奉正真”[2],从以上“二十五种可使出家”及“二十五种不合入道”的标准可以看出,关于“家世”的要求都是列在第一位的,“家世奉道”似乎比“己身奉道”更为重要,在道教戒律中充分肯定了家世对入道的影响。也从侧面说明了道教戒律对娶妻生子的默许。

《三洞奉道科戒营始》对道士的分类中,包括了出家道士和在家道士两类。出家道士在宫观居住,而在家道士是不用在宫观居住的。随着唐代国家宫观制度的建立,以及道士度牒制度的推行,出家逐渐成为主流。然而,道士娶妻生子的情况在盛唐之后仍不罕见,例如,唐玄宗时著名道士——萧明观主尹愔就有子叫庶隣,并仕至县令。又如,唐代著名道士邓延康的墓志记载,“且法不可绝,家风宜有人承之。《道德经》以子孙祭祀不辍为贵,则真胄之续,宜其然哉”。从隋末唐初著名高僧法琳在《辩正论》中批评道教畜妻养儿的现象,也可看出当时道士娶

[1] 《洞玄灵宝三洞奉道科戒营始》,载《道藏》第24册,第749页。
[2] 《洞玄灵宝三洞奉道科戒营始》,载《道藏》第24册,第750页。

妻的情况。[1]

道教戒律并没有明确反对道士娶妻生子，而且在唐代这一现象一直存在。直到五代末，国家对道士娶妻生子才开始进行立法限制，《册府元龟》记载："汉隐帝乾佑三年（公元950年），右补阙苏德潜上言：'臣闻道以至真为本，自然为宗，若不离嗜欲之源，则安奏虚无之理？况两京道宫，是国家祟福之地，窃见道场所设斋醮，无非蠲洁净筵，盖表其精虔也。访闻道士皆有妻孥，携在道宫居止，不独伤于教法，其实污于清虚。望特行禁止。'敕：'宜令御史台严加告谕，不得更然。'"[2]

道教戒律没有对娶妻生子作出明确的禁止性规定，从唐代官方法律而言，也没有专门的禁止僧道畜妻妾的规定。唐朝时官方为何对此没有相关规定，有学者给出了如下解释：一则因为当时佛道的整体风气良好，戒律清规能够得到普遍遵守，没有出现出家人畜养妻妾的事情，所以不需要法律去强制干涉、规范没有发生的事情；二则唐代社会风气开放，唐代对于男女关系的看法不像宋代以后的压制和约束，所以在唐代认为男女关系的私事官方没有必要进行干涉。[3] 笔者认为，以上的解释部分能够说明唐代官方法律没有关于禁止僧道娶妻生子的规定，但也有值得商榷的地方。第一，至少在道教方面，家世奉道历来被看重，在家道士本就是道士的一种，所以在当时是有出家人畜养妻妾的现象。当然，社会上出现了某一种现象，不代表一定有法律对其进行规范，法律本就具有滞后性，有可能是因为法律的滞后性，也有可能是终其整个唐朝也并没有将禁止出家人畜养妻妾纳入立法意图。第二，娶妻生子不宜仅仅视为男女关系的私事。我国古代法律很重要的一个特色，便是不同身份适用不同法律，娶妻生子之男女关系不应只看待为男女关系的私事，对于一般人而言，跟家族、宗族有关，而对于具有出家人身份的人而言，更是对整个宗教行为、宗教生活、宗教规范的影响。

---

〔1〕"汝以禁约妻房而为罪者，玄都会圣，仍为燕尔之坊；至德清虚，便是同牢之观也。既学长生，汝恒对妇；亲慕李氏，皆须养儿。但李耳李宗，人人取妇。张陵张鲁，世世畜妻，故有男官女官之两名，系师嗣师之别号。魏晋已来，馆中生子；陈梁之日，圃内养儿。唤妇女为朱门，呼丈夫为玉柱。淫欲猥浊，出自道家，外假清虚，内专浊泄，可耻之甚矣。"参见弘学选编：《中国佛教高僧名著精选》（上），巴蜀书社2006年版，第114页。

〔2〕《全唐文》卷八五六《苏德潜·禁道士携妻孥奏》，中华书局1983年版，第8977页。

〔3〕参见劳政武：《佛教戒律学》，宗教文化出版社1999年版，第272页。

(二)遗产继承与处置

道士与原家庭的联系,除了表现在致拜父母、娶妻生子方面,道士的遗产,原家族仍然有继承权。

道士遗产的继承既涉及道士在道观内的各种关系,又涉及道士与原家族的关系。当然还有一个前提,就是道士可以拥有属于自己的合法财产。

《要修科仪戒律钞》卷一三《杂科》所引《洞玄灵宝千真科》记载,“科曰:共居观舍、堂殿、园林、田地三宝众,殿属天尊,堂属道士。若其营造,尊卑有等,其私房是道士自造,广狭等级,出自己身,生前由身处分。若死后而无付嘱,从众施为。若白衣童子自所营造,得度之后配别处者,亦听许自己处分,唯地属三宝,不得改动。若大众先有别约,例不犯也”[1]。此处规定对属于道士自己的私产,允许道士自己自由处分,如果在世时没有明确交代,则“从众施为”。

《要修科仪戒律钞》卷一五《道士吉凶仪》中《疾病仪》关于继承有着更为详细的记载:“科曰:男女官年将老病,死期将至,家事钱物,皆委付诸弟子中可亲信者。师有遗书,依书处分,如无遗书,一一条录生资,与诸子弟有所知者,共议修营功德,及充殡葬。如无子弟,观众处分,如无观众,道众处分,不得将与俗家兄弟孙侄等费用。如有父母、师主,在遗书所命者,依书。又不共活,无有命书,辄取者犯五逆罪,私不能制止,送与官司。”[2]根据以上规定,道士的遗产由可亲信的弟子按照如下顺序进行:首先,有遗嘱的,依照去世法师遗嘱进行处置。其次,没有遗嘱的,由亲信弟子与去世法师有血缘、亲属关系的子弟共同商议如何处置。再次,如果去世法师没有具有血缘、亲属关系的子弟,则由亲信弟子与观众共同商议如何处置。最后,如果没有观众的,由亲信弟子与道众一同商议如何处分财产。由此可见,即使有法师的亲属参与讨论商议,遗产也主要是在道观内部进行流转,由宫观内部进行支配。

此处有一个值得注意的地方“观众”,在道教戒律乃至经书中,“观众”这个词

---

[1] 《要修科仪戒律钞》,载《道藏》第6册,第986页。
[2] 《要修科仪戒律钞》,载《道藏》第6册,第996页。

较少出现。前面有提到，唐代的道士大部分能够娶妻生子。严格的出家制度，在晚唐、五代以后才开始推广，官方的大道观则要求道士必须住观。而在唐代的大部分时期，并非所有的道士都是住观的，观众可能指的是住在同一所道观的道士。

另外，唐代佛教内律关于遗产继承的规定，在陶希圣编校的《唐代寺院经济》中有所归纳：

> 关于僧尼财产，首先要指出的，是师徒或同学之间的关系。在唐代法令上，师徒关系正与家族内尊长与卑幼的关系一样。但僧尼死后，衣资什具悉入官库。大历二年，敕依佛教的法律，处理亡僧遗产。这次的敕，仍没有切实施行。德宗初年，再敕“准律文分财法”处理。
>
> 依佛教的内律，亡僧的遗产，分为轻物与重物两类。如田园奴婢畜生金银谷米车船等，是重物；如修道所必要的用品，便是轻物。亡僧的遗产又分为可分或转物与不可分或不可转物两类。田宅村园屋宇奴婢车牛等为不可移转物。衣被皮油鞋履等为可移转物。同样物品依其品质而或为可分或不可分。如拘执毛长五指为可分，毛过五指侵不可分。同为铜铁器，或可分或不可分。
>
> 师徒或同学的关系有同活共财，共财不同活，及不同活亦不共财的几种。不同活亦不共财的僧人如妄分亡僧遗产，即是犯律。共财不同活的师徒之间，师本意欲予弟子的财产，师死归弟子。师徒的共有物依各人的应有部分分割。
>
> 同活共财的僧人，对于亡僧的遗产，以共有人的地位，凡可分物，都可平分。
>
> 亡授僧生前的遗嘱，处分不可转物者为嘱，处分可转物者为授。“嘱与众多人，最后人得。授与众多人，在前者得。”嘱授是死后生效的“舍财”，故不得附以条件，指定用途。附条件的嘱授，便不成立。
>
> 亡僧的债务，应先从遗产内提还。所有债权，应索还分割。但债权的标的物，分轻物重物。重物索还时，应归常住。轻物应归应继的僧人。常住应归还亡僧的债务如是重物，便无须归还，此为现在民法所谓债权

债务的抵销或竞合。亡僧的债务,赏功赏德等看病人的报酬,又应最先提付。

如死者没有共财同活的僧人,又没有遗嘱,而死于寺院者,遗产便分别按照不可分及可分的种类,入于常住,或入与现前的僧人或俗人。其寄托或贷借的物品,则依亡僧死处定其归属。如亡僧死于俗家,其遗产由俗家占有,僧人不得夺回。如亡僧死时没有任何住所,由先来死地的僧人先占取得。如没人先占,送于附近寺院。亡僧与俗人共有的财产,依俗界的法令分割。[1]

也就是说,按照佛教内律的规定,对于亡僧遗产的处分按照如下顺序:有遗嘱的,依照遗嘱执行;没有遗嘱的,由同居共财的僧人平分;如果生前既没有遗嘱,又没有同居共财的僧人,且死于寺院,则根据遗产的种类分别处理,不可分的遗产入于常住,可分的遗产入于现前的僧人或者俗人。亡僧若有债务,应先由遗产偿还,偿还债务的剩余部分再进行继承,且赏功德等看病人的报酬,在债务中优先受偿。

对比佛教内律关于遗产的处分,道教与其有很多相似之处:都充分肯定遗嘱的效力,尊重本人的意愿;比较看重共同居住共同生活的因素;遗产应该优先折抵相应的费用或债务;遗产主要是在宫观内部进行流转。

小　结

"缘坐非同居"条主要规定了如有刑事方面的重大犯罪,道士、女官与原家族之间的关系。道士、女官已经入道,如果家族内有亲属犯有谋反、大逆等罪,道士、女官免予缘坐。如果是道士、女官犯有谋反、大逆等罪,罪止其身,不缘坐家属。

现实生活中,由于唐代并没有严格的出家住观制度,道士也可以结婚生子,道士、女官与原家族之间存在着各种交往和联系。法律不可能对这些交往和联系作出事无巨细的规定,而这些交往的规范,道教戒律则进行了各种补充。在婚姻家庭关系方面,道士、女官已是出家人,既与原有家庭发生各种联系,如道士、女官需

[1] 陶希圣编校:《唐代寺院经济》,食货出版社1979年版,"序"第8-9页。

要回家省亲,道士还可以结婚生子,只是关于结婚生子这一点在官方的规定和道教戒律的表述一直有不同。涉及道士遗产继承时,由可亲信的弟子按照如下顺序进行:(1)有遗嘱的,依照去世法师遗嘱进行处置。(2)没有遗嘱的,由亲信弟子与去世法师有血缘、亲属关系的子弟共同商议如何处置。(3)如果去世法师没有具有血缘、亲属关系的子弟,则由亲信弟子与观众(观内共同居住的道众)共同商议如何处置。(4)如果没有观众的,由亲信弟子与一般道众一同商议如何处分财产。遗产主要是在道观内部进行流转,由宫观内部进行支配。

第五节　"盗毁天尊佛像"条与道教戒律

《唐律疏议》卷一九《贼盗》"盗毁天尊佛像"条规定:

> 诸盗毁天尊像、佛像者,徒三年。即道士、女官盗毁天尊像,僧、尼盗毁佛像者,加役流。真人、菩萨,各减一等。盗而供养者,杖一百。盗、毁不相须。
>
> 【疏】议曰:凡人或盗或毁天尊若佛像,各徒三年。道士、女官盗毁天尊像,僧、尼盗毁佛像者,各加役流:为其盗毁所事先圣形像,故加役流,不同俗人之法。"真人、菩萨,各减一等",凡人盗毁,徒二年半;道士、女官盗毁真人,僧、尼盗毁菩萨,各徒三年。"盗而供养者,杖一百",谓非贪利,将用供养者。但盗之与毁,各得徒、流之坐,故注云"盗、毁不相须"。其非真人、菩萨之像,盗毁余像者,若化生神王之类,当"不应为从重"。有赃入已者,即依凡盗法。若毁损功庸多者,计庸坐赃论。各令修立。其道士等盗毁佛像及菩萨,僧、尼盗毁天尊若真人,各依凡人之法。[1]

〔1〕《唐律疏议》卷一九《贼盗·盗毁天尊佛像》,载刘俊文笺解:《唐律疏议笺解》,中华书局1996年版,第1359－1360页。

一、律文解析

(一)诸盗毁天尊像、佛像者,徒三年

对于一般人而言,并非具有道士、女官、僧、尼等出家人身份,如果盗毁天尊像、佛像,处以徒三年。

(二)即道士、女官盗毁天尊像,僧、尼盗毁佛像者,加役流

如果道士、女官盗毁天尊像,僧、尼盗毁佛像,由于他们本身具有出家的身份,且盗毁的是本宗教所供奉的神像,比常人加重处罚至加役流。之所以重于一般人的处罚,是因为盗毁的对象是各自所尊奉的先圣的形象,“其着眼点非在盗毁,乃在其亵渎神圣”[1]。

(三)真人、菩萨,各减一等

如果是凡人盗毁真人、菩萨像,减一等的处罚则为徒二年半。如果是道士、女官盗毁真人像,僧、尼盗毁菩萨像,根据《名例·称加减》的相关规定,“惟二死、三流,各同为一减”,“或有犯流三千里,合例减一等,即处徒三年”,“其加役流应减者,亦同三流之法”[2],加役流减一等的处罚则为处以徒三年。

(四)盗而供养者,杖一百

如果盗窃天尊像、佛像、真人、菩萨像,目的不是贪利图财,只是出于供养的目的,那么不论盗窃的对象是以上哪一种,行为对象也不论是道士、女官、僧、尼,一律处以杖一百。

---

〔1〕《唐律疏议》卷一九《贼盗·盗毁天尊佛像》,载刘俊文笺解:《唐律疏议笺解》,中华书局1996年版,第1361页。

〔2〕《唐律疏议》卷六《名例·称加减》,载刘俊文笺解:《唐律疏议笺解》,中华书局1996年版,第521页。

(五)盗、毁不相须

盗和毁并不要求二者同时存在,或盗或毁,只需一种行为即可构成。

(六)其道士等盗毁佛像及菩萨,僧、尼盗毁天尊若真人,各依凡人之法

道士、女官盗毁佛像、菩萨像,僧、尼盗毁天尊像、真人像者,依照凡人盗毁天尊佛像之法论处,即道士、女官盗毁不属于本宗教的佛像的行为,处以徒三年,道士、女官盗毁菩萨像的,处以徒二年半;僧、尼盗毁天尊像的,处以徒三年,僧、尼盗毁真人像的,处以徒二年半。

二、道教戒律关于神像的规定

在国家法层面,从隋代便可以看到对保护道教神像的规定,隋代打击毁坏偷盗神像的行为,甚至比唐代更为严格,隋代将其列为十恶。《隋书》卷二《高祖纪》记载,隋文帝开皇二十年(公元600年)十二月诏曰:"敢有毁坏偷盗佛及天尊像、岳镇海渎神形者,以不道论。沙门坏佛像,道士坏天尊者,以恶逆论。"[1]相比隋代将打击毁坏偷盗神像的行为列为十恶,唐代的法律规定则较为轻缓。

刘俊文在解析中指出,汉晋以前的法律条文中并无类似盗毁神像的规定,类似的规定多是在南北朝以后,主要是因为汉晋以前佛道尚未风靡中华,在南北朝以后才常常出现事道、佞佛的君主。[2]

汉、晋以前律文并无类似盗毁神像的规定,确实是跟佛道的兴盛程度有关,单就道教而言,东汉时期的道教主要是在民间兴盛,并不被统治者尊崇,甚至是被打击的对象,自魏晋南北朝以后,道教内部逐渐自我革新,走向上层化的道路,逐渐被统治者接纳。而且,单从道教自身关于神像的观念而言,是有一个变化的过程的,早期道教推崇"大道无形"的观念,并不供奉神像,东汉时立有黄老、浮屠祠,

---

[1] 《隋书》卷二《高祖纪》,中华书局1973年版,第45-46页。

[2] 参见《唐律疏议》卷一九《贼盗·盗毁天尊佛像》,载刘俊文笺解:《唐律疏议笺解》,中华书局1996年版,第1361页。

并没有关于供奉神像的记载，直到南北朝以后受到佛教的影响，才开始在宫观中供奉神像。到了六朝至唐朝的时候，道教戒律根据现实需要而增加了有关造像的内容，戒律中已经有对造像的规定和要求。

根据陈国符在《道藏源流考》附录二《道教形象考原》的研究，“王淳《三教论》云：‘近世道士，取活无方，欲人归信，乃学佛教制作形象，假号天尊，及左右二真人，置之道堂，以凭衣食。宋修静亦为此形。’是（刘）宋代道教，已有形象。梁陶弘景所立道堂无像，是梁时道馆立像，尚未甚通行也”[1]。由此可见，南北朝时道士仿照佛教制作天尊、真人等神像，放置于道堂，南朝刘宋著名道士陆修静便是典型的例子。虽然南朝时期道堂已经有立像，但是很有可能没有流行开，比如南朝萧梁的著名道士陶弘景所立道堂则无神像。

《隋书·经籍志》中记载：“（北魏）太武始光之初，奉其书而献之。帝使谒者，奉玉帛牲牢，祀嵩岳，迎致其余弟子，于代都东南起坛宇，给道士百二十余人，显扬其法，宣布天下。太武亲备法驾而受符箓焉。自是道业大行，每帝即位，必受符箓，以为故事，刻天尊及诸仙之象而供养焉。”[2]由此可以看出，自北魏太武帝之后的帝王，即位必受符箓，并且供奉天尊及诸仙神像。

从存世的碑文来看，目前所知最早的道教造像出现在北魏时期，目前所见似以北魏孝昌三年（公元527年）庞双造像碑为最早。[3] 结合传世文献和存世的碑文，南北朝时期，北方地区至迟在北魏已经有了道教造像；在北方地区出现道教造像的同时，虽然并不能必然推出南方同一时间段也出现了道教造像，但是也不能完全排除南方地区出现的可能性。

道教造像之风盛行于北朝后期，反映在道经上，即南北朝末至隋唐之际的道书中出现了大量有关“造像”“经像”“（天尊）形像”的字眼，譬如成书于南北朝末或隋唐之际的《洞玄灵宝三洞奉道科戒营始》，涉及“造像”“经像”“天尊形像”等

---

[1] 陈国符：《道藏源流考》，中华书局1963年版，第268页。

[2] 《隋书》卷三五《经籍志》，中华书局1973年版，第1093－1094页。

[3] 《庞双造像碑》的碑文见张燕：《北朝佛道造像碑精选》，天津古籍出版社1996年版，第136页。另参见刘屹：《敬天与崇道——中古经教道教形成的思想史背景》，中华书局2005年版，第388－389页。

字眼有数十处，还专门立有《造像品》，对造像仪制、经像安置及其功德以及毁坏天尊形像、盗窃经像财物等皆有比较细致的规定。[1] 唐朝张万福的《传授三洞经戒法箓略说》、《三洞法服科戒文》和《传授三洞经戒法箓略说》，以及朱法满的《要修科仪戒律钞》，均有涉及关于造像的规范，且篇幅不小。如《要修科仪戒律钞》卷一三《杂科第一》记载，“若野地中得藏，还与国王；若藏中有券，铭记云是经像堂殿之物，得者为造经像堂殿，依其铭记，处分施造，不须白王。若不尔，犯十恶律”[2]“盗法物、什物，罪同五逆；盗造像物，罪同十恶”[3]“法物、什物，造像、造经，有所施用，轻重各别。本心为重，后作轻，犯五刑律；本作轻，今作重，不犯。像则有三：天尊为上，真人为中，众仙玄中，法师为下。本心舍施，造像为重，不得入轻。人轻，犯十恶，若以卑入尊，不犯”[4]。由此可见，道教戒律有关道士侵犯神像的行为，比世俗法定性更为严重，处罚也会更重。

伍成泉总结了大约在南北朝末期至隋唐之际问世的一些道经关于道教造像的规范，除了《洞玄灵宝三洞奉道科戒营始》，张万福的《传授三洞经戒法箓略说》《三洞法服科戒文》，还有其他一些大约在南北朝末至隋唐之际问世的道经如《太上大道玉清经》、《太上洞玄灵宝三元玉京玄都大献经》、《太上太玄女青三元品诫拔罪妙经》、《太极真人说二十四门戒经》、《玄门十事威仪》、《太上洞玄灵宝出家因缘经》以及《洞玄灵宝千真科》等，也都或多或少涉及了道教的造像问题。[5] 南北朝末至隋唐之际出现的这一大批道经，一方面正是反映了当时现实中道教造像之风的兴盛，另一方面对道教造像的规范化起到了指引作用。[6]

小　结

“盗毁天尊佛像”条是关于道士、女官以及一般人盗毁天尊像、佛像、真人、菩

---

〔1〕 参见伍成泉：《道教的道德教化研究》，知识产权出版社2013年版，第100页。
〔2〕 《要修科仪戒律钞》，载《道藏》第6册，第987页。
〔3〕 《要修科仪戒律钞》，载《道藏》第6册，第986页。
〔4〕 《要修科仪戒律钞》，载《道藏》第6册，第986页。
〔5〕 参见伍成泉：《道教的道德教化研究》，知识产权出版社2013年版，第100-103页。
〔6〕 参见伍成泉：《道教的道德教化研究》，知识产权出版社2013年版，第103页。

萨像的不同处罚情况，唐代此条规定的处罚较隋代为轻。造像是从南北朝时期开始流行起来的，故国家法律根据实际情况逐步增加了关于造像的规范和调整。仅从道教的角度而言，道教最初并无塑像，由于佛教的影响，或主动或被动的供奉神像，而道教戒律也是随着实际情况作出新的规定和调整。比起国法的规定，道教戒律中关于造像的各种规范更为细致，如对造像仪制、经像安置及其功德以及毁坏天尊形像、盗窃经像财物等方面，比世俗法作了更细致的规定。从宗教的角度而言，尊重、保护神像是因为神像是“道”的具象化，同为道的显现，除了神像之外，道教戒律中也有大量关于重视、保护经书的规定，但是这些关于经书保护的规范和理念却并没有为世俗法所吸收。

第六节　“监主于监守内奸”条与道教戒律

《唐律疏议》卷二六《杂律》“监主于监守内奸”条规定：

诸监临主守于所监守内奸者，谓犯良人。加奸罪一等。即居父母及夫丧若道士、女官奸者，各又加一等。妇女以凡奸论。

【疏】议曰：监临主守之人于所监守内奸良人，加凡奸一等，故注云“谓犯良人”。若奸无夫妇女徒二年，奸有夫妇女徒二年半。即居父母丧，男、女同；夫丧者，妻、妾同；若道士、女官，僧、尼同：奸者各又加监临奸一等，即加凡奸罪二等，故云“各又加一等”。假有监临主守若道士及僧并男子在父母丧奸者，妇女以凡奸论。即女居父母丧、妇人居夫丧及女官、尼奸者并加奸罪二等，男子亦以凡奸论。其有尊卑及贵贱者，各从本法加罪。[1]

〔1〕《唐律疏议》卷二六《杂律·监主于监守内奸》，载刘俊文笺解：《唐律疏议笺解》，中华书局1996年版，第1854页。

一、律文解析

该条涉及道士、女官的规定为:“若道士、女官奸者,各又加一等。妇女以凡奸论。”此条一共规定了三种不同于一般奸罪的类型,分别为监守内奸、居丧奸和僧道奸。对于这三种奸罪的处罚,均较一般奸罪更为重惩,其中,监守内奸比一般奸罪的处罚加一等,居丧奸和僧道奸比监守内奸再加一等,即居丧奸和僧道奸较一般奸罪的处罚加二等。《唐律疏议》卷二六《杂律》“奸”条规定:“诸奸者徒一年半,有夫者徒二年。”[1]那么,僧道奸加二等的处罚则为奸无夫妇女徒二年半,奸有夫妇女徒三年。

犯僧道奸罪的主体按照性别可以分为两类:一为男性,即道士、僧;二为女性,即女官、尼。按照刘俊文对此条的解析,僧道奸罪可以分为三种情况:第一种情况为其中一方为男性的僧或道,即僧人、道士与世俗妇女通奸或强奸世俗妇女;第二种情况为其中一方为女官或尼,即女官、女尼与世俗男子通奸;第三种情况为双方皆具有出家人的身份,即僧人、道士与女官、女尼通奸,或者僧人、道士强奸女官、女尼的行为。[2] 这些行为不仅违背国家法律,更是严重违反戒律,佛道的戒律中都有对戒淫的相关规定。

官方对僧道犯奸进行严厉打击,至明清时期针对僧道犯奸的行为,增加了“刁奸”的罪名。《唐律疏议》无刁奸罪名。《清代六部成语词典》刁奸条释义为:“刁奸犯罪行为。清刑律定,奸夫刁诱奸妇,引至别处通奸,谓之刁奸。例如僧道等用迷人术诱引妇女随其行至奸宿处行奸。犯刁奸者处杖一百。”[3]“刁奸”指的是用威胁或者欺诈的方式引诱妇女离家外出,于别所与之通奸,《清代六部成语词典》刁奸条的释义专门将僧道列举出来,可见刁奸的奸夫既有一般主体,又有具有僧道身份的主体。明代立法,将“刁奸罪”入律。《大明律》卷二五《刑律

---

〔1〕《唐律疏议》卷二六《杂律·奸》,载刘俊文笺解:《唐律疏议笺解》,中华书局1996年版,第1836页。

〔2〕《唐律疏议》卷二六《杂律·监主于监守内奸》,载刘俊文笺解:《唐律疏议笺解》,中华书局1996年版,第1855页。

〔3〕李鹏年、刘子扬、陈锵仪编著:《清代六部成语词典》,天津人民出版社1990年版,第362页。

八》“犯奸”条规定:“凡和奸,杖八十;有夫,杖九十。刁奸,杖一百。……其和奸、刁奸者,男女同罪。”[1]万历年间(公元1573—1620年)修订的《问刑条例》,在《礼律》中加入“亵渎神明条例”,其规定:“凡僧道军民人等,于各寺观神庙,刁奸妇女,因而引诱逃走,或诓骗财物者,俱发附近充军。”[2]《大清律例》基本上沿袭《大明律》的规定。

二、道教戒律关于戒淫的规定

三皈五戒是道士、女官必须遵守的基本性戒律,“三皈”,即“三皈依戒”,又叫“三戒”,即皈依道、经、师三宝;“五戒”,又名“积功归根五戒”,即不得杀生、不得偷盗、不得邪淫、不得妄语、不得饮酒。

约成书于南北朝的《太上老君戒经》就收录有五戒,其假托太上老君之口指出五戒,“老君曰:第一戒杀,第二戒盗,第三戒淫,第四戒妄语,第五戒酒,是为五戒”[3]。戒淫为第三戒,“老君曰:戒淫者,非夫妇,若出家人,不妻不娶,若男若女,皆不得犯。夫妻虽非犯戒,过亦为淫犯”[4]。

《老君说一百八十戒》关于戒淫有一系列的规定,如“不得多蓄仆妾”(第1戒)、“不得淫他妇女”(第2戒)、“不得穿人家壁、窥看人家内妇女”(第99戒)、“不得与淫泆之家更相往来”(第124戒)、“不得与寡妇亲爱”(第117戒)、“女人不得与男子同行”(第161戒)、“男不得与女冥室中共语”(第162戒)、“不得带女人入山,皆应别歧异室”(第139戒),等等。[5]

早期三张五斗米道有“黄赤”“合气”之术,受到佛教徒以及儒家的指斥和批评;道教的内部对此采取了一系列的改革和调整,如著名道士葛洪对男女合气之术也持否定态度,北魏寇谦之、南朝陆修静皆对此有相应的改革,使得改革后的道

---

〔1〕《大明律》卷二五《刑律八·犯奸》,载怀效锋点校:《大明律》,法律出版社1999年版,第197页。
〔2〕《问刑条例·礼律一·祭祀·亵渎神明条例》,载怀效锋点校:《大明律》附录,法律出版社1999年版,第388页。
〔3〕《太上老君戒经》,载《道藏》第18册,第202页。
〔4〕《太上老君戒经》,载《道藏》第18册,第203页。
〔5〕《太上老君经律》,载《道藏》第18册,第219-221页。

教进一步向上层发展,向官方的伦理要求靠拢。

大约成书于南北朝时期的早期天师道经典《正一法文天师教戒科经》中以天师张道陵的口吻,严厉斥责天师道当时的混乱现象,称:“祭酒主者,男女老壮,各尔愦愦,与俗无别,口是心非,人头虫心,房事不节,纵恣淫情。”[1]

寇谦之所撰的《老君音诵诫经》记载:“房中求生之本,经契故有百余法,不在断禁之列,若夫妻乐法,但勤进问清正之师;而行之,任意所好,传一法亦可足矣。”[2]寇谦之的改革并没有一刀切废除所有房中术,夫妻之间行房术并不违背礼法,这也是寇谦之的改革“专以礼度为首”的原则的体现。

通过南北朝时期南北方道教的自我改革,道教中遭到猛烈抨击违背世俗观念的仪式(如过度仪),逐渐从上层道教淡出,道教至隋唐时期则更符合和贴近官方的道德要求和伦常秩序。

这里还需要区分的是,在道教内部,道教戒律的淫罪的范围是大于世俗法律的奸罪,如《太上老君戒经》的规定,“夫妻虽非犯戒,过亦为淫犯”。

道教戒律中,尤其要遏制“淫心”,使“淫无起处”,《要修科仪戒律钞》卷一三《杂科》所引《洞玄灵宝千真科》记载,“科曰:若淫心起时,如逢猛虎想,如见毒蛇想,似见国王想,如为贼发逢主司想,如坐在宅,被火四发遭烧想,如乘船渡海、船漏欲没想。作此六心,淫无起处”[3]。

道教戒律要求“淫无起处”,但是如果与他人生命安全发生冲突,纵有淫心,也应当先拯救他人性命。《要修科仪戒律钞》卷一三《杂科》所引《洞玄灵宝千真科》记载,“科曰:若母、姑、姨、姊等,为病患及急难,要须扶捉者,无犯。若是他人儿女,没水随火,纵有淫心,亦须拯救,不得犯触也”[4]。

小　结

“监主于监守内奸”条主要是关于僧道犯奸罪的处罚,比普通人加二等处罚,

---

〔1〕《正一法文天师教戒科经》,载《道藏》第18册,第238页。

〔2〕《老君音诵诫经》,载《道藏》第18册,第216页。

〔3〕《要修科仪戒律钞》,载《道藏》第6册,第986页。

〔4〕《要修科仪戒律钞》,载《道藏》第6册,第986页。

可见官方对宗教人士犯奸罪的严厉打击。关于出家人犯奸,此后的历代也都进行严惩。道教从三张时期的“黄赤”“合气”之术,到南北朝清整改革道教,道教戒律中强调戒淫,及时地以严惩犯奸之类的法律为戒律制定依据。由于房中术等受到佛教和儒家的批评和攻讦,道教出于自身发展的考量,主动向官方所认可的伦理道德靠拢。不过道教戒律中戒淫所指的范围,远大于法律的规定,本来关于道德方面的要求,教规就应当高于和严于世俗法的规定,这也是教规应有的题中之义。道教戒律强调道教徒应当控制淫心,但是在淫心与生命价值发生冲突的时候,纵有淫心,也须先救人。

第七节　“立春后秋分前不决死刑”条与道教戒律

《唐律疏议》卷三〇《断狱律》“立春后秋分前不决死刑”条规定:

诸立春以后、秋分以前决死刑者,徒一年。其所犯虽不待时,若于断屠月及禁杀日而决者,各杖六十;待时而违者,加二等。

【疏】议曰:依《狱官令》:“从立春至秋分,不得奏决死刑。”违者徒一年。若犯“恶逆”以上及奴婢、部曲杀主者,不拘此令。其大祭祀及致斋、朔望、上下弦、二十四气、雨未晴、夜未明、断屠月日及假日,并不得奏决死刑。其所犯虽不待时,“若于断屠月”,谓正月、五月、九月。“及禁杀日”,谓每月十直日,月一日、八日、十四日、十五日、十八日、二十三日、二十四日、二十八日、二十九日、三十日。虽不待时,于此月日亦不得决死刑,违而决者各杖六十。“待时而违者”,谓秋分以前、立春以后,正月、五月、九月及十直日,不得行刑,故违时日者,加二等合杖八十。其正月、五月、九月、有闰者,令文但云正月、五月、九月断屠,即有闰者各同正月,亦不得奏决死刑。[1]

---

〔1〕《唐律疏议》卷三〇《断狱律·立春后秋分前不决死刑》,载刘俊文笺解:《唐律疏议笺解》,中华书局1996年版,第2101页。

一、律文解析

(一)诸立春以后、秋分以前决死刑者,徒一年

每年的立春到秋分的这段时间,原则上是不可以执行死刑的,立春到秋分是一般死刑的禁忌时间。但是在立春到秋分这段时间之内,可以执行一些特殊的死刑犯,如犯恶逆以上的死罪,以及部曲、奴婢杀主人被判死罪。除了以上列举的情形可以在立春到秋分的这段时间执行死刑,其余普通的死罪不得在这段时间执行,否则会被处以徒一年的处罚。[1]

对于一般的死刑而言,就只有在秋分以后、立春以前执行,对应的就是秋冬时节行刑。我国古代秋冬行刑的理念由来已久,阳为德,阴为刑,刑主杀,德主生,春夏是万物生长的季节,应该助生养长,不宜有杀戮,而秋冬正是肃杀凋零的季节,行刑正应放在秋冬季节,即赏以春夏,刑以秋冬。[2] 根据《礼记·月令》所载:"仲春之月……安萌芽,养幼少,存诸孤。择元日,命民社。命有司省囹圄,去桎梏,毋肆掠,止狱讼。"[3]类似的内容也见于《吕氏春秋》,都是司法时令说的体现。《唐律疏议·断狱》的此条规定"诸立春以后、秋分以前决死刑者,徒一年",即是这一理念的重要体现。到后世明清律中也有类似司法行为须符合时令的规定,再如明清时期的热审和秋审,均为在特定的季节下进行的会审。[4]

秋冬行刑的思想在古代影响颇为深远,从统治者到各级官吏都奉为圭臬,一是表明顺应上天,二是发展农业生产的需要,因为春夏时节为播种、耕耘的季节。不过在理论和实践上,秋冬行刑也曾遭到了反对,但仍然不影响司法时令说在封建社会的主流地位。

在实践中对秋冬行刑进行反对,并且敢于公然违背的最有名的例子当属隋文帝。有一次隋文帝非常生气,打算在夏天命人执行死刑,当时的大理寺少卿赵绰

[1] 《唐律疏议》卷三〇《断狱律·立春后秋分前不决死刑》,载刘俊文笺解:《唐律疏议笺解》,中华书局1996年版,第2104页。
[2] 参见郑好:《我国传统法律对生态文明的探索及其现代启示》,载《行政管理改革》2020年第4期。
[3] 《礼记·月令》,载王文锦译解:《礼记译解》,中华书局2016年版,第186－187页。
[4] 参见郑好:《我国传统法律对生态文明的探索及其现代启示》,载《行政管理改革》2020年第4期。

坚决反对,称:“季夏之月,天地成长庶类,不可以此诛杀。”当时的隋文帝正在气头上,回答道:“六月虽曰生长,此时必有雷霆;我则天而行,有何不可!”遂杀之。[1] 隋文帝公然违反司法时令的传统,当时受到了大理寺少卿赵绰的反对,后世更是将其作为不遵守秋冬行刑的反面教材。

司法时令作为一种迷信的表现,唐代柳宗元清醒地认识到司法时令存在的弊端,从理论上对此种学说进行批判。一是赏以春夏、刑以秋冬,不利于及时赏善罚恶,使得为善者怠、为不善者懈。[2] 二是死刑犯从春季开始便在狱中佩戴刑具等死,暑夏季节更是受苦遭罪,有伤大和,反而违背仁爱的初衷。[3] 三是从唯物论的角度出发,霜雪雷霆不过是自然界的物质现象,并不表示赏善罚恶之意,所以根本没有必要效仿。[4] 不过,柳宗元虽然从理论上对秋冬行刑进行了批判,但是收效甚微,不影响秋冬行刑的观念是整个封建社会的主流思潮。

(二)其所犯虽不待时,若于断屠月及禁杀日而决者,各杖六十;待时而违者,加二等

立春到秋分是一般死刑的禁忌时间,除此之外,还有特殊死刑的禁忌时间。

---

[1] 《资治通鉴》卷一七八《开皇十七年》。

[2] “夫圣人之为赏罚者非他,所以惩劝者也。赏务速而后有劝,罚务速而后有惩。必曰赏以春夏而刑以秋冬,而谓之至理者,伪也。使秋冬为善者,必俟春夏而后赏,则为善者必怠;春夏为不善者,必俟秋冬而后罚,则为不善者必懈。为善者怠,为不善者懈,是驱天下之人而入于罪也。驱天下之人入于罪,又缓而慢之,以滋其懈怠,此刑之所以不措也。必使为善者不越月逾时而得其赏,则人勇而劝焉;为不善者不越月逾时而得其罚,则人惧而有惩焉。为善者日以有劝,为不善者日以有惩,是驱天下之人而从善远罪也。驱天下之人而从善远罪,是刑之所以措而化之所以成也。”参见《柳河东全集·断刑》,朱玉麒等译,北京燕山出版社1996年版,第68页。

[3] “使犯死者自春而穷其辞,欲死不可得,贯三木,加连锁,而致之狱。更大暑者数月,痒不得搔,痹不得摇,痛不得摩,饥不得时而食,渴不得时而饮,目不得瞑,支不得舒,怨号之声,闻于里人,如是而大和之不伤,天时之不逆,是亦必无而已矣。彼其所宜得者,死而已也,又若是焉何哉?”参见《柳河东全集·断刑》,朱玉麒等译,北京燕山出版社1996年版,第69页。

[4] “或者乃以霜雪者,天之经也;雷霆者,天之权也。非常之罪,不时可以杀,人之权也;当刑者必顺时而杀,人之经也。是不然,夫雷霆雪霜者,特一气耳,非有心于物者也,圣人有心于物者也。春夏之有雷霆也,或发而震,破巨石,裂大木,木石岂为非常之罪也哉?秋冬之有霜雪也,举草木而残之,草木岂有非常罪也哉?彼岂有惩于物也哉?彼无所惩,则效之者惑也。”参见《柳河东全集·断刑》,朱玉麒等译,北京燕山出版社1996年版,第69页。

犯恶逆以上的死罪，以及部曲、奴婢杀主人被判死罪的，这一类特殊死刑的禁忌时间，根据疏议的解释为“大祭祀及致斋、朔望、上下弦、二十四气、雨未晴、夜未明、断屠月日及假日”[1]。在特殊死刑的禁忌时间内，如果处决犯恶逆以上的死罪，以及部曲、奴婢杀主人被判死罪的“决不待时”的死罪，杖六十；处决一般“决须待时”的死罪，杖八十。“待时而违者”指的是在立春以后至秋分以前的这一时间段，以及农历正月、农历五月、农历九月和十直日，以上的任何一个时间段，都不允许执行一般死刑，如果违背了这一时日的禁忌而执行一般死刑，则应当处以杖八十的刑罚。

“正月、五月、九月是为断屠月。”[2]断屠是指禁止屠杀牲畜。官方会由于各种原因，下令禁止屠杀牲畜。如北魏永平二年（公元509年）五月，“辛丑，帝以旱故，减膳撤悬，禁断屠杀”，此处是旱灾的缘故断屠。又如北齐武成帝时期，“河清元年，春正月，诏断屠杀以顺春令”，此处是顺应春天万物生长的缘故断屠。又如，隋文帝杨坚在仁寿三年（公元603年）下诏，“六月十三日系朕生日，宜令海内为武元皇帝、元明皇后断屠”，此处是因为皇帝生日断屠。以上情况官方下令断屠时仅仅是禁止屠杀牲畜，并没有和执行死刑有所关联。断屠时禁止执行死刑，是从唐朝开始的，武德年间（公元618—626年）便有相关规定，“武德二年正月二十四日诏，自今已后，每年正月九日及每月十斋日，并不得行刑，所在公私，宜断屠钓”。

断屠月主要来源于佛教，佛教以农历正月、五月、九月为长斋月。“每月十直日（每月农历初一、初八、十四、十五、十八、二十三、二十四、二十八、二十九、三十）为禁杀日。”[3]十直日究竟最早来自佛教，还是道教，尚有争议，佛教和道教皆有十直日的说法。不过笔者认为，法律受到影响的来源是多元化的，唐代法律

[1]《唐律疏议》卷三〇《断狱律·立春后秋分前不决死刑》，载刘俊文笺解：《唐律疏议笺解》，中华书局1996年版，第2101页。

[2]《唐律疏议》卷三〇《断狱律·立春后秋分前不决死刑》，载刘俊文笺解：《唐律疏议笺解》，中华书局1996年版，第2102页。

[3]《唐律疏议》卷三〇《断狱律·立春后秋分前不决死刑》，载刘俊文笺解：《唐律疏议笺解》，中华书局1996年版，第2102页。

拟定的时候应该是综合考虑多种因素,有时候确实很难一刀切地掰开,某个法条制定的时候只考虑某一个因素,这种情况是不多见的。鉴于本书重点在道教方面,主要论述道教戒律方面的影响,本书对于佛教虽着墨不多,但是佛教对于传统法律仍然发挥了作用和影响。

二、道教戒律关于时日禁忌的规定及其对法律的影响

"立春后秋分前不决死刑"条跟道教戒律相关的理念主要有两点:一是道教戒律规定不得杀生;二是道教戒律中关于时日的禁忌,在一些特殊禁忌的时间尤其要严格遵守戒律不得杀生。

(一)道教戒律关于重生戒杀的规定与法律的互动

道教推崇仙道贵生,关注现世,重生、乐生、悦生思想浓厚,这在戒律方面主要表现在对一切生命的关怀,既有对人(包括男女)的关怀,又有对动植物的怜悯之情。

道教关于生命是如何被创造出来的,采用了两个论证路径。[1] 第一,从形而上的角度指出,人的生命来自本源性的道,道是万物之母,先天地而生。[2] 第二,从形而下的角度指出,人的生命是由父精母血和合孕育生长而成的。具体的生命虽然是在母体内孕育、生长,但是鲜活的生命得以形成的关键在于需受来自虚无中的"九天之元炁""先天真一之祖气"[3]。

人的生命由父精母血和合孕育,更是禀受天地神灵之气,从孕育到诞生的整

---

[1] 论证路径参见程群:《道教生死观研究》,宗教文化出版社2014年版,第72-88页。

[2] "有物混成,先天地生,寂兮寥兮,独立不改,周行而不殆,可以为天地母。吾不知其名,字之曰道。"参见《道德经》第二十五章,载陈鼓应:《老子注译及评介》(修订增补本),中华书局2009年版。

[3] "人之生也,皆受九天之炁以为胞胎魂魄,至于五脏六腑、七窍八景、三万六千神,莫不由其融结而后得生。"以上参见《灵宝五经提纲》,载《道藏》第9册,第858页。"人当父母未生身以前,男女阴阳二气交感之时,杳冥之中有一点生机自虚无中来,所谓先天真一祖气者是也。此气入于精血之内,陶镕精血,混而为一,无形而即生形,无质而即生质,内而五脏六腑,外而五官百骸,变之化之,皆自然而成全,虽怀胎之妇亦莫知其所以然也。"以上参见《象言破疑》,载《藏外道书》第8册,第176页。

个过程既是庄严的，又是神圣的。[1] 因此，恶死乐生、重生保胎、贵生养生等理念理所应当地成了道教教义的题中之义。

与贵生、重生、悦生、乐生相对应的则是恶死，畏死是人类共同的原始的心理情结，道教的核心观念则是悟道成仙，追求长生。按照道教内部的说法来看，正是因为道创造了一切，人和仙均来自本源性的道，这种同源性使得人可以通过一定的修炼方式和途径成仙不死。道教追求长生经历了从肉体不死到精神不灭的一个过程。从肉体不死到精神不灭，体现了道教并非消极出世，而是对现实社会有着浓浓的关注和深切的感悟，吸收了儒家的伦理思想，如忠孝仁义等，并与神仙思想相结合，形成了具有强烈伦理特征的道教生死观。道教的生死观对于崇道的唐代统治者，也是产生过一定的影响的。

唐初刑法的执行方面较为宽松，现实中执行死刑的人数并不多。贞观四年（公元630年），天下断死罪仅29人。太宗贞观十六年（公元642年），“诏在京及诸州死罪囚徒，配西州为户”[2]。这是因为贞观十四年（公元640年），唐太宗在西域设置西州都护府，以死囚及其家属实边。唐高宗执政之初，曾经询问大理寺卿唐临关押在大理寺的囚犯数量，唐临回答“见囚五十余人，惟二人合死”[3]。由此可见，唐初每年被判死刑的本就不多，而且被判死刑的囚犯也不一定全部都被执行死刑，比如迁徙边疆实边，实际上是取消了部分死刑的执行。鉴于唐初在位的几任统治者死刑实际执行数量较少，玄宗时曾试图废除死刑。唐玄宗执政期间，大理寺狱也出现过囚犯数量很少的情况，开元二十五年（公元737年），“天下死罪惟有五十八人”[4]，玄宗为此颁诏：“敕以为庶狱既简，且无死刑，自今以后，有犯死刑，除十恶死罪，造伪头首，劫杀、故杀、谋杀外，宜令中书门下与法官等详所犯轻重，具状闻奏。”[5]由此可见，除了上述所列“十恶死罪，造伪头首，劫杀、故杀、谋杀”一些特别严重和恶性犯罪以外，一般的刑事犯罪很少采用死刑。到

---

〔1〕 参见程群：《道教生死观研究》，宗教文化出版社2014年版，第72－88页。

〔2〕 《旧唐书》卷三《太宗纪下》，中华书局1975年版，第54页。

〔3〕 《旧唐书》卷五〇《刑法志》，中华书局1975年版，第2140页。

〔4〕 《旧唐书》卷五〇《刑法志》，中华书局1975年版，第2150页。

〔5〕 李林甫等撰，陈仲夫点校：《唐六典》，中华书局2014年版，第188页。

天宝六年(公元747年),唐玄宗正式下诏废除死刑。天宝六年(公元747年)唐玄宗颁诏曰:"朕承大道之训,务好生之德,于今约法,已去极刑。议罪执文,犹存旧目,既措而不用,亦恶闻其名。自今以后,所断绞、斩刑者,宜除削此条,仍令法官约近例详定处分。今断极刑云决重杖以代极刑法,始于此也。"[1]

唐玄宗是历史上著名的崇道皇帝,玄宗时期曾经短暂地废除死刑,在我国古代刑法史上是罕见的,唐玄宗重道好生的理念与道教戒律反复强调尊重生命的主张是一致的。唐玄宗废除死刑之举在后人看来,褒贬不一,也曾受到过批判,宋代司马光在所著的《资治通鉴》中对于唐玄宗这次废除死刑有如下评价,"除削绞、斩。上慕好生之名,故令应绞、斩者皆重杖流岭南,其实有司率杖杀之"[2]。司马光认为,表面上废除绞、斩死刑,将本应判处绞、斩者改为重杖,结果往往被重杖致死。虽然没有名义上的绞、斩死刑,但是现实中却被活活打死。

《唐六典·刑部》注曰:"古者,决大辟罪,皆于市。自今上临御以来,无其刑,但存其文耳。"[3]"这可以说是中国历史上第一次废除死刑的尝试。"[4]唐玄宗废除死刑,不仅在中国历史上属于第一次,而且从世界范围来看也是首次。在1764年出版的《论犯罪与刑罚》一书中,贝卡利亚首次提出了废除死刑的学说,而唐玄宗废除死刑的尝试始于天宝六年,即公元747年,与1764年意大利贝卡利亚提出废除死刑学说相比,早了一千多年。并且1764年的西方出现的是关于废除死刑的理论,而我国早在公元747年已经将这一理论付诸实践。这也从一个侧面说明了,我国古代刑法不是只有落后和残酷的一面,也曾有着领先世界的观念和实践。

唐宪宗时又曾试图废除死刑,《新唐书·刑法志》批评说:"盖刑者,政之辅也。政得其道,仁义兴行,而礼让成俗,然犹不敢废刑,所以为民防也,宽之而已。今不隆其本,顾风俗谓何而废常刑,是弛民之禁,启其奸,由积水而决其防。故自玄宗废徒杖刑,至是又废死刑,民未知德,而徒以为幸也。"[5]

---

[1] 《册府元龟》卷六一二《刑法部·定律令》,凤凰出版社2006年版,第7070页。
[2] 《资治通鉴》卷二一五《天宝六年》,中华书局1989年版,第1900页。
[3] 李林甫等撰,陈仲夫点校:《唐六典》,中华书局2014年版,第189页。
[4] 王宏治:《中国刑法史讲义》(先秦至清代),商务印书馆2019年版,第473页。
[5] 《新唐书》卷五六《刑法志》,中华书局1975年版,第1417页。

值得一提的是,唐初刑法执行宽松以及唐朝废除死刑并非只是受道教戒律重生戒杀的影响,应当说,至少儒释道三家都对此产生过影响。其中虽然不乏统治者标榜仁德的沽名钓誉,但是更是反映了民众渴望狱制宽简的心声,体现了民众悦生恶死的心态。

道教一直提倡重生、贵生、爱生、乐生的理念,除了对人的生命的重视,还有对其他生物的关怀,如"不得探巢破卵,伤胎堕子,非理枉横,截断生路"〔1〕,"不得杀害含生,以充滋味,当行慈惠,以及昆虫"〔2〕,等等。道教戒律关于重生戒杀的规定与世俗法虽然有相似之处,但是细究目的和原因却有很大的不同,比如禁止杀牛、禁止吃牛。

"屠牛",这在古代社会是非常重大的一件事。大中二年(公元 848 年)二月制:"爰念农耕,是资牛力,绝其屠宰,须峻科条,天下诸州屠牛,访闻近日,都不遵守。自今以后,切宜禁断,委所在州府长官,并录事参军等,严加捉搦。如有牛主自杀牛,并盗窃杀者,宜准乾元元年二月五日敕,先决六十,然后准法科罪。"〔3〕基于古代社会小农经济的特征,牛关系到农耕,在农业生产中发挥着极其重要的作用,所以古代一直将私宰耕牛的行为视为犯罪,严加惩罚,如《唐律疏议》"故杀官私马牛条"规定,"诸故杀官私马牛者,徒一年半"〔4〕。"牛为耕稼之本",所以官方对私宰耕牛的行为进行严厉打击,这已经不仅仅是为了标榜统治者的仁德,更是出于以农为本的生产生活发展和稳定社会的考量。

不过,如果是出于祭祀,需要杀牛,此时保护耕牛的理念一般则会为更高的价值观念所取代,在古代祭祀向来被视为头等大事,关系到社稷的稳定以及统治的长治久安。大中五年(公元 851 年)正月敕:"畿甸及天下州,应屠宰牛犊,宜起大中五年正月一日后,三年内不得屠宰,仍切加禁断。如郊庙飨祀,合用牛

〔1〕《太极真人说二十四门戒经》,载《道藏》第 3 册,第 413 页。
〔2〕《虚皇天尊初真十戒文》,载《道藏》第 3 册,第 403 页。
〔3〕《唐会要》卷四一《断屠钓》,中华书局 1960 年版,第 733、734 页。
〔4〕《唐律疏议》卷一五《厩库律·故杀官私马牛》,载刘俊文笺解:《唐律疏议笺解》,中华书局 1996 年版,第 1107 页。

犊者,即以诸畜代之。其年五月敕:寿昌节,天下不得屠杀。”[1]在唐宣宗的这道敕令中,即使是郊庙飨祀,也可以用其他牲畜进行替代,可谓对牛犊的极大保护了。

道教戒律中有不得食牛的规定,“且食肉违禁者,如牛之有功,犬之有义,雁之有序,鲤鳝朝斗,此等之肉,又安忍食之?能推此心,戒而不食,则可以调和气性,感格真灵,专务清虚而道业日新,玄功时着矣。凡所学者,宜自慎焉”[2]。道教戒律禁止食牛,一方面是因为爱护生命,另一方面则是出于宗教情感,出于对老子的尊重。《虚皇天尊初真十戒文》给出的不食牛的原因是牛有功,传说中老子骑青牛出函谷关而不知所踪,按照道教内部的说法,牛是老子的坐骑,是有大功的,故道教中人不能食牛。虽然世俗法和道教戒律同样是规定禁止杀牛、禁止吃牛,但是官方的目的和道教戒律的出发点则有很大的不同。

(二)道教戒律关于特殊时日戒杀的规定与法律的互动

在前面律文释义中有提到,立春到秋分是一般死刑的禁忌时间,“大祭祀及致斋、朔望、上下弦、二十四气、雨未晴、夜未明、断屠月日及假日”是特殊死刑的禁忌时间。而官方对一些特殊的时日需要禁止杀生这一规定也不时地发布诏令进行强调。唐高祖武德二年(公元619年)正月《禁正月五月九月屠宰诏》曰:“释典微妙,净业始于慈悲;道教冲虚,至德去其残杀。四时之禁,无伐麛卵,三驱之化,不取前禽。盖欲敦崇仁惠,蕃衍庶物,立政经邦,咸率兹道。朕祗膺灵命,抚遂群生,言念亭育,无忘鉴寐。殷帝去网,庶踵前修;齐王舍牛,实符本志。自今以后,每年正月、五月、九月,凡关屠宰杀戮,网捕田猎,并宜禁止。”[3]

天宝七年(公元748年)五月十三日唐玄宗敕文:“自今以后,天下每月十斋日,不得辄有宰杀。”[4]至德二年(公元757年)十二月二十九日唐肃宗敕:“三长

---

〔1〕《唐会要》卷四一《断屠钓》,中华书局1960年版,第734页。

〔2〕《虚皇天尊初真十戒文》,载《道藏》第3册,第405页。

〔3〕《唐大诏令集》卷一一三《政事·道释》,中华书局2008年版,第586页。

〔4〕《唐会要》卷四一《断屠钓》,中华书局1960年版,第733页。

斋月,并十斋日,并宜断屠钓,永为常式。”[1]乾元元年(公元758年)四月二十二日唐肃宗敕:“每月十斋日,及忌日,并不得采捕屠宰,仍永为式。”[2]建中元年(公元780年)五月唐德宗敕:“自今以后,每年五月,宜令天下州县,禁断采捕弋猎,仍令所在断屠宰,永为常式。并委州府长吏,严加捌捉,其应合供陵庙,并依常式。”[3]开成二年(公元837年)八月唐文宗敕:“庆成节,宜令内外司及天下州府,但以素食,不用屠杀,永为常式。”[4]

从官方的表述中,可以看出,官方认为“斋月断屠”来自佛教。“会昌四年四月,中书、门下奏,正月、五月、九月断屠,伏以斋月断屠,出于释氏。缘国初风俗,犹近梁、陈,卿相大臣,颇遵此教。又弛禁不一,只断屠羊,宰杀驴牛,其数不少,鼓刀者坐获厚利,纠察者皆受贿财,比来人情,共知此弊。臣等商量,正月一岁之首,万物生育之初,请起元日断三日,每遇列圣忌日,断一日。国家崇元祖之道,竭严奉之诚,既以广阐其风,即须参用其教。仍望准开元二十二年十月二十日敕,正月、七月、十月三元日,各断屠三日,余望并停,缘断屠日数既少,法令所宜画一,望委御史台别条流闻奏。从之。”[5]不过从以上表述也可以看出断屠在实际中产生的一些弊端,“弛禁不一,只断屠羊,宰杀驴牛,其数不少,鼓刀者坐获厚利,纠察者皆受贿财,比来人情,共知此弊”[6]。

道教一直有很强的时日禁忌的观念,如道教的十直斋、三元日等节日也影响了世俗法。

《要修科仪戒律钞》卷八《斋日钞》引《明真科》曰:“月一日、八日、十四日、十五日、十八日、二十三日、二十四日、二十八日、二十九日、三十日,名为十直斋。”[7]十直斋又称十直日,唐律将十直日列为司法与行刑的禁忌时间,在此时间

---

[1] 《唐会要》卷四一《断屠钓》,中华书局1960年版,第733页。
[2] 《唐会要》卷四一《断屠钓》,中华书局1960年版,第733页。
[3] 《唐会要》卷四一《断屠钓》,中华书局1960年版,第733页。
[4] 《唐会要》卷四一《断屠钓》,中华书局1960年版,第733页。
[5] 《唐会要》卷四一《断屠钓》,中华书局1960年版,第733页。
[6] 《唐会要》卷四一《断屠钓》,中华书局1960年版,第733页。
[7] 《要修科仪戒律钞》,载《道藏》第6册,第955页。

里不得执行死刑。[1] 除《唐律疏议》的相关规定以外，唐代还以其他的法律形式如诏、敕等强调遵守十直日的禁忌，如高祖武德二年（公元 619 年）正月诏“自今以后，每年正月九日及每月十斋日，并不得行刑。所在公私，宜断屠钓”[2]，唐玄宗天宝七年（公元 748 年）五月敕“自今以后，天下每月十斋日不得辄有宰杀”[3]，肃宗乾元元年（公元 758 年）四月敕“每月十斋日及忌日，并不得采捕屠宰。仍永为式”[4]。

《宋刑统》关于十直日的律文和疏文跟《唐律疏议》的表述几乎是一样的。“诸立春以后、秋分以前决死刑者，徒一年。其所犯虽不待时，若于断屠月及禁杀日而决者，各杖六十。待时而违者，加二等。”[5]“【疏议曰】依《狱官令》：‘从立春至秋分，不得奏决死刑。’违者，徒一年。若犯‘恶逆’以上及奴婢、部曲杀主者，不拘此令。其大祭祀及致斋、朔望、上下弦、二十四气、雨未晴、夜未明、断屠月日及假日，并不得奏决死刑。其所犯虽不待时，若于断屠月，谓正月、五月、九月，及禁杀日，谓每月十直日，月一日、八日、十四日、十五日、十八日、二十三日、二十四日、二十八日、二十九日、三十日，虽不待时，于此月日，亦不得决死刑。违而决者，各杖六十。待时而违者，谓秋分以前、立春以后，正月、五月、九月及十直日，不得行刑，故违时日者，加二等，合杖八十。其正月、五月、九月有闰者，令文但云正月、五月、九月断屠，即有闰者各同正月，亦不得奏决死刑。”[6]

以上引文只是由于现代人对《宋刑统》和《唐律疏议》二者的句读理解稍有不同，但是十直日以及其他特殊时段禁刑的理念是一致的。比起《唐律疏议》“立春后秋分前不决死刑”此条的时间禁忌，《宋刑统》中还增加了更多的时间禁忌。“【准】晋天福七年十一月二十九日敕节文：两京、诸道、州、应府决大辟罪，起今

---

[1] 也有不同观点，认为不是道教的十直斋日影响了唐律，而是道教借鉴了佛教的时日禁忌，故应认为是佛教对唐律的影响。

[2] 《唐会要》卷四一《断屠钓》，中华书局 1960 年版，第 733 页。

[3] 《唐会要》卷四一《断屠钓》，中华书局 1960 年版，第 733 页。

[4] 《唐会要》卷四一《断屠钓》，中华书局 1960 年版，第 733 页。

[5] 《宋刑统》卷三〇《断狱律·决死罪》，载薛梅卿点校：《宋刑统》，法律出版社 1999 年版，第 559 页。

[6] 《宋刑统》卷三〇《断狱律·决死罪》，载薛梅卿点校：《宋刑统》，法律出版社 1999 年版，第 559－560 页。

后,遇大祭祀、正东、寒食、立春、雨雪未晴,以上日并不得行极刑。如有已断下文案,可取次日及雨雪定后施行。”[1]

明、清两代的禁刑日期有所减少,但十直日作为行刑的禁忌这一观念保留了下来。《大明律》卷二八“死囚覆奏待报”条规定:“若立春以后、秋分以前决死刑者,杖八十。其犯十恶之罪应死,及强盗者,虽决不待时,若于禁刑日而决者,笞四十。”[2]《明律集解附例》解释“禁刑日”云:“禁刑日期:每月初一、初八、十四、十五、十八、二十三、二十四、二十八、二十九、三十日也。此出《唐律》。”《明会典》卷一七七“刑部十九”的“决囚”条中,仍将十直日列为禁刑日期。[3] 与唐律不同的是,明律对于违反禁刑日期规定、在十直日处死“决不待时”罪犯的官员,处罚变轻,从杖六十减为笞四十;“决不待时”罪的范围有所扩大,由唐律的恶逆以上犯罪和奴婢、部曲杀主,扩大到所有十恶犯罪及强盗罪。

《大清律例·刑律》“死囚覆奏待报”条规定:“凡死罪囚,不待覆奏回报而辄处决者,杖八十;若已覆奏回报应决者,听三日乃行刑;若限未满而刑,及过(三日之)限,不行刑者,各杖六十。其犯十恶之罪应死,及强盗者,虽决不待时,若于禁刑日而决者,笞四十。”[4]清朝对于在禁刑日进行处决的官员,继承了明代的规定,仍然处以笞四十。

三元日也是道教的重要节日,即正月十五、七月十五和十月十五,也是天官、地官、水官三官考校功过、察人善恶的日子。《要修科仪戒律钞》卷八《斋月钞》引《三元品戒》云:“正月,天官检校之月;七月,地官检校之月;十月,水官检校之月。此三月,并可长斋。”[5]《要修科仪戒律钞》卷八《斋日钞》引《玄都大献经》曰:“正月十五日,天官校戒,上元斋日;七月十五日,地官校戒,中元斋日;十月十五日,水官校戒,下元斋日。此三日能斋,三官勒名善簿。”[6]

---

[1] 《宋刑统》卷三〇《断狱律·决死罪》,载薛梅卿点校:《宋刑统》,法律出版社1999年版,第560页。

[2] 怀效锋点校:《大明律》,法律出版社1999年版,第223页。

[3] 参见申时行等修:《明会典》(万历朝重修本),中华书局1989年版,第903-904页。

[4] 田涛、郑秦点校:《大清律例》,法律出版社1999年版,第600页。

[5] 《要修科仪戒律钞》,载《道藏》第6册,第954页。

[6] 《要修科仪戒律钞》,载《道藏》第6册,第954-955页。

唐开元二十二年(公元734年)十月,玄宗发布《禁三元日屠宰敕》:"道家三元,诚有科诫,朕尝精意,祷亦久矣,而初未蒙福,念不在兹。今月十四日、十五日是下元斋日,都城内应省屠宰。宜令河南尹李适之勾当,总与赎取。其百司诸厨日有肉料,亦责数奏来。并百姓间是日并停宰杀渔猎等,兼断肉食。自今以后,两都及天下诸州,每年正月、七月、十月三元日,起十三日至十五日,兼宜禁断。"[1]

宋代在三元日也有停止死刑案件审理的记录,据《宋史》记载,"淳化二年,守信上言:'正月一日为一岁之首。每月八日,天帝下巡人世,察善恶。太岁日为岁星之精,人君之象。三元日,上元天官,中元地官,下元水官,各主录人之善恶。又春戊寅、夏甲午、秋戊申、冬甲子为天赦日,及上庆诞日,皆不可以断极刑事。……皆不可以断极刑。'下有司议行"[2]。

小　结

"立春后秋分前不决死刑"条主要是唐代关于死刑执行的时间限制。立春到秋分是普通死刑的禁忌时间;犯恶逆以上的死罪,以及部曲、奴婢杀主人被判死罪的,这属于特殊死刑种类,可以不受立春到秋分这段时间的限制。即使是特殊死刑,在大祭祀等禁忌时间段,也是不允许执行死刑的,以上时间段是特殊死刑的禁忌时间。道教出于重视生命的原因,在戒律中禁止杀生。道教对于时日相当重视,戒律中形成了关于时日的各种禁忌,在一些特殊禁忌的时间尤其要严格守戒勿杀生,如十直斋日、三元日、八节斋等。世俗法规定在一些特定的日子不能行刑,尤其是执行死刑,这样的规定并非只是受到某一方面的影响,既是对古代法律秋冬不行刑的继承和延续,又是对儒释道三家思想和文化的重要吸收。道教戒律以及道家思想,只是传统文化对法律产生影响的其中一部分。

〔1〕《唐大诏令集》卷一一三《政事·道释》,中华书局2008年版,第589页。

〔2〕《宋史》卷四六一《列传·苗守信》,中华书局1985年版,第13499页。

第八节　戒律用语与律

道教戒律在用语和名称的使用上多仿照世俗法律形式,如律、令、科、品、格、式等。汉魏晋南北朝时期的法律形式以律、令、科、比较为常见,此时期的道教戒律多以律、令、科命名。隋唐以后,律、令、科、比逐渐被律、令、格、式取代,而道教戒律也逐渐兴起了功过格一类的戒律形式。

《三洞修道仪》是五代末北宋初的刘若拙所撰,宋代人孙夷中编撰整理,收入《正统道藏》正一部。据《三洞修道仪》的记载,到唐代"三洞科格自正一至大洞凡七等,有一百二十箓,二千四百科,一千二百律,一千二百诫"[1]。《道藏阙经目录》收录有明代《道藏尊经历代纲目》,其中提道:"道门戒品一千五百二十七戒,随法所受,检制修行;道门科品三十六卷,科令检制所受及传道品格;道门律品四十卷,制御鬼神、条录罪福。"[2]明清以后出现则例的法律形式,而在《藏外道书》第29册中收录有《钦定太常寺则例》,明显系在模仿世间法律形式。道教戒律的名称大多也与世间法律形式时间上保持一致性或稍有滞后,隋唐以后,道教戒律以科命名的道经则比之魏晋时期有所减少。

律是由国家制定的并由国家强制力保证实施的具有普遍约束力的一种稳定的法律形式。《尔雅·释诂》将律解释为"常也,法也"。这说明在古代,律与法经常作为同一个含义使用,在与法同义的情况下,律是国家通常使用的一种行为规范。按照《说文解字》对律的解释,"律,均布也"。段玉裁注:"律者,所以范天下之不一而归于一,故曰均布也。"按照《说文解字》对律的解释和段玉裁的注,律是规范各种不同事物的标准。晋朝的杜预对律的解释为:"律以正罪名,令以存事制。"也就是说,律是用来定罪量刑的。一般认为,商鞅挟《法经》入秦,改法为律,

---

〔1〕《三洞修道仪》,载《道藏》第32册,第166页。

〔2〕《道藏阙经目录》,载《道藏》第34册,第516页。

一直到秦汉，乃至曹魏时期，律的这种法律形式一直被大量使用。[1]

律作为法律形式在不同朝代的使用，又有其细微的差别。战国秦汉的律，主要是为了配合中央集权而制定的一种稳定的国家大经大法，此时的律既包括了刑事法律，又包括了需要各级官僚无条件地执行以保证行政体系运作的行政方面的法律规范。[2] 大约战国时，律开始大量运用于规范各种行政事务与制度，律纯粹针对刑事方面是从三国以后才开始的。[3] 魏晋以后，律没有了正律、傍章之分，律就是刑律，地位突出。隋朝的法律形式以律、令、格、式为主，唐朝加以沿袭，唐中后期"敕"开始发达起来，律的作用逐渐削弱，明清时"律"的发展已经让位给"例"的发展。[4]

以上是世俗法律中律的大致发展情况，道教戒律中也涉及大量的律文。道教的"律"最初是与"鬼"紧密相关的，道教中的律与墓门解除术有关。最初的律是对鬼神的约束，如汉代墓门解除方术的"如律令"，以及五斗米道的"女青诏书""女青诏书律令"等，最初的律主要是约束鬼神，针对鬼神而言，是"鬼律"，与针对现世中道教徒的"道律"有所不同。[5]

道教最早的成文式"鬼律"极有可能就是《女青鬼律》，这部经书已大致反映出"鬼律"向"道律"发展的态势。所谓"鬼律"，主要是记录鬼的名字，《女青鬼律》内容主要讲的是如何制鬼，也就是反复强调"知名劾鬼术"，即通过记住鬼的名字而制服鬼，并没有太多专门针对道教徒的行为规范。[6] 专门针对道教徒行为规范的道律是从鬼律衍变而来的，早期五斗米道的道官祭酒把箓授予道民佩戴，此时的箓是招劾鬼神、遣使天官将吏的凭证，箓上记载了可以遣使的天官将吏的名称和级别，以及可以遣使的天官将吏的兵数，同时，箓上也记载了关于佩戴箓的一些禁忌性规定，随着鬼律的发展，有关鬼律的禁忌和规范越来越多，久而久

〔1〕 以上内容参见张晋藩总主编、乔伟主编：《中国法制通史》（第3卷·魏晋南北朝），法律出版社1999年版，第27页。

〔2〕 参见张建国：《帝制时代的中国法》，法律出版社1999年版，第9－10页。

〔3〕 参见张建国：《帝制时代的中国法》，法律出版社1999年版，第9页。

〔4〕 参见张建国：《帝制时代的中国法》，法律出版社1999年版，第15页。

〔5〕 参见伍成泉：《汉末魏晋南北朝道教戒律规范研究》，巴蜀书社2006年版，第262页。

〔6〕 参见伍成泉：《汉末魏晋南北朝道教戒律规范研究》，巴蜀书社2006年版，第269页。

之,这些禁忌开始用于人,所以改称"道律禁忌"[1]。在后来的发展中,"鬼律"慢慢地变成了"道律",如东晋葛洪《抱朴子内篇》之《遐览篇》中就有《道士夺算律》三卷;到晋末和南北朝时期,"律"成了道教戒律规范的重要范畴之一,并与其他戒律规范结合起来。[2]

至宋代时出现了《上清骨髓灵文鬼律》,明显仿照了世俗法。《上清骨髓灵文鬼律》序言称:"祖仙洞天以谓,天人虽异,理则一致,仿以国家法律,参校深得轻重之意,而定其刑罚之例。"[3]由序言可以看出,《上清骨髓灵文鬼律》仿照国家法律而拟定自身的"刑罚之例"。《上清骨髓灵文鬼律》保留了天心派鬼律的一个版本,它在元妙宗的《秘要》中为一卷,鬼律管辖的不只是法师打压的鬼祟、恶鬼、精怪,也包括法师本人以及帮助他的鬼神。[4]鲍菊隐指出法师在救治疯人鬼魂附体时,既是法官,又是狱吏和行刑者,作为自由的鬼神律令执行者,法师引用的刑法条文和唐律及更早的律令术语正好对应。[5]《上清骨髓灵文鬼律》中处罚的等级与大部分术语都来自唐宋刑法,这些内容与大量类似条文都由法官执行,如果他疏忽大意,就会降临到自己身上。[6]《上清骨髓灵文鬼律》还模仿了世俗的封建五刑体系,设立了除笞刑以外的杖刑、徒刑、流刑和死刑。[7]

从以上内容也可以看出,道教戒律借用"律"作为使用名称时,律文的效力位阶并无突出地位。道教的鬼律最初针对鬼神,并非将其置于与神灵缔结契约的神圣、崇高地位,从其知名劾鬼术的内容来看,是道士可以役使鬼神的一些方法,现世中信仰的功用性,反映到律文中,鬼神不是高高在上不可侵犯的,而是符合一定

[1] 参见伍成泉:《汉末魏晋南北朝道教戒律规范研究》,巴蜀书社 2006 年版,第 269-270 页。

[2] 参见伍成泉:《汉末魏晋南北朝道教戒律规范研究》,巴蜀书社 2006 年版,第 273 页。

[3] 《上清骨髓灵文鬼律》,载《道藏》第 6 册,第 909 页。

[4] 参见[美]韩明士:《道与庶道:宋代以来的道教、民间信仰和神灵模式》,皮庆生译,江苏人民出版社 2007 年版,第 37-39 页。

[5] 参见[美]韩明士:《道与庶道:宋代以来的道教、民间信仰和神灵模式》,皮庆生译,江苏人民出版社 2007 年版,第 37-39 页。

[6] 参见[美]韩明士:《道与庶道:宋代以来的道教、民间信仰和神灵模式》,皮庆生译,江苏人民出版社 2007 年版,第 39 页。

[7] 参见刘绍云:《宗教律法与社会秩序——以道教戒律为例的研究》,巴蜀书社 2009 年版,第 190 页。

法则就可以驱使鬼神。这样的内容也很难使律文在效力位阶上居于较高的地位。且随着由约束鬼神转而调整现实中道教徒的行为规范时,戒律中律文的效力当然也不会超过纯粹鬼律时的状态。

第三章　道教戒律与唐令

《唐律疏议》保存得较为完整，而目前所能见到的唐代的令并不完整，唐令主要可参考的有《唐令拾遗》《唐令拾遗补》《天一阁藏明钞本天圣令校证（附唐令复原研究）》，《唐六典》《唐会要》中保留的有关唐令的内容，等等。

根据郑显文的研究，目前所见唐令中关于道教、佛教的法律规定共有 5 条：《唐令拾遗》保留有 2 条，《唐六典》保留有 2 条，《唐会要》保留有 1 条。相关的条文分别如下：

《唐令拾遗·田令第二十二》"道士女官僧尼给田"条规定："诸道士受《老子经》以上，道士给田三十亩，女官二十亩，僧尼受具戒准此。"

《唐令拾遗·杂令二十七》"道士、女道士簿籍"条规定："诸道士女道士、僧尼之簿籍，亦三年一造（其籍一本送祠部，一本送鸿胪，一本留州县）。"

《唐六典》卷四"祠部郎中"条："凡天下观总一千六百八十七所。每观观主一人，上座一人，监斋一人，共纲统众事。而道士修行有三号：其一曰法师，其二曰威仪师，其三曰律师。其德高思精谓之练师。"[1]"凡天下寺总五千三百五十八所。每寺上座一人，寺主一人，都维那一人，共纲统众事。而僧持行者有三品：其一曰

---

〔1〕 李林甫等撰、陈仲夫点校：《唐六典》，中华书局 2014 年版，第 125 页。

禅,二曰法,三曰律。大抵皆以清静慈悲为宗。”[1]

《唐六典》卷四“祠部郎中”条云:“凡道士、女道士、僧、尼衣服皆以木兰、青碧、皂荆黄、缁坏之色。”此条应为唐《衣服令》中的条款。

《唐会要》卷五〇“杂记”:“(天宝五载)四月八日佛生日,准令:休假一日。”此为唐《假宁令》中的内容。[2]

除以上5条之外,《天圣令·狱官令》中另有一条涉及佛道的规定,狱官令第11条(此条在复原后的唐狱官令为第64条“僧道科法”条[3]):“诸道士、女冠、僧尼犯罪,徒以上及奸、盗、诈脱法服,依律科断,余犯依僧道法。”[4]

另外,池建华的硕士学位论文也有指出,唐令中关于道教因素的条文,较为详细。[5]

根据以上材料,并参照已有研究成果,由于本书关注的重点在于国法和教规的关系,侧重于法条与道教戒律的互动关系,故本书所列唐令中与道教戒律相关的共计5条。分别是:《唐令拾遗·田令第二十二》“道士女官僧尼给田”条、《唐令拾遗·杂令二十七》“道士、女道士簿籍”条、《唐六典》卷四“祠部郎中”条之“天下观总数”条、《天圣令·狱官令》“僧道科法”条、《唐令拾遗补·杂令第三十三》“僧、道士有所启请”条。

另外,对唐令中涉及道教戒律方面的内容但是本章没有介绍的条款予以说明:

《唐六典》卷四“祠部郎中”条之“道士、女道士、僧、尼衣服”,“凡道士、女道士、僧、尼衣服皆以木兰、青碧、皂荆黄、缁坏之色”。郑显文推测此条应为唐《衣服令》中的条款,《唐令拾遗》和《唐令拾遗补》中复原的《衣服令》中没有此令文的内容。再加上《唐律疏议》“除免比徒”条和本文唐格“听著木兰”条都有涉及

---

〔1〕 李林甫等撰、陈仲夫点校:《唐六典》,中华书局2014年版,第125页。

〔2〕 以上内容均参见郑显文:《唐代〈道僧格〉研究》,载《历史研究》2004年第4期。

〔3〕 参见天一阁博物馆、中国社会科学院历史研究所天圣令整理课题组校证:《天一阁藏明钞本天圣令校证(附唐令复原研究)》,中华书局2006年版,第607页。

〔4〕 天一阁博物馆、中国社会科学院历史研究所天圣令整理课题组校证:《天一阁藏明钞本天圣令校证(附唐令复原研究)》,中华书局2006年版,第420页。

〔5〕 参见池建华:《道法互动:唐代道教与法律的关系研究》,上海师范大学2015年硕士学位论文。

僧道服饰的内容,故本章不涉及。

《唐会要》卷五〇“杂记”:“(天宝五载)四月八日佛生日,准令:休假一日。”郑显文认为此为唐《假宁令》中的内容。

《唐令拾遗·狱官令第三十》“从立春至秋分不得奏决死刑”:

> 九甲【贞观】从立春至秋分,不得奏决死刑,其大祭祀及致斋、朔望、上下弦、二十四气、雨未晴、夜未明、断屠日月及假日,并不得奏决死刑。[1]
>
> 九乙【开元七年】【开元二十五年】诸决大辟罪,官爵五品以上,在京者,大理正监决;在外者,上佐监决,余并判官监决。从立春至秋分,不得奏决死刑。若犯恶逆以上及奴婢、部曲杀主者,不拘此令。其大祭祀及致斋、朔望、上下弦、二十四气、雨未晴、夜未明、断屠月日及假日,并不得奏决死刑。在京决死囚,皆令御史、金吾监决。若囚有冤枉灼然者,停决奏闻。[2]

《唐令拾遗·杂令第三十三》“断屠”:

> 七【开元七年】【开元二十五年】诸每年正月、五月、九月,断屠。[3]

《唐令拾遗补·杂令第三十三》七乙

> 【唐代】(追加)“诸每年正月、五月、九月及月十斋日,公私断屠、钓。”[4]

以上《唐会要》卷五〇“杂记”的内容,以及《唐令拾遗》和《唐令拾遗补》中有关时日禁忌、特殊时节停审、不得执行死刑、断屠等规定,由于前面《唐律疏议》“立春后秋分前不决死刑”条与道教戒律中有提及,本章则不再涉及。

---

〔1〕 [日]仁井田陞:《唐令拾遗》,栗劲、霍存福等编译,长春出版社1989年版,第697页。

〔2〕 [日]仁井田陞:《唐令拾遗》,栗劲、霍存福等编译,长春出版社1989年版,第698页。

〔3〕 [日]仁井田陞:《唐令拾遗》,栗劲、霍存福等编译,长春出版社1989年版,第782页。

〔4〕 [日]池田温编集代表、仁井田陞:《唐令拾遗补:附唐日两令对照一览》,东京大学出版会1997年版,第851页。

《唐令拾遗补·田令第二十二》:

补二【开元二十五年】诸官人百姓,不得将奴婢田宅、舍施典卖与寺观,违者价钱没官,田宅奴婢还主。[1]

由于后文唐格中会涉及“不得私畜财物”条,此处也不提及。

以下以唐令的条文为主要依据,并结合道教戒律的相关规定,对涉及道教的法条进行解析。

第一节 “道士女官僧尼给田”条与道教戒律

《大宋僧史略》卷中把“道士女官僧尼给田”条作为唐代《祠部格》的条文,《白氏六帖事类集》卷二六将“道士女官僧尼给田”条作为唐令的条款,《唐令拾遗》也将“道士女官僧尼给田”条纳入令的范畴,直到《天圣令》中明确出现此条,“道士女官僧尼给田”条属于唐令当无争议。不过,不同地方的表述略有不同。

《唐六典》卷三“户部尚书”条记载:“凡田分为二等:一曰永业,一曰口分。丁之田二为永业,八为口分。凡道士给田三十亩,女冠二十亩,僧、尼亦如之。”[2]

《唐令拾遗·田令第二十二》“道士女官僧尼给田”条的表述为:“诸道士受《老子经》以上,道士给田三十亩,女官二十亩,僧尼受具戒准此。”[3]

《唐令拾遗补·田令第二十二》对此条进行了增补、追加,“二四乙【贞观】(追加)道士通《三皇经》者,给地三十亩”[4]。

宁波天一阁《天圣令》所附唐开元二十五年(公元737年)田令第28条:“诸道士、女冠受老子《道德经》以上,道士给田三十亩,女冠二十亩。僧尼受具戒者,

---

〔1〕[日]池田温编集代表、仁井田陞:《唐令拾遗补:附唐日两令对照一览》,东京大学出版会1997年版,第755页。

〔2〕李林甫等撰、陈仲夫点校:《唐六典》,中华书局2014年版,第74页。

〔3〕[日]仁井田陞:《唐令拾遗》,栗劲、霍存福等编译,长春出版社1989年版,第568页。

〔4〕[日]池田温编集代表、仁井田陞:《唐令拾遗补:附唐日两令对照一览》,东京大学出版会1997年版,第752页。

各准此。身死及还俗,依法收授。若当观、寺有无地之人,先听自受。”[1]此条在复原后的唐开元令为第 31 条。

已经有学者注意到以上不同材料表述的差异之处,《唐六典》和开元田令关于僧尼授田的表述,二者的不同仅仅在于僧尼授田时是否有受戒的要求。[2]《唐六典》中关于道士、女官授田的规定并没有提到受戒的要求,《唐令拾遗》中关于受戒的等级,要求所授经书为《道德经》,《唐令拾遗补》中关于受戒的等级,要求所授经书为《三皇经》,宁波天一阁《天圣令》所附唐开元二十五年(公元 737 年)的田令中所授经书为《道德经》,并且提到了道士或女官身死及还俗以后所受田的处理方式。

其实,关于僧道授田的资格是否需要受戒,乃至受戒的等级为何,关系到僧道何时可以获得受田,更关系到官方的田赋税收,所以,僧道授田的资格是非常重要的。《天圣令》的相关规定最为详细,同样要求受戒,如果对受戒等级要求不一样,佛教和道教之间能够授田的门槛也是不一样的,这就意味着僧道能够获得的田亩数不一样。即使是在同一宗教内部,不同的性别,男性和女性所获得的数量也不一样。当已经获得授田的僧道丧失出家人身份,或者死亡时,田产如何处理,这些都是值得关注的。

在唐开元二十五年(公元 737 年)的田令中规定,道士、女官仅受老子《道德经》则可以授田,在贞观年间(公元 627—649 年)道士、女冠授田的资格是高于受老子《道德经》的要求的,这与贞观年间《三皇经》焚毁的事件有关。

一、《三皇经》焚毁经过

唐贞观二十年(公元 646 年),唐太宗下令除毁《三皇经》,这可以算是唐朝第一个禁书案。关于此事的原委,《佛祖历代通载》(卷六)、《法苑珠林》卷六九《破邪篇》“舍邪归正”第六、《集古今佛道论衡》卷丙,皆有记载。

---

〔1〕 天一阁博物馆、中国社会科学院历史研究所天圣令整理课题组校证:《天一阁藏明钞本天圣令校证(附唐令复原研究)》,中华书局 2006 年版,第 387 页。

〔2〕 参见张海峰:《唐代法律与佛教》,上海人民出版社 2014 年版,第 279 页。

按照《法苑珠林》卷六九《破邪篇》“舍邪归正”第六的记载[1]，以及唐代释道宣撰《集古今佛道论衡》卷丙“太宗敕道士，三皇经不足开化，令焚除事九”谈到贞观时禁毁《三皇经》之事的记载[2]，二者记述的时间略有差异，一为贞观二十年(公元646年)，一为贞观二十一年(公元647年)，可确定的是均为贞观后期。综合二者的记述来看，事件的起因是吉州的囚犯家属探监，官员依规检查家属携带的物品，从中发现了家属携带的《三皇经》和《五岳真形图》等，由于《三皇经》语涉妖妄，内有“当皇帝当皇后”的言辞，吉州官员不敢等闲视之，上报中央，于是下令调查此事。《三皇经》不是唐朝才出现的道经，而是东晋时期的鲍靓所作，虽为古人所作，但语涉妖妄。经过一番调查、官员议奏之后，《三皇经》被下令除毁。

按照当时的规定，僧、道依循内律受戒后可得荫田，道士达到一定的级别才能被授予相应位阶的经戒法箓，只有被授予《三皇经》的道士才有资格被授田。《三皇经》被废止以后，道士不具备授田的资格，则无法获得授田。当时有官员上奏

---

〔1〕 至唐贞观二十年(公元646年)，有吉州囚人刘绍略妻王氏，有《五岳真仙图》及道士鲍静所造《三皇经》，合一十四纸。上云：“凡诸侯有此文者，必为国王。大夫有此文者，为人父母。庶人有此文者，钱财自聚。妇人有此文者，必为皇后。”时吉州司法参军吉辩因检囚席，乃于王氏衣笼中得之。时追绍略等勘问云：“向道士所得之。”受持州官，将为图谶。因封此图及经，驰驿申省奉闻。敕令省官勘。当时朝议郎刑部郎中纪怀业等，乃追京下清观道士张惠元、西华观道士成武英等勘。同并款称云：此先道士鲍静等所妄为墨书。非今元等所造。敕遣除毁。又得田令官奏云：如佛教依内律，僧尼受戒得荫田各三十亩。今道士女道士皆依《三皇经》，其上清下清替僧尼戒处，亦合荫田人各三十亩。此经既伪，废除。道士女道士既无戒法，即不合受田。请同经废。京城道士等当时惧怕，畏废荫田，私凭奏官，请将老子《道德经》替处。其年五月十五日，敕侍郎崔仁师敕旨云：“《三皇经》文字既不可传，又语妖妄，宜并除之。即以老子《道德经》替处。有诸道观及以百姓人间有此文者，并勒送省除毁。”其年冬，诸州考使入京朝集，括得此文者，总取礼部尚书厅前，并从火谢也。以上内容参见《法苑珠林》卷六十九《破邪篇》“舍邪归正”第六，(唐)释道世撰，周叔迦、苏晋仁校注：《法苑珠林校注》，中华书局2003年版，第1675－1676页。

〔2〕 贞观二十一年(公元647年)十月，有吉州上表云：“有事天尊者，行三皇斋法。依检其经，乃云：欲为天子欲为皇后者，可读此经。据此，言及国家。检《田令》云：道士通《三皇经》者，给地三十亩。检《公式令》：诸有令式不便者奏闻。此《三皇经》文言有异，具录以闻。”有敕，令百官议定。依追道士张惠元，问有此言不。惠元答云：“此处《三皇经》并无此言，不知远州何因由此。然‘为’之一字，声有平去。若平声读之，诚如所奏。若去声读之，此乃为国，于理无妨。”“臣等以为，惠元所说，不乖劝善。然此经中天文大字符图等，不入篆籀，请除，余者请留。”吏部杨纂等议云：“依识《三皇经》，今与老子《道德经》义类不同，并不可留，以祸于后。”敕旨：“其《三皇经》并收取焚之，其道士通《道德经》者给地三十亩，仍著令。”于时，省司下诸州收《三皇经》，并聚于尚书礼部厅前，于尚书试以火爇，一时灰烬。以上内容参见(唐)道宣撰、刘林魁校注：《集古今佛道论衡校注》，中华书局2018年版，第230－231页。

请求,既然道士没有相应的经戒,则不符合受田的条件,请求干脆直接废止道士授田的优待。有无授田,这对于道士乃至宫观而言,影响重大,无疑是巨大的经济利益的变动,当时的道士们担心授田被取消,想方设法地斡旋,希望能够以《道德经》代替被除毁的《三皇经》。经过调停,道士享有授田的特权并没有被废止,最终以老子《道德经》代替《三皇经》作为戒法。

授《道德经》,比起授《三皇经》而言,在道教内部的门槛低了不少,也就是说,道士更容易获得授田了。道士授田的标准降低了,然而《三皇经》除毁的实际效果似乎也并不显著。唐代道士张万福《传授三洞经戒法箓略说》中就有关于《三皇经》的记载,张万福是唐代著名的道士,其主要活动年代为唐玄宗在位期间(公元712—756年),此时距离唐太宗贞观二十年(公元646年)或者二十一年(公元647年),大约过去了几十年。贞观年间(公元627—649年)禁毁《三皇经》,而过去了约几十年的时间之后,在张万福所撰写的戒律类道书中似乎已然公开书写《三皇经》的有关内容。张万福在《传授三洞经戒法箓略说》中专门列有"三皇法目"和"三皇内文",张万福对三皇文作了不少文字的解说,并叙述了受三皇箓的好处,可见贞观年间(公元627—649年)的禁毁令,到唐玄宗时并没有得到很好的执行。除了张万福在道书上有关于《三皇经》的记载,另外,从现实中的受箓情况也可看出贞观年间(公元627—649年)对《三皇经》的禁毁令到玄宗时期并没有很好地被遵守。

从出土的田僓墓志中,也可以窥见玄宗时期,官方层面对于禁毁《三皇经》的执行效果。田僓是唐玄宗时期的道士,参与了唐玄宗时期崇道运动的许多重要事件,他甚至还是杨贵妃受箓的度师,而且杨贵妃所受的三皇宝箓更改变了我们对唐代《三皇经》命运的认识。在《田僓墓》中最为引人瞩目的,当属他与杨贵妃的师徒关系,天宝六年(公元747年)的《唐景龙观威仪检校修功德使田尊师墓志铭》记载,"又命为贵妃授三皇宝录师,妃实勤敬,道高故也"。《田僓墓》所载他为杨贵妃授"三皇宝录"的事实,更表明在盛唐时期,三皇箓依然是法位阶梯中不可或缺的一环,它们未因为贞观禁毁而消失在历史长河之中。[1]《三皇经》从唐代

〔1〕参见雷闻:《贵妃之师:新出〈景龙观威仪田僓墓志〉所见盛唐道教》,载《中华文史论丛》2019年第1期;也可参见牛敬飞:《从近出高道田僓墓志看唐玄宗的崇道活动》,载《文献》2019年第2期。

到元代都有流传，但一直到元代仍在被禁被焚，可见，贞观年间（公元627—649年）的禁毁令并没得到有效执行。

二、经戒法箓略说

箓是道士的入门凭证，也是修行位阶的凭证，是具有记载天官功曹、召役神吏、施行法术的文牒，体现了人与神之间的契约关系。

箓是道教的秘文，最开始指的是簿书。箓主要具有两种不同的功能：一为道士名册，主要记录道士个人的基本信息，如名号、师承关系等，表明从此名登道箓，开始拥有学道和修行法术的资格；二为天神名册，主要记载天神的名称、职司等，表明能够召唤的神灵的名称和职能。[1]

不同的修行位阶，授予不同的法箓，而每一位阶的法箓都对应相应的经文与戒律。一般而言，不同等级所受戒律、经书和法箓各有不同，只有不断勤加修炼，日积月累，达到一定的位阶和等级，才有可能受到更高级别的戒法。所受的戒越高，应该遵守的戒律也越多。

《隋书·经籍志》对于授箓有相关记载："其受道之法，初受《五千文箓》，次受《三洞箓》，次受《洞玄箓》，次受《上清箓》。箓皆素书，纪诸天曹宫属佐吏之名有多少，又有诸符，错在其间，文章诡怪，世所不识。受者必先洁斋，然后赍金环一，并诸贽币，以见于师。师受其贽，以箓授之，仍剖金环，各持其半，云以为约。弟子得箓，缄而佩之。"[2]

《隋书·经籍志》此篇材料是初唐所撰，吕鹏志等学者认为其所反映的应当是南北朝后期到隋代的道教情况。[3] 此处的"三洞箓"应该是"三皇箓"之误，自陆修静整合三洞经书以来，三洞包括洞真上清、洞玄灵宝、洞神三皇，不可能在得受洞玄、上清二者法箓前便被授予三洞箓，如果已经被授予三洞箓，则没有必要再受洞玄、上清箓。[4] 如果按照《隋书·经籍志》关于授箓的记载，将"三洞箓"更

---

〔1〕 参见詹石窗：《道教文化十五讲》（第2版），北京大学出版社2012年版，第232－233页。

〔2〕 《隋书》卷三五《经籍志》，中华书局1973年版，第1092页。

〔3〕 参见吕鹏志：《唐前道教仪式史纲》，中华书局2008年版，第272页。

〔4〕 参见白照杰：《整合及制度化：唐前期道教研究》，格致出版社2018年版，第250页。

正为“三皇箓”之后,南北朝后期到隋代所受经戒法箓的顺序为:《五千文箓》—《三皇箓》—《洞玄箓》—《上清箓》。

唐代道士张万福《传授三洞经戒法箓略说》中关于经戒法箓传授顺序的记载为:“凡人初入法门,先受诸戒,以防患止罪。次配符箓,制断妖精,保中神炁。次受《五千文》,诠明道德,生化源起。次受《三皇》,渐登下乘,缘粗入妙。次受灵宝,进升中乘,转神入慧。次受洞真,炼景归无,还源反一,证于常道。”[1]

张万福为唐玄宗时期的道士,按照张万福《传授三洞经戒法箓略说》的记载,唐朝尤其是唐玄宗时期所受经戒法箓的顺序为:《五千文箓》—《三皇箓》—《灵宝箓》—《洞真箓》。

虽然自南北朝至唐代道士传法诵经的等级次序,不同时间段或不同道派略有差异,但明确无疑的是,《三皇经》是在《道德经》之上所授的经文,授田资格由《三皇经》改为《道德经》,明显道士获得授田的标准降低,道士更容易获得授田了。道士传授经戒法箓的位阶在道教内部的戒律类经书中多有体现和规定,一般而言,道士的修行持戒也应照此循序渐进,国家法令不可能具体规定道士修行的位阶,但是事关授田依据时,却需要明确表明道士所应达到的某一阶段的法位,而且对于官方而言需要注意佛道之间的平衡问题。目前能看到的材料是道教方面授田的资格从通《三皇经》降到通《道德经》,而佛教方面授田的资格没有相应进行调整。

三、道士、女官身死及还俗的处理

“身死及还俗,依法收授。若当观、寺有无地之人,先听自受。”遇到道士、女官身死或者还俗的情形,如果在同一寺观中,仍有道士、女官并未得到授田,那么,则允许寺观内部先行授予未授田的道士、女官,当然,此处待授田的道士、女官必须具备相应的资质,即拥有度牒以及被授予《三皇经》以上经文。如果在同一寺观中,不存在符合条件的道士、女官并未得到授田,那么,身死或者还俗的道士、女官所留下的田地则被收回。此规定体现了僧道受田其实是将土地授给寺观,而非

---

〔1〕《传授三洞经戒法箓略说》,载《道藏》第32册,第193页。

给予个人。[1] 这点实际上与僧道籍隶属于寺观的制度相联系，在宫观生活中，道士的教团类似于大型的“户”，与这一身份相对应，土地的使用和授予都当以宫观为对象，但在授予数量上则以道士数目为单位计算。与一般民户相比，寺观人员可以相对自由地填补，而百姓之家的人丁只能依靠自然繁衍，在道观中“人亡田还”的现象较少发生，观内换人继承应该是主流。[2]

综上所述，《三皇经》在贞观年间（公元627—649年）被下令废除，由于不同等级的道士所受戒律、经书和法箓各有不同，道士、女官的受田门槛反而变低了，而《三皇经》依然流传。道士、女官身死及还俗以后，宫观内部继承土地的情况居多，土地主要还是在宫观内部流转。

第二节 “道士、女道士簿籍”条与道教戒律

《唐令拾遗·杂令二十七》“道士、女道士簿籍”条据《唐六典》复原为：“诸道士女道士、僧尼之簿籍，亦三年一造（其籍一本送祠部，一本送鸿胪，一本留州县）。”

《天圣令·杂令》宋令第40条规定：“诸道士、女冠、僧尼，州县三年一造籍，具言出家年月、夏腊、学业，随处印署。案留州县，帐申尚书祠部。其身死及数有增减者，每年录名及增减因由，状申祠部，具入帐。”[3] 此条在复原后的唐杂令为第64条“造道士僧尼籍”条：“诸道士、女冠、僧尼，州县三年一造籍，具言出家年月、夏腊及德业，依式印之。其籍一本送祠部，一本送鸿胪，一本留于州县。”[4]

此处的唐令依据宋令进行复原，复原后的唐令比《唐令拾遗》的复原更为详

---

[1] 周奇：《唐代宗教管理研究》，复旦大学2005年博士学位论文。
[2] 白照杰：《整合及制度化：唐前期道教研究》，格致出版社2018年版，第86页。
[3] 天一阁博物馆、中国社会科学院历史研究所天圣令整理课题组校证：《天一阁藏明钞本天圣令校证（附唐令复原研究）》，中华书局2006年版，第746页。
[4] 天一阁博物馆、中国社会科学院历史研究所天圣令整理课题组校证：《天一阁藏明钞本天圣令校证（附唐令复原研究）》，中华书局2006年版，第746页。

细，但是宋令的内容也有可能与唐令不同。

将道士、女冠、僧尼专门造籍进行管理，即僧、道籍制度，指的是在原有的民籍、军籍、乐籍等户籍之外，专门针对僧道人员以寺或观为户籍单位进行管理，对道士、女冠、僧、尼进行簿册统计的登记管理制度。[1] 唐朝时期的僧、道籍制度相对比较完善，已经是官方管理宗教的一种制度。

但是在早期道教，汉魏时期的道籍制度主要是道教内部的一种自我管理的手段和措施。早在东汉末年，太平道就有“簿书录籍”的相关规定，“求索神仙，簿书录籍，姓名有焉”，“过重使退，地记所受，姓名如牒，不得留止，处有空缺，下人补矣”。五斗米道也有“编户著籍”的相关规定，“奉道者皆编户著籍，各有所属。今以正月七日、七月七日、十月五日，一年三会，民各投集本治，师当改治录籍，落死上生，隐实口数，正定名簿，三宣五令，令民知法”[2]。从太平道和五斗米道的相关规定来看，早期道教内部已有道籍的登记管理，且只是自我管理自我约束，没有官方行为的介入。

随着道教自身的发展，道教为统治者所忌惮，所以在南北朝时期的道教改革中，针对早期道教“编户著籍”行使官方管理职能的行为，比如陆修静提出了相应的改革措施，“道科宅录，此是民之副籍，男女口数，悉应注上；守宅之官，以之为正。人口动止，皆当营卫，三时迁言，事有常典。若口数增减，皆应改籍”[3]。陆修静的改革措施中，试图调和道教内部的道籍和官方的户籍，他将“道科宅录”称为副籍，官方的户籍称为正籍，副籍和正籍并行，协调了道教教制（内部自我管理的道籍制度）与政权法制（外部官方认可的道籍制度）的关系。[4]

按照陆修静的构想，副籍和正籍并行，随着官方对道籍制度的重视，至唐代，官方的道籍制度逐步完善，道教内部自我管理的副籍如果没有被官方认可，则不具有相应效力。于道教的内部自我管理而言，道士、女冠受戒后要订立包括姓名、出生、籍贯、受戒时间、地点、法师姓名、宫观名称在内的“受戒盟文”以及要受戒

---

[1] 参见潘明权编著：《历代宗教管理法令初探》，宗教文化出版社 2017 年版，第 64 页。
[2] 《陆先生道门科略》，载《道藏》第 24 册，第 780 页。
[3] 《陆先生道门科略》，载《道藏》第 24 册，第 780 页。
[4] 参见任宗权：《道教度牒制度的兴起与演变》，载《中国道教》2008 年第 1 期。

者“修行供养,永为身宝”等。[1] 只有得到官方认可的名登道籍,换言之,只有在官方簿籍登记在册的,才算具有法律意义的道士、女冠。

唐朝户口分为九等,统一编造户籍:“天下户为九等,三年一造户籍,凡三本,一留县,一送州,一送户部。”[2]对于佛、道教的僧籍、道籍,也同步进行,三年编制一次户籍,根据《唐六典》的规定,“诸道士、女冠、僧尼之籍簿,亦三年一造。其籍一本送祠部,一本送鸿胪,一本留州、县”[3]。在《新唐书》中也有类似记载,“每三岁州、县为籍,一以留县,一以留州;僧、尼,一以上祠部,道士、女官,一以上宗正,一以上司封”[4]。

唐代的户籍信息三年进行一次编造登记,共编造三本,两本放在地方的州和县,一本放在中央。由于道士、女冠、僧尼隶属的管理机构不同于凡人,所以户籍在中央放置的机构有所不同。对于一般的民户,呈送户部;而道士、女冠、僧尼的户籍则呈送各自隶属的机构。由于唐代道士、女冠、僧尼隶属的管理机构有过变化,所以不同时期他们的户籍呈送的机构不一样。唐朝初年,僧、尼、道士、女冠,都隶属鸿胪寺;武则天延载元年(公元 694 年),僧、尼隶属祠部;开元二十四年(公元 736 年),道士、女冠隶属宗正寺;天宝二年(公元 743 年),道士隶属司封。[5]

唐代户籍信息的编制周期大多数时间遵循三年一造,也曾有过短暂的变化。唐玄宗时期,曾将全国僧道的户籍名册由三年编一次,改为每十年编造一次,这可能跟唐玄宗后期时局的混乱有关。天宝八年(公元 749 年)敕:“诸州府僧尼籍帐等,每十年一造,永为常式者。”[6]由于十年编造一次户籍的准确度有所欠缺,不能及时了解和掌握僧道信息的变化情况,后来又改回了原来三年一造的规定,最后还是按照“凡道士、女道士、僧、尼之簿籍,亦三年一造”。每三年定期编造一次

---

[1] 参见任宗权:《道教度牒制度的兴起与演变》,载《中国道教》2008 年第 1 期。
[2] 《通典》卷三《食货志·乡党》,中华书局 1988 年版,第 64 页。
[3] 李林甫等撰、陈仲夫点校:《唐六典》,中华书局 2014 年版,第 126 页。
[4] 《新唐书》卷四八《百官志》,中华书局 1975 年版,第 1252 页。
[5] 参见《新唐书》卷四八《百官志》,中华书局 1975 年版,第 1253 页。
[6] 《全唐文》卷九六六《请申禁僧尼奏》,中华书局 1983 年版,第 10032 页。

僧道籍的周期,也一直延续到明、清时期。

以上是唐代官方关于编制僧道户籍的周期和存放机构,相比唐朝的这些规定,《天圣令·杂令》宋令第40条的规定,增加了僧尼造籍的具体内容:“诸道士、女冠、僧尼,州县三年一造籍,具言出家年月、夏腊、学业,随处印署。案留州县,帐申尚书祠部。其身死及数有增减者,每年录名及增减因由,状申祠部,具入帐。”[1]造籍的具体内容需要体现出家的具体时间、年龄、学业情况,增减变化以及增减变化的原因等详细情况。唐代的造籍内容应该也是有类似规定的,从唐玄宗时期的“请申僧尼奏”的内容可以窥见。[2]

综上所述,早期道教已经有对道民基本信息进行登记的道籍制度,这主要是其内部的一种自我管理手段。随着官方对道籍制度的介入,内部的自我登记造册不具有法律意义,不能自动获得官方的认可。唐代官方的道籍制度已日臻完善,道教内部戒律的相关内容不得与国家律法相违背,否则自动失效。

第三节 天下观总数条与道教戒律

《唐六典》卷四“祠部郎中”条:“凡天下观总一千六百八十七所。每观观主一人,上座一人,监斋一人,共纲统众事。而道士修行有三号:其一曰法师,其二曰威仪师,其三曰律师。其德高思精谓之练师。”[3]“凡天下寺总五千三百五十八所。每寺上座一人,寺主一人,都维那一人,共纲统众事。而僧持行者有三品:其一曰禅,二曰法,三曰律。大抵皆以清静慈悲为宗。”[4]

此条提到了宫观数量以及基层道官“每观观主一人,上座一人,监斋一人”。早期道教没有严格的出家制度,也就没有后世出家意义上的需要居住的宫观,宫

[1] 天一阁博物馆、中国社会科学院历史研究所天圣令整理课题组校证:《天一阁藏明钞本天圣令校证(附唐令复原研究)》,中华书局2006年版,第746页。

[2] 参见《全唐文》卷九六六《请申禁僧尼奏》,中华书局1983年版,第10032页。

[3] 李林甫等撰、陈仲夫点校:《唐六典》,中华书局2014年版,第125页。

[4] 李林甫等撰、陈仲夫点校:《唐六典》,中华书局2014年版,第125页。

观是南北朝以后才得以兴起的,直到隋唐时期宫观发展到一定规模,官方才开始有意识地主动地控制宫观数量、宫观发展规模和宫观人员的数量和素质。

关于宫观的定义,《中华道教大辞典》“宫观”条给出的解释为:“宫观是道士修道、祀神的活动场所,为道宫、道观的合称。”[1]也有学者认为,“道教宫观是道教神圣的屋化建筑空间,是道教供奉神灵、(道教)信徒举行礼拜、祭祀活动以及道士进行集体修道活动的专用场所”[2]。

宫观是宫和观的合称,是道教祀神、作法事的物质载体。宫是古代对房屋、居室的通称,秦汉以后特指帝王之宫。观最初是可供观望的高地,后世为道教的庙宇。宫观始见于《史记·封禅书》:“于是郡国各除道,缮治宫观名山神祠所,以望幸矣。”后道教沿袭使用,南北朝时称馆,北周武帝改馆为观,唐以后宫观并称。[3]

道教中最早的宫观可追溯到东汉末年五斗米道的二十四治。唐释明概《决对傅奕废僧佛事并表》曰:“李老事周之日,未有玄坛,张陵谋汉之晨,方兴馆舍。故后汉顺帝中,有沛人张陵客游蜀土,闻古老相传云:昔汉高祖应二十四气祭二十四山,遂王有天下。陵不度德,遂构此谋。杀牛祭祀二十四所,置以土坛,戴以草屋,称二十四治。治馆之兴,始乎此也。”[4]据此,有学者认为,最早的宫观是始于张道陵所立的二十四治。[5]

南北朝时期,道教宫观的发展与道教自身的发展起到了非常好的良性互动,一方面,宫观的发展壮大为道教教团的修道、祭祀等活动提供了基本的物质场所;另一方面,道教在南北朝时期的改革,为宫观的建设争取了官方的支持,可以说在南北朝时期,道教的发展与宫观的壮大形成了相辅相成的良性互动格局。[6]

南北朝时期,道教经过一系列的改革,天师道的经济来源发生了重大的变化。南北朝时期的道士最先是在山洞旁边建立馆舍,此类型馆舍的规模相对简陋,后

---

[1] 胡孚琛主编:《中华道教大辞典》,中国社会科学出版社 1995 年版,第 1644 页。
[2] 胡锐:《道教宫观文化概论》,巴蜀书社 2008 年版,第 4 页。
[3] 参见钱玉林、黄丽丽主编:《中华传统文化辞典》,上海大学出版社 2009 年版,第 47 页。
[4] (唐)道宣编:《广弘明集》卷一二,载《大正藏》第 52 册,第 171 页。
[5] 胡锐:《道教宫观文化概论》,巴蜀书社 2008 年版,第 13 页。
[6] 胡锐:《道教宫观文化概论》,巴蜀书社 2008 年版,第 9 页。

来道士将道观的地点选在都市。道馆是道士专门的活动场所,维系道馆的运作需要稳定的经济来源。南北方的道馆都完全不同于早期天师道的道治,五斗米道早期由道民交纳"租米钱税"的制度被废止,道馆再也不能像以前那样向道民征收租米,道馆的经济来源主要是依靠官方的敕赐、贵族的布施和道馆自己的田地等。[1] 正是因为经济来源主要需要倚仗官方的支持,南北朝时期这种宫观式道教更多地受制于官方的管理和控制,从南北朝末期开始,南朝的萧梁和北方的北周都设置有专门管理道教的官员,可谓后世官方道官制度的开端。[2]

道官制度包括上下级隶属关系,中央到地方的道官配置、官职、品级、诠选(选拔、任命、递补、升黜)、印信、官俸、衙门、职权,甚至还包括道官在皇帝大朝会时的站班位等。[3] 很多时候道官身兼道士和官吏的双重身份,道官身份处于道士和官吏之间的尴尬地位,从某种意义上说,道官是一个"半官方化"的官职体系,道官制度也是一个"半官方化"的官制制度。[4]

"道官"一词,最早见于北朝的北魏寇谦之所编《老君音诵诫经》:"道陵演出道法,初在蜀土一州之教,板署男女道官,因山川土地郡县,按吾治官静庐亭宅,与吾共同领化民户。"[5]《汉语大词典》解释"道官"为"掌道教之官",《宗教大辞典》解释"道官"为"中国封建王朝管理道教事务的官吏,一般由道士充任",《中华道教大辞典》解释"道官"为"掌管道教事务的官吏,一般由道士充任"。《中国大百科全书》的"僧道官制度"词条,解释道官本为教职,非为官职,作为一种道教教职制度,其对道官的署置可以追溯到张道陵所建立的祭酒制度,基本上确立了早期道官的主要职责和基本形态,考证了南朝时官方任命的道官,道官从教职逐渐转变为官职。[6]

早期道教天师道的祭酒制度一般被视作道官制度的滥觞,学界一般认为,

---

〔1〕 本段内容参见胡孚琛、吕锡琛:《道学通论》,社会科学文献出版社2004年版,第308、312、313页。

〔2〕 参见王卡主编:《中国道教基础知识》,宗教文化出版社2005年版,第43-44页。

〔3〕 参见潘明权编著:《历代宗教管理法令初探》,宗教文化出版社2017年版,第70页。

〔4〕 参见刘康乐:《中古道官制度研究》,巴蜀书社2013年版,第11、12页。

〔5〕 《老君音诵诫经》,载《道藏》第18册,第216页。

〔6〕 参见唐长孺主编:《中国大百科全书·中国历史·隋唐五代史》,中国大百科全书出版社1988年版,第288页。

“道官制度源于六朝时期”[1]。官方对于早期的宗教管理,并未设置专门的机构,统治者一开始并未足够重视,认为宗教问题只是个案,多任命有宗教造诣、品德高尚并有影响和地位者担任道官进行管理。[2]

官方设置道官始于南北朝时期。北朝时,开始设立管理佛、道教的机构体系。北魏起,开始设俗官,由政府机关来管理宗教,“立监福曹,又改为昭玄寺,备有官属,以断僧务”[3]。管理道教的机构,从北魏道武帝天兴年间,朝廷“置仙人博士,立仙坊”[4],北魏孝文帝太和十五年(公元491年),下诏于南都置崇玄寺。北齐太常寺内设有崇虚局,北周“有司寂上士、中士,掌法门之政;又有司玄中士、下士,掌道门之政”[5]。北朝时期的道教管理机构演变大致为:北魏·仙人博士(仙坊)—北魏·崇玄寺—北齐·(太常寺下设)崇虚局—北周·司玄(中士、下士)。

除了以北魏“置仙人博士,立仙坊”作为道官制度的开始,学界也有不同的观点。据任继愈考证,南朝梁武帝天监二年(公元503年),“梁武帝置大、小道正,以道士孟景翼为道正。……西魏北周还效法梁朝,在政府中设司玄之职,掌道门之政。是为隋唐道官制度之滥觞”[6]。

道官制度始于何时虽有不同观点,但是一般认为,道官制度是在僧官制度的基础上进一步发展创建的。笼统而言,南北朝时期开始设立僧道官,隋唐以后设立僧道官制度。各代基本上在设僧官的同时,也设立道官。

值得一提的是,北周武帝在整饬佛、道教时,建德三年(公元574年),设置通道观,戊午,诏曰:“至道弘深,混成无际,体包空有,理极幽玄。但歧路既分,派源逾远,淳离朴散,形气斯乖。遂使三墨八儒,朱紫交竞;九流七略,异说相腾。道隐小成,其来旧矣。不有会归,争驱靡息。今可立通道观,圣哲微言,先贤典训,金科

[1] 唐大潮:《中国道教简史》,宗教文化出版社2001年版,第174页。
[2] 参见潘明权编著:《历代宗教管理法令初探》,宗教文化出版社2017年版,第70页。
[3] 《魏书》卷一一四《释老志》,中华书局1974年版,第3040页。
[4] 《魏书》卷一一四《释老志》,中华书局1974年版,第3049页。
[5] 李林甫等撰、陈仲夫点校:《唐六典》,中华书局2014年版,第467页。
[6] 任继愈主编:《中国道教史》,上海人民出版社1990年版,第235、747页。

玉篆,秘迹玄文,所以济养黎元,扶成教义者,并宜弘阐,一以贯之。"[1]从"三墨八儒,朱紫交竞;九流七略,异说相腾"可看出,通道观不仅是道观,更是具有综合性质的官方学术机构。

与北方通道观相类似,南朝早在刘宋时期也曾建立过具有综合科研性质的总明观。"宋时国学颓废,未暇修复,宋明帝泰始六年(470年),置总明观以集学士,或谓之东观,置东观祭酒一人,总明访举郎二人;儒、玄、文、史四科,科置学士十人,其余令史以下各有差。"[2]通道观和总明观表面上均是学术综合科研的地方,道官在此编书,但其中暗含统治者欲整合儒释道等诸家学说,为统治服务的目的,"为适应政治统一而进行的宗教文化统一工作"[3]。

历代对道教的管理自唐代逐步制度化、规范化,道教管理机构到唐代时经历了司玄、崇玄署、司封、左右街功德使等变化。唐高宗时道教隶属宗正寺,武则天时崇玄署复归鸿胪寺,唐玄宗时恢复道教隶属宗正寺,玄宗以后又有过细微变化。唐德宗以后,设立两街功德使掌管佛、道教,下设左、右两街僧录,左、右两街道录,选高僧高道充任,辅助功德使司处理事务。僧录司有僧录、僧正、副僧正、副僧录、首座、鉴义等。各州有州僧正,道官的设置也相似。僧道官有专门的递补制度。宫观中的基层道官为三纲,即上座、观主、监斋,基层道观的设置历代没有太大的变化。[4]

元代中央的道教管理机构主要为集贤院,集贤院之下有三大道教管理机构,北方为诸路道教所,江南为江南诸路道教所,以及位于二者中间地带的总摄所,路一级设道录司、州一级设道正司、县一级设威仪司。[5]

僧道官制度到明代时,其完善严密程度达到最高峰。明代对道教的管理较以前朝代更为严密,《明会典》卷二二六《道录司》记载:"国初,置玄教院,洪武十五

---

[1] 《周书》卷五《武帝纪上》,中华书局1971年版,第85页。

[2] 《南史》卷二二《列传第十二·王俭》,中华书局1975年版,第595页。

[3] 任继愈主编:《中国哲学发展史》(魏晋南北朝),人民出版社1988年版,第435页。

[4] 参见《通典》卷二五《职官七·宗正卿·崇玄署》,中华书局1988年版,第704页;《新唐书》卷四八《百官志·崇玄署》,中华书局1975年版,第1252－1253页。

[5] 参见刘晓:《元代道教公文初探》,载马小红总主编、李雪梅主编:《法律文化研究》(第10辑·古代法律碑刻专题),社会科学文献出版社2017年版。

年，改道录司，正六品衙门，设左右正一，左右演法，左右至灵，职专道教之事，属礼部。”[1]“凡道士有二等，曰全真，曰正一，在外道士，府属道纪司，州属道正司，县属道会司管领，皆统于本司。”[2]明代中央的道教管理机构为道录司（明朝初期为玄教院），地方上府一级的道教管理机构是道纪司，州一级的是道正司，县一级的是道会司。清代基本沿袭明代道官制度的模式。

道官的职责和权力，主要是协助官府处理涉及道教方面的一些事务性工作，以及对道士持戒、守戒的情况进行监管以管理和约束道士的行为，官方始终不会授予道官对道观实际进行管理的权力，诸如对寺院道观的创立、建设、经济和住持选取的任何职能，一般情况下官方是不太可能下放给道官的。[3] 历代政府设立道官本身就是加强对道教控制的一个重要手段：一是道官作为政府行政管理的一个部分，如对道籍的登记管理、度牒的发放、寺观住持监管和初步人选推荐；二是监督道士、女冠的日常行为规范；三是检束道士、女冠遵守戒律，并在戒律与法律重合时或道士轻度犯罪时，进行惩处。[4]

每观的观主、上座、监斋，具有双重身份，本身既是基层的道官，又是宫观内部自治的管理者。[5] 根据《唐六典》卷四“祠部郎中”条的记载，道教的基层道官为“每观观主一人，上座一人，监斋一人，共纲统众事”[6]，佛教的基层僧官为“每寺上座一人，寺主一人，都维那一人，共纲统众事”[7]，道教的基层道官为观主、上

[1] 《明会典》卷二二六《道录司》，申时行等修：《明会典》（万历朝重修本），中华书局1989年版，第1110页。

[2] 《明会典》卷二二六《道录司》，申时行等修：《明会典》（万历朝重修本），中华书局1989年版，第1110页。

[3] 参见潘明权编著：《历代宗教管理法令初探》，宗教文化出版社2017年版，第70页。

[4] 参见潘明权编著：《历代宗教管理法令初探》，宗教文化出版社2017年版，第80页。

[5] 林西朗在《唐代道教管理制度研究》的下篇“唐代道士的组织制度”一章里面专门有一节的内容为“宫观执事制度”，该节分为两部分：第一部分宫观执行为基层三纲，即观主、上座、监斋；第二部分为仪坛执事，主要是高功（主持斋醮科仪）、都讲（主持斋醮的唱赞）、侍经（负责坛场使用的科仪经书）、侍灯（负责坛场的灯具）、侍香（负责坛场使用的香炉和香）等关于斋醮科仪方面事务的人员。参见林西朗：《唐代道教管理制度研究》，巴蜀书社2006年版，第164－171页。还可参见刘康乐：《中古道官制度研究》，巴蜀书社2013年版，第181－182页。

[6] 李林甫等撰、陈仲夫点校：《唐六典》，中华书局2014年版，第125页。

[7] 李林甫等撰、陈仲夫点校：《唐六典》，中华书局2014年版，第125页。

座、监斋，佛教的基层僧官为上座、寺主、都维那。

按照《唐六典》记载的先后顺序，道教的基层道官为观主、上座、监斋，佛教的基层僧官为上座、寺主、都维那，一般而言，排在前面的地位更高，那么依据《唐六典》的记载，似乎观主在上座之上。但是，《唐律疏议》卷六《名例》"称道士女官"条【疏】议曰：观有上座、观主、监斋，寺有上座、寺主、都维那，是为"三纲"。《唐律疏议》中对于基层道官的记载顺序与《唐六典》不一样，上座在观主之前。对比佛教，不管是在《唐六典》，还是《唐律疏议》中，记载顺序一致，均为"上座、寺主、都维那"。

与佛教相比，道教的观主对应寺主，监斋对应都维那，上座是共有的名称。寺院的上座、寺主、都维那分工负责一寺的教化、行政、监察等职，是寺院的最高统治者。[1] 与佛教相类似，道教的观主负责宫观的各项事务，上座负责思想道德教化，监斋负责监察。都维那又称维那，根据《敕修百丈清规》的记载，都维那的职责为"纲维众僧，曲尽调摄。堂僧挂搭，辨度牒真伪"，"戒腊资次，床历图帐，凡僧事内外，无不掌之"。道教的监斋也具有相似职责。早在南北朝时期陆修静的《洞玄灵宝斋说光烛戒罚灯祝愿仪》中就有关于监斋的记述，"监斋，其职也，司察众过，弹纠愆失，秉执科宪，随事举白，必使允当，不得隐滥"[2]。又如《金箓大斋补职说戒仪》对监斋的职责也有相似记载[3]，唐代道士朱法满的《要修科仪戒律钞》卷八和卷九分别都有《监斋钞》。于内部而言，监斋的职责主要是"弹纠愆过，秉执宪章"，对戒律的执行起到落实和监督的作用；于官方而言，在基层的宫观管理中既充分体现了对戒律执行的重视程度，又给予了基层道官一定的自治权限。

除了以上提及的上座、观主、监斋等官方认可的基层三纲之外，唐代的道教宫观职事，尚有法师、威仪师、律师、炼师、高德、都讲、监斋、侍经、侍香、侍灯，等等。当然，官方规制与宫观实际运行模式必然存在差异。从官方认可的基层三纲上座、观主、监斋，可以看出官方的态度，教化、行政、监察是官方认为最重要的方面，

---

〔1〕 何兹全主编、谢重光：《中古佛教僧官制度和社会生活》，商务印书馆2009年版，第284页。

〔2〕 《洞玄灵宝斋说光烛戒罚灯祝愿仪》，载《道藏》第9册，第825页。

〔3〕 参见《金箓大斋补职说戒仪》，载《道藏》第9册，第75页。

由官方进行引导和管理,其他方面则采取抓大放小的方式。虽然唐代宫观的内部管理已经初具规模,但是与金元以后全真道兴起十方丛林的管理体制相比,则显得简单得多,道教十方丛林有24位大执事,如方丈(多为荣誉性职务)、监院(负责全面管理丛林中的实际事务)、都院(协助监院进行管理)、都讲(负责管理圜堂、钵堂等事)、都厨(掌管食堂伙食事务)、堂主(负责接待安置游方道士)、殿主(负责管理殿堂)、化主(管理募化),等等,道职设立更精细,分工也更细密。[1]

综上所述,随着宫观的发展,官方逐渐开始限制宫观数量,以及设置中央和基层道官进行管理。唐代的宫观已经具有较大规模,而宫观内部的分工与管理虽不及后世十方丛林的管理体制,但已初具形制。

第四节 "僧道科法"条与道教戒律

《天圣令·狱官令》中有一条涉及佛道的规定,狱官令第11条(此条在复原后的唐狱官令为第64条"僧道科法"条[2])规定:"诸道士、女冠、僧尼犯罪,徒以上及奸、盗、诈脱法服,依律科断,余犯依僧道法。"[3]

一般认为,《天圣令》为唐开元二十五年(公元737年)所修的令,但也有学者有不同意见,以及对唐狱官令第64条"僧道科法"条的"诈脱法服"的表述存疑。郑显文认为,《天圣令·狱官令》第64条极有可能为唐《永徽令》的条文,比如,"诈脱法服"似乎不是唐前期官方使用的法律语言。[4]

---

[1] 参见詹石窗、盖建民主编:《中国宗教通论》,高等教育出版社2006年版,第226页。

[2] 参见天一阁博物馆、中国社会科学院历史研究所天圣令整理课题组校证:《天一阁藏明钞本天圣令校证(附唐令复原研究)》,中华书局2006年版,第607页。

[3] 天一阁博物馆、中国社会科学院历史研究所天圣令整理课题组校证:《天一阁藏明钞本天圣令校证(附唐令复原研究)》,中华书局2006年版,第420页。关于断句,赵晶疑为"徒以上及奸、盗、诈,脱法服,依律科断",参见赵晶:《〈天圣令〉与唐宋法制考论》,上海古籍出版社2014年版,第137页。按照赵晶的断句,此处依律科断的种类为5种:徒以上及奸、盗、诈、脱法服。按照《天圣令》,此处依律科断的种类为4种:徒以上及奸、盗、诈脱法服。

[4] 参见郑显文:《唐代〈狱官令〉篇目形成及其对古代东亚地区的影响》,载陈金全、汪世荣主编:《中国传统司法与司法传统》(上),陕西师范大学出版社2009年版。

“僧道科法”条在《唐令拾遗》和《唐令拾遗补》中均没有出现。《唐律疏议》卷六《名例》“称道士女官”条【疏】议曰:“道士、女官、僧、尼犯奸盗,于法最重,故虽犯当观寺部曲、奴婢,奸、盗即同凡人。谓三纲以下犯奸、盗,得罪无别。”《唐律疏议》卷二六《杂律》“监主于监守内奸”条规定:“诸监临主守于所监守内奸者,谓犯良人。加奸罪一等。即居父母及夫丧若道士、女官奸者,各又加一等。妇女以凡奸论。”《唐律疏议》的这两条规定应当是此条令文所指的“依律科断”〔1〕。

“余犯依僧道法”的表述是此处依僧道法,不是道僧法,有三种可能性:第一种可能性,就是复原的语言表述如此,并没有特意区分僧、道的排序;第二种可能性,是传抄过程中出现的误传;第三种可能性,如果确实原本就是如此表述,说明被流传下来的条文在当时是僧在道前,僧人的地位排在道士之前,根据唐代僧道排位的几次变动,可推出流传的条文所处的时代。

道士的服饰一般分为两种:一种是道服,主要是道士日常所穿的衣服鞋帽等;另一种是法服,道士在特定的斋醮仪式法会当中所穿的冠冕、衣帔、鞋履等。〔2〕如果道士违反关于法服的各种戒律,则会受到相应的惩罚,“应服不服,非服而服,皆四司考魂夺筭一千二百”〔3〕。由于奸、盗以及法服的内容,在其他章节有涉及,此不赘述。

第五节　“僧、道士有所启请”条与道教戒律

《唐令拾遗补·杂令第三十三》规定:

补九【唐】诸僧、道士有所启请者,并先须致敬,然后陈理。〔4〕

---

〔1〕参见天一阁博物馆、中国社会科学院历史研究所天圣令整理课题组校证:《天一阁藏明钞本天圣令校证(附唐令复原研究)》,中华书局2006年版,第638－639页。

〔2〕参见胡锐:《道教宫观文化概论》,巴蜀书社2008年版,第84页。

〔3〕《三洞法服科戒文》,载《道藏》第18册,第231页。

〔4〕[日]池田温编集代表、仁井田陞:《唐令拾遗补:附唐日两令对照一览》,东京大学出版会1997年版,第861页。

此处复原唐令用的是“僧、道士”，即僧在道前的顺序，与上一节“余犯依僧道法”的表述相类似。

启请指的是在诵经或各种宗教仪式之前，先奉请佛祖菩萨或神灵，以示恭敬，肃然无音，静听佛法（道法）。目前全真道的《玄门日诵早晚坛功课经》于“澄清”“步虚”“吊挂”后，即以“大启请”“小启请”再启请神灵，以示虔诚。[1] 此处的“致敬”，指的是向君主致拜礼敬。整句话的意思是指，僧人、道士在奉请各自宗教崇拜对象之前，需要先向君王致敬。修行之人，是否需要向君王致拜，尤其是佛教“沙门不敬王者”的论争，从东汉开始一直持续到隋唐时期。比如在隋炀帝大业五年（公元 609 年），炀帝至西京，佛、道朝见时，道众连拜不已，而僧人依旧不拜。

统治者不仅对出家人不致拜君王颇为不满，对于出家人不拜父母反受父母之拜的悖乱行径更是难以容忍。比如贞观五年（公元 631 年），唐太宗对此发表了强烈的谴责意见，“佛道设教，本行善事，岂遣僧尼道士等妄自尊崇，坐受父母之拜，损害风俗，悖乱礼经，宜即禁断，仍令致拜于父母”。唐高宗时期曾诏令有司详议“致拜君亲”，而有司的讨论纷纭不一，最后高宗下敕停拜君主，但要致拜父母，这便是唐高宗龙朔二年（公元 662 年）六月发布的《令僧道致拜父母诏》[2]。

“忠孝”是儒家三纲学说的重要内容，如《论语》中有子所言，“其为人也孝弟，而好犯上者，鲜矣；不好犯上，而好作乱者，未之有也。君子务本，本立而道生。孝弟也者，其为仁之本与”[3]。忠孝是儒家道德的基本规范。对于孝道的培植，被儒家认为是教育中最重要的问题，对君的“忠”则是对父母“孝”的推演。由孝及

---

[1] 参见任宗权：《全真正韵导读》，宗教文化出版社 2020 年版，第 65 页。

[2] “若夫华裔列圣，异轸而齐驱；中外裁风，百虑而同致。自周霄陨照。汉梦延辉，妙化西移，慧流东被。至于元牝邃旨，碧落希声，具开六顺之基，偕叶五常之本，而于爱敬之地，忘乎跪拜之仪。其来永久，罔革兹弊，朕席图登政，崇真导俗，凝襟解脱之津，陶思常名之境。正以尊亲之道，礼经之格言；孝友之义，诗人之明准。岂可以绝尘峻范，而忘恃怙之敬；拔累贞规，乃遗温凊之序。前欲令道士女冠僧尼等致拜，将恐振骇恒心，爰俾详定。有司咸引典据，兼陈情理，沿革二涂，纷纶相半。朕商搉群议，沈研幽赜，然箕颍之风，高尚其事，遐想前载，故亦有之。今于君处，勿须致拜。其父母之所，慈育弥深，祇伏斯旷，更将安设？自今已后，即宜跪拜，主者施行。”以上内容参见《全唐文》卷一二《高宗二》，中华书局 1983 年版，第 148 页。

[3] 《论语·学而》，载杨伯峻译注：《论语译注》，中华书局 2009 年版。

忠,可保证社会秩序稳定。

自南北朝以来,道教伦理高度吸收儒家伦理,道教戒律中有不少关于孝亲忠君的规定。如约出于南北朝的《正一法文天师教戒科经》曰:“欲奉道,不可不勤事师,不可不敬事亲,不可不孝事君……不可不教仁义,不可不行施惠。”[1]陆修静的《陆先生道门科略》也有类似表述,“使民内修慈孝,外行敬让,佐时理化,助国扶命”[2]。又如《虚皇天尊初真十戒文》第一戒便是“尽节君亲”,“第一戒者,不得不忠、不孝、不仁、不信,当尽节君亲,推诚万物”[3]“忠孝为诸戒之首,百行之源,学者之先务也”[4]。“尽节君亲”,便可“推诚万物”。

道教对儒家忠孝思想的吸收是相当深刻的,或许正因为道教伦理与儒家伦理的调和过于圆融,以至于唐代道团的各种科条戒律经书中均无须强调道士女冠致拜君亲的礼节与行为,在道教看来,忠君是理所应当的,所以也不需要专门在戒律中规定道士女冠致拜君主。[5] 有学者指出能够找到证明道士女冠见到君亲必须礼拜的唐代道内文献,是初唐道士金明七真《洞玄灵宝三洞奉道科戒营始》卷六《度人仪》所记:“斋时未至,应度人列阶下,西面辞父母,谢九玄,合十二拜。次北面拜天子,四拜。所以者,冠带天尊法服,更不复拜父母、国君故也,于此入道之际,须辞谢耳。”[6]《三洞奉道科诫仪范》敦煌本也有类似记载。[7] 道士身穿法服,便具有了神圣之躯,此时不宜致拜父母、国君,但是可以在身穿法服之前致拜父母、国君,也从侧面说明,在除宗教仪式以外的日常生活中,道士女冠致拜君亲乃是人之常情。[8]

据笔者所见,道书《一切道经音义妙门由起》中明确指出了道士“不朝天子,

---

[1] 《正一法文天师教戒科经》,载《道藏》第18册,第232页。

[2] 《陆先生道门科略》,载《道藏》第24册,第779页。

[3] 《虚皇天尊初真十戒文》,载《道藏》第3册,第403页。

[4] 《虚皇天尊初真十戒文》,载《道藏》第3册,第403页。

[5] 参见吴真:《道教修道生活的忠与孝——以初唐“致拜君亲”论争为中心》,载《现代哲学》2009年第4期。

[6] 《洞玄灵宝三洞奉道科戒营始》,载《道藏》第24册,第765页。

[7] 《三洞奉道科诫仪范》(敦煌本),载《中华道藏》第42册,第40页。

[8] 参见吴真:《道教修道生活的忠与孝——以初唐“致拜君亲”论争为中心》,载《现代哲学》2009年第4期。

不揖公侯”[1],《一切道经音义妙门由起》在《明开度第五》所引《三洞奉道科诫》中指出“不拜王侯,长揖天子”[2],同样都是出现在《一切道经音义妙门由起》的内容,一处内容为“不朝天子,不揖公侯”,另一处内容为“不拜王侯,长揖天子”,表述有所不同,对于天子一处为“不朝天子”,一处为“长揖天子”,可见虽不用朝拜天子,但是表达尊敬的长揖是不可缺少的,其核心仍然是强调“当于国主,当尽忠尽礼”。

《一切道经音义妙门由起》是由唐玄宗御制作序,太清观著名道士史崇玄等奉敕搜集编撰而成的。唐玄宗御制作序,相较其他道门内部的道教经典而言,《一切道经音义妙门由起》更具有官方色彩。唐玄宗时期,沙门不敬王的争论已渐渐平息,但是忠君的说教是官方一直推行的,这也正是为什么《一切道经音义妙门由起》中有关于道士“不朝天子,不揖公侯”的表述,更多的是为了宣扬于国主“当尽忠尽礼”的观念。

综上所述,道教伦理高度吸收儒家道德伦理,而忠君这样的儒家伦理既是世俗法的重要组成部分,又一直是道教教规教义的重要组成部分,单就致拜君主这一点,本就包含在忠君的戒律之内,故在大部分道教戒律中并未对致拜君主进行反复强调和申明。

第六节　戒律用语与令、“如令”、“如律令”

除了律以外,法律形式中另外一种非常重要的形式是令。令在不同时期有不

[1] “又云道士,士者,事也。事有多少,学致差殊。凡有七阶,俱称道士:一者天真,谓体合自然,内外淳净;二者神仙,谓变化不测,超离凡界;三者幽逸,谓含光藏辉,不拘世累;四者山居,谓幽潜默遁,仁智自安;五者出家,谓舍诸有爱,脱落嚣尘;六者在家,谓和光同尘,抱道怀德;七者祭酒,谓屈己下凡,救度色苦。故得天下地上,六道四生,礼拜归敬,最为尊胜。不朝天子,不揖公侯,作人天福业,受三界供养。所以者何由?禀我法教,衣我法服,持奉经诫,开导众生,令过去、见在、未来三世永脱忧苦,入常乐门也。”参见《一切道经音义妙门由起》,载《道藏》第24册,第728页。

[2] “《三洞奉道科诫》曰:……所以称之为道士者,以其无为世事,务营常道故也。并受道威仪,心行异俗,演兹玄化,畅彼皇风,是以不拜王侯,长揖天子。今之道士,即出家道士也。当于国主,当尽忠尽礼。至于宰辅大臣、公侯牧伯,皆须敬揖。勿得妄趣势利。违者减算三百六十。”参见《一切道经音义妙门由起》,载《道藏》第24册,第729页。

同的用法，令有君王下发的指令，官方经过君王的同意而下发的政令，以及为了方便律的实施而制定的细则。[1]

在秦汉时期，令已经是非常重要的法律形式，此时的令主要是以君主的名义发布的诏令。[2]《汉书·宣帝纪》文颖注曰："天子诏所增损，不在律上者为令。"由此可见，令是在律之外由天子所发布的。[3] 令和律一样，以国家强制力为保障，皇帝的诏令可以补充法律，修改法律，甚至可以代替法律，取消法律。[4] 西汉时的廷尉杜周判决案件时，以皇帝个人的意志和好恶为标准，并没有严格按照法律的规定进行裁判，有人责备他说："君为天下决平，不循三尺法，专以人主意指为狱，狱者固如是乎？"杜周作出了如下回答："三尺法安在哉？前主所是著为律，后主所是疏为令，当时为是，何古之法乎！"[5]杜周的做法为当时人所不齿，但是从杜周的回答中，也从反面表明了当时社会中普遍存在的现象，即当朝天子所发布的为令，以前天子发布的则整理为律，而西汉时人在实际使用中，很有可能如廷尉杜周那样，优先适用当朝天子所发布的令。一直到曹魏统治时期，令仍然是一种重要的法律形式。[6]

在道教戒律中直接以令命名的道经不算多，魏晋南北朝时期有《大道家令戒》和《老君家令》。《老君家令》的存目、内容并没有流传下来，丁培仁认为《老君家令》约出于曹魏、西晋之间，是《大道家令戒》的单行本，《崇文总目》《道藏阙经目录》《国史经籍志》等书目著录。[7]《大道家令戒》收录在《正一法文天师教戒科经》之下。

---

[1] 参见张建国：《帝制时代的中国法》，法律出版社1999年版，第10页。
[2] 参见张晋藩总主编、乔伟主编：《中国法制通史》（第3卷·魏晋南北朝），法律出版社1999年版，第27－28页。
[3] 参见张晋藩总主编、乔伟主编：《中国法制通史》（第3卷·魏晋南北朝），法律出版社1999年版，第27－28页。
[4] 参见张晋藩总主编、乔伟主编：《中国法制通史》（第3卷·魏晋南北朝），法律出版社1999年版，第27－28页。
[5] 《汉书》卷六〇《杜周传》，中华书局1962年版，第1762页。
[6] 参见张晋藩总主编、乔伟主编：《中国法制通史》（第3卷·魏晋南北朝），法律出版社1999年版，第28页。
[7] 参见丁培仁：《增注新修道藏目录》，巴蜀书社2008年版，第196页。

《大道家令戒》成书年代历来有争议，通说一般认为成书于曹魏时期，是张鲁后裔针对天师道组织混乱、各自为政的局面所发布的教令。从命名上来看，以令的形式进行发布，家令体现了张鲁后裔所具有的道教正统的优越感，大道流布人间，而大道只能存在于张天师家族，故以家令的方式宣之于众。发出令的重点不仅在于假托大道，更在于令的发布者为具有正统地位的张天师家族。

另外，《正一法文天师教戒科经》共包含五部分内容，分别为：首篇（一般认为篇名已佚）、《大道家令戒》、《天师教》、《阳平治》和《天师五言牵三诗》。《大道家令戒》收录在《正一法文天师教戒科经》之下，科下放令，令并不能包含在科文里面，确实说不通。这说明有两种可能。第一种可能是《正一法文天师教戒科经》并非全篇之名，只是首篇的篇名，可能由于传抄过程中全篇篇名有所遗漏，而将首篇篇名作为全篇篇名，而首篇篇名就一直缺失。在道经中将开头的文字抄为篇名也是存在这种情况的，如灵宝派著名道经《太上灵宝五符序》，这个名称应该只是作为一篇序言存在的，但是收录在《道藏》里的经文却是以"太上灵宝五符序"命名的。所以，《正一法文天师教戒科经》极有可能并非全篇之名，只是首篇的篇名。如果不存在传抄错误。第二种可能是《正一法文天师教戒科经》的造作者对科和令的认识本就如此。不管是《正一法文天师教戒科经》，还是《大道家令戒》，其造作者多认为是张鲁后裔，其法律素养想来同大众相差不大，也许只是简单的罗列，并未考虑与现实中法律形式的对应。

除了在戒律中直接以"令"命名之外，跟"令"有关联的还有道教符咒结束语，符咒的结束语往往采用"如令""如律令"之类。

道教咒语经常以"急急如律令"一语结尾，有两种解释。一种解释认为，道教形成于东汉末年，模仿和保留了很多官方文书的方式，汉代诏书和檄文中多有"如律令"一语。"如律令"意指按法令执行，"如律令"这三个字后被道教沿袭，意思是令鬼神迅速执行，如寇谦之的《老君音诵诫经》中就多有"明慎奉行如律令"的表述。

另一种解释认为律令是鬼神的名字。按照唐代李匡乂《资暇集》的记载，"律令是雷边捷鬼，学者岂不知之，此鬼善走，与雷相疾速，故云如此鬼之疾走也"。《幼学琼林》"天文"也有类似记载，"雷部至捷之鬼曰律令"。据说，"律令"是周穆王时期的一个人的名字,此人奔跑迅速,健步如飞。清代的民俗考据书籍《土风录》里记载“令,音伶,律令,雷部神名,善走,用之欲其速”。律令死后变成了雷部的神,“如律令”意思为像律令一样迅速快捷。

《搜神记》中对于“律令鬼”的由来有如下记载:“律令,周穆王时人。善走,死为雷部小鬼。”《搜神记》的作者干宝是东晋人,而汉代的墓门解注文已用“如律令”作为结尾语,故按照时间的先后来看,“如律令”三字最早是墓门解注文仿造的世俗公文用语,而道教形成以后,墓门解注被道教所继承和吸收。

律和令在现实中所规范的内容有所不同。律在战国秦汉时期既有行政性质,又有刑事法律方面内容的法规,在曹魏以后,律专用于刑事方面以“正罪名”;令一开始也是兼具刑事、行政,以及君主等政令方面的内容,随着律主要规范刑事方面,而具有行政性质的律也逐渐被令所吸收。[1] 律令二字连用,一般泛指法令。在汉代,法令即指律令,律令也可称为法令。[2] 如《史记·赵传》提到汉武帝时,赵禹“以刀笔吏积劳,稍迁为御史。上以为能,至太中大夫,与张汤论定诸律令”。而《汉书·刑法志》讲到汉武帝即位后,“外事四夷之功,内盛耳目之好,征发烦数,百姓贫耗,穷民犯法,酷吏击断,奸轨不胜。于是招进张汤、赵禹之属,条定法令”。两处所说的都是同一事情,但一个说律令,一个说法令,可证法令与律令基本是同义语。[3]

关于“如律令”的表述,冨谷至《文书行政的汉帝国》[4]其中专门有对汉代文书惯用结束语“如律令”的研究。早在汉代以前,在秦简中就有“不如令”“不从令”的简文,“不从令”的简文如:百姓居田舍者毋敢酤酒,田啬夫、部佐谨禁御之,有不从令者有罪。[5] 汉代诏书或檄文结尾多用“如律令”,如汉武帝时期发布的文书,“六年四月戊寅朔,癸卯,御史大夫汤下丞相,丞相下中二千石,二千石下郡

---

〔1〕 参见张建国:《帝制时代的中国法》,法律出版社1999年版,第9-15页。

〔2〕 参见张建国:《帝制时代的中国法》,法律出版社1999年版,第47页。

〔3〕 参见张建国:《帝制时代的中国法》,法律出版社1999年版,第47-48页。

〔4〕 参见[日]冨谷至:《文书行政的汉帝国》,载刘恒武、孔李波译,江苏人民出版社2013年版,第148-151页。

〔5〕 参见睡虎地秦墓竹简整理小组:《睡虎地秦墓竹简》,文物出版社1978年版,第30页。对此处的令有不同理解,本书暂不涉及此内容。

守、诸侯相,丞书从事下当用者。如律令”。后来道教符箓仿效官文书,末尾多用“如律令”[1]。民间一直也有“民有私约如律令”这一合同习语。[2]

道教符文中多以“如律令”结尾,镇墓文、道经的很多结尾用语都提到了如律令。唐代李匡乂的《资暇集》[3]、北宋王楙的《野客丛书》[4]对如律令进行了梳理。有时候在“如律令”的表述中还会嵌入不同的神名,如王佛女券末句为“如女青律令”,这与汉代诸券的“如天帝律令”不同,有时很难分辨他们要尊哪部律令,结尾奉不同的神灵也体现了神格地位的变化,更是体现了尊奉不同神灵的道派的势力。[5] 有的还在“如律令”后加“摄”“敕”“疾”等字,如九凤破秽符,其咒语为:“九凤真人,破秽凤凰,朱衣仗剑,立吾上方,九头吐火,当吾前行,炎炎匝地,十丈火光,九凤破秽,邪精灭亡,急急如上帝律令敕。”[6]

---

[1] 参见蒲坚编著:《中国法制史大辞典》,北京大学出版社2015年版,第923页。

[2] 参见李显冬:《“民有私约如律令”考》,载《政法论坛》2007年第3期。

[3] 参见(唐)李匡乂《资暇集》卷中“急急如律令”条,载《丛书集成初编》据阳山顾氏文房覆宋本排印本,第15页。

[4] 参见(宋)王楙《野客丛书》卷一二“如律令”条,载《丛书集成初编》据《稗海》本排印本,第117页。

[5] 参见刘屹:《敬天与崇道——中古经教道教形成的思想史背景》,中华书局2005年版,第120-122页。

[6] 《法海遗珠》,载《道藏》第26册,第968页。

第四章　道教戒律与唐格

与《道僧格》研究相关的成果主要有：郑显文的《唐代〈道僧格〉研究》(《历史研究》2004年第4期)，张径真的《唐代〈道僧格〉复原研究》(《世界宗教文化》2012年第2期)，赵晶的《唐代〈道僧格〉再探——兼论〈天圣令·狱官令〉"僧道科法"条》(《华东政法大学学报》2013年第6期)，周奇的《唐代宗教管理研究》(复旦大学2005年博士学位论文)，白照杰的《整合及制度化——唐前期道教研究》(格致出版社2018年版)，等等。

关于《道僧格》的研究，学界尚存有不少争议，如《道僧格》是否存在，《道僧格》制定的时间，《道僧格》与《祠部格》的关系，《道僧格》条文内容复原，等等。

关于《道僧格》是否存在的问题，目前学界的通说，一般认为唐代是存在《道僧格》的，如道端良秀、诸户立雄、郑显文、周奇等。[1]

关于《道僧格》制定的时间，有不同观点，大约在贞观三年(公元629年)到永徽六年(公元655年)之间。[2]

关于《道僧格》与《祠部格》的关系，郑显文认为，唐代不可能

---

[1] 参见赵晶：《唐代〈道僧格〉再探——兼论〈天圣令·狱官令〉"僧道科法"条》，载《华东政法大学学报》2013年第6期。

[2] 参见赵晶：《唐代〈道僧格〉再探——兼论〈天圣令·狱官令〉"僧道科法"条》，载《华东政法大学学报》2013年第6期。

有两部关于道、佛事务的格，《道僧格》就是唐代《祠部格》中的内容，独立成篇；在唐玄宗开元以后，唐朝政府将《道格》《僧格》的规定汇集在一起，于是就出现了《道僧格》的名称，《道僧格》是《道格》和《僧格》合编在一起的体例。〔1〕周奇认为，《道僧格》是俗称，分别由规范道教事务的《道格》和《僧格》两部分组成，制定之初并未单独成篇，这也是在唐代格的篇目中找不到《道僧格》的原因。〔2〕赵晶认为，"唐代不会存在并行不悖的两部规范宗教群体的法律，《道僧格》与《祠部格》之间应该是一种因唐格篇目嬗变而导致的继承关系，其中《道僧格》可能作为《贞观格》、《永徽留本司行格》、《永徽留本司行格中本》的一篇而存在，此后因道僧立位不分先后之诏的颁布及唐格卷数的变化，道僧格之名无法存在，且唐格的篇目渐次向以尚书省二十四司为名转变，《道僧格》最终为《祠部格》所取代"〔3〕。

《道僧格》条文内容复原的研究有：郑显文《唐代〈道僧格〉研究》一文中复原的25条格文，〔4〕陈灵海《唐〈格〉辑考——结合敦煌文书和日本中古文献的研究》博士后报告中复原的25条格文（在报告中归为《礼部（祠部）格》），〔5〕张径真的博士学位论文《法律视角下的隋唐佛教管理研究》中复原的27条格文，〔6〕周奇的博士学位论文《唐代宗教管理研究》中的《道僧格》复原的27条格文〔7〕，以及赵晶在《〈天圣令〉与唐宋法制研究》中的相关内容〔8〕。

一般而言，立法都会经历一个漫长的过程，唐代《道僧格》的形成当然也不例外，它最早源于北魏的《僧制》，后来经过不断修订增改，到唐太宗贞观十年（公

〔1〕参见郑显文：《唐代〈道僧格〉研究》，载《历史研究》2004年第4期。

〔2〕参见周奇：《唐代宗教管理研究》，复旦大学2005年博士学位论文。

〔3〕赵晶：《唐代〈道僧格〉再探——兼论〈天圣令·狱官令〉"僧道科法"条》，载《华东政法大学学报》2013年第6期。

〔4〕参见郑显文：《唐代〈道僧格〉研究》，载《历史研究》2004年第4期。

〔5〕参见陈灵海：《唐〈格〉辑考——结合敦煌文书和日本中古文献的研究》，中国社会科学院2013年博士后报告。

〔6〕参见张径真：《法律视角下的隋唐佛教管理研究》，中国社会科学院2012年博士学位论文。

〔7〕参见周奇：《唐代宗教管理研究》，复旦大学2005年博士学位论文。

〔8〕参见赵晶：《〈天圣令〉与唐宋法制考论》，上海古籍出版社2014年版，第137－171页。

元636年)形成了"条制",上升为格,当是祠部进行宗教事务管理的重要法规。[1]

按照赵晶在《唐代〈道僧格〉再探》中指出的6个复原依据:"第一,《大宝令》。……第二,《养老令》及其注释书。……第三,诏敕。……第四,唐律。……第五,《祠部格》。……第六,无直接复原依据。"[2]本书以郑显文的复原为主,按照日本《养老令》条文的顺序,能够确定的《道僧格》为10条或者九条半,即唐格中涉及道教或者跟道士、女官有关的法条共计10条,分别为:

(1)"假说灾祥及诈称得圣道"条复原:"凡道士、女官、僧、尼等上观玄象,妄说吉凶,妖惑百姓,并习读兵书,杀人奸盗及诈称得圣道者,并依法付官司科罪;狱成者,虽会赦,犹还俗。"[3]

(2)"勾合朋党"条复原:"凡道士、僧尼以三宝物饷馈官僚、勾合朋党者,皆还俗;毁骂三纲、凌突长宿者,皆苦使也。"[4]

(3)"饮酒食肉五辛"条复原:"凡道士、女官、僧、尼饮酒、食肉、设食五辛者,皆苦役也;若为疾病药分所须,给其日限。酒醉与人斗打,皆还俗。"[5]

(4)"作音乐博戏"条复原:"凡道士、女道士、僧、尼作音乐及博戏者,皆苦使,棋琴不在此限。"[6]

(5)"听著木兰"条复原:"凡道士、女道士、僧、尼衣服皆以木兰、青碧、皂荆黄、缁坏之色。若服俗衣及绫罗、乘大马,皆还俗。"[7]

(6)"禅行修道"条复原:"凡道士、女道士、僧、尼有禅行修道,意乐寂静,不交于俗,欲求山居服饵者,三纲连署,在京者经鸿胪、宗正,在外者经州县,勘实并录申官。僧尼有能行头陀者,到州县寺舍,任安置将理,不得所由恐动。"[8]

---

〔1〕参见郑显文:《唐代〈道僧格〉研究》,载《历史研究》2004年第4期。

〔2〕赵晶:《唐代〈道僧格〉再探——兼论〈天圣令·狱官令〉"僧道科法"条》,载《华东政法大学学报》2013年第6期。

〔3〕郑显文:《唐代〈道僧格〉研究》,载《历史研究》2004年第4期。

〔4〕郑显文:《唐代〈道僧格〉研究》,载《历史研究》2004年第4期。

〔5〕郑显文:《唐代〈道僧格〉研究》,载《历史研究》2004年第4期。

〔6〕郑显文:《唐代〈道僧格〉研究》,载《历史研究》2004年第4期。

〔7〕郑显文:《唐代〈道僧格〉研究》,载《历史研究》2004年第4期。

〔8〕郑显文:《唐代〈道僧格〉研究》,载《历史研究》2004年第4期。

(7)“不得私畜财物”条复原:“凡道士、女道士、僧、尼不合畜奴婢、田宅私财,违者,许人告发,物赏纠告人。”[1]

(8)“行路相隐”条复原:“凡道士、女道士、僧、尼于道路遇五品以上官者隐。”[2]

(9)“身死”条复原:“凡道士、僧尼等身死,三纲申州县纳符告注毁,在京纳于祠部,次年帐内开脱。”[3]

(10)“还俗”条复原:“凡道士、女道士、僧、尼等有自愿还俗者,许之。凡私家部曲、奴婢等,不得入道,如别敕许出家,后犯还俗者,追归旧主,各依本色。”[4]

第一节 “假说灾祥及诈称得圣道”条与道教戒律

“假说灾祥及诈称得圣道”条复原:“凡道士、女官、僧、尼等上观玄象,妄说吉凶,妖惑百姓,并习读兵书,杀人奸盗及诈称得圣道者,并依法付官司科罪;狱成者,虽会赦,犹还俗。”[5]

禁止道士参与国事、占星观天及自称圣道的规定,在收录于《要修科仪戒律钞》中的多种道教戒律文献中都有直接反映,[6]如《老君百八十戒》规定“不得干知星宿占相天时”,“不得知军国中事、占吉凶”[7]。又如《智慧观身三百大戒》、《三元品戒》及《洞玄灵宝千真科》将占卜天文、参与军国权变,甚至“矫称自异,号为真人”等视作大过。[8] 再如《要修科仪戒律钞》卷六所引《三百大戒》列出的相

---

〔1〕 郑显文:《唐代〈道僧格〉研究》,载《历史研究》2004年第4期。
〔2〕 郑显文:《唐代〈道僧格〉研究》,载《历史研究》2004年第4期。
〔3〕 郑显文:《唐代〈道僧格〉研究》,载《历史研究》2004年第4期。
〔4〕 郑显文:《唐代〈道僧格〉研究》,载《历史研究》2004年第4期。
〔5〕 郑显文:《唐代〈道僧格〉研究》,载《历史研究》2004年第4期。
〔6〕 参见白照杰:《整合及制度化——唐前期道教研究》,格致出版社2018年版,第220页。
〔7〕 《要修科仪戒律钞》,载《道藏》第6册,第944-945页。
〔8〕 《要修科仪戒律钞》,载《道藏》第6册,第947-948、952-953页;《洞玄灵宝千真科》,载《道藏》第34册,第370页。

应条目，“不得知预军国事物，不得设权变谋，不得无故见王侯，不得干知天时、指论星宿……不得为人图山丘宅，不得占知世间吉凶”[1]。又如，《要修科仪戒律钞》卷一三规定，“非法者……瞻视天文”[2]。

我国古代法律很早就禁止私习天文，对于道士的占星观天当然也是禁止的。早在西晋时就有“禁星气谶纬之学”[3]。在我国古代，官方对于私学天学一般都是严厉禁止的，但是官方理论上的规定是一回事，现实中的实际情况是另一回事，实际的执行效果往往与官方所希望的那样有所折扣，官方层面放宽私学天学的禁令要到明代中期。[4] 古代法律一直是禁止私习天文的，只是民间一直禁而未绝，如著名道士陶弘景通晓天文历法，造浑天象，撰《帝王年历》。[5] 又如，根据《魏书・释老志》的记载，北魏时期著名道士寇谦之在仙人成公兴的指导下推算七曜。[6] 陶弘景通晓天文历法、造浑天象，寇谦之“学算累年”，他们都是比较出名的道士，尚且占星观天、通习历法，民间其他尚未知的恐怕更多。古代法律禁止私习天文实际上却禁而未绝，寇谦之、陶弘景的时代如此，到了唐代，法令关于禁止私习天文的实际效果得到极大的改善。

唐代法令对于私习天文有相当多的规定和限制，如《唐律疏议》卷九《职制》

---

[1] 《要修科仪戒律钞》，载《道藏》第6册，第947－948页。

[2] 《要修科仪戒律钞》，载《道藏》第6册，第984页。

[3] 《晋书》卷三《帝纪第三・武帝》，中华书局1974年版，第56页。

[4] 参见江晓原：《天学真原》，译林出版社2011年版，第56页。

[5] “尤好五行阴阳，风角气候，太一遁甲，星历算数，山川地理，方国所产，及医方香药分剂……又作浑天象，高三尺许，地居中央，天转而地不动，二十八宿度数，七曜行道，昏明中星血伏，早晚以机转之，悉与天相会。云：‘此修道所须，非但史官家用。’又欲因流水作自然漏刻，使十二时轮转循环，不须守视，而患山涧水易生苔垢，参差不定，是故未立。”参见《云笈七签》卷一〇七《华阳隐居先生本起录》，中华书局2003年版，第2326页。

[6] “谦之树下坐算，兴垦发致勤，时来看算。谦之谓曰：‘汝但力作，何为看此？’二三日后，复来看之，如此不已。后谦之算七曜，有所不了，惘然自失。兴谓谦之曰：‘先生何为不怿？’谦之曰：‘我学算累年，而近算《周髀》不合，以此自愧。且非汝所知，何劳问也。’兴曰：‘先生试随兴语布之。’俄然便决。”

“私有玄象器物”条[1]、《唐律疏议》卷一八《贼盗》“造妖书妖言”条[2]。对于统治者而言,之所以对道士等人观察天象、妄说吉凶尤其重视,主要的原因在于私习天文以后对百姓具有潜在的鼓动性和煽惑性,这是对皇权的极端挑战,所以绝对不能允许。

关于“习读兵书”,道教戒律禁止的原因多是出于爱生护生不要杀生的考量,官方禁止的原因更多的在于防范道士有可能参与兵变。虽然同样为国法和教规所禁止,各自的出发点却不一定一致。

“杀人奸盗”涉及了五戒中的杀生、奸淫、盗,之前有提及,此不赘述。

“诈称得圣道者”,“矫称自异,号为真人”等在道教戒律中也被视作大过,[3]国法也是禁止的,但是各自的出发点也是不一样的,宗教内部更多的是亵渎神灵,世俗法考量的是诈称得圣道者,更容易煽动百姓,危及政权。

---

〔1〕《唐律疏议》卷九《职制》“私有玄象器物”条规定:诸玄象器物,天文、图书、谶书、兵书、《七曜历》、《太一》、《雷公式》,私家不得有。违者徒二年。私习天文者亦同。其纬、候及《论语谶》,不在禁限。【疏】议曰:玄象者,玄,天也,谓象天为器具,以经星之文及日月所行之道,转之以观时变。《易》曰:“玄象著明莫大于日月。故天垂象,圣人则之。”《尚书》云:“在璇玑玉衡,以齐七政。”天文者,《史记》《天官书》云天文,日月、五星、二十八宿等。故《易》曰:“仰则观于天文。”图书者,“河出图,洛出书”是也。谶书者,先代圣贤所记未来征祥之书。兵书,谓《太公六韬》《黄石公三略》之类。《七曜历》,谓日、月、五星之历。《太一》《雷公式》者,并是式名,以占吉凶者。私家皆不得有,违者徒二年。若将传用,言涉不顺者,自从“造妖言”之法。“私习天文者”,谓非自有书,转相习学者,亦得二年徒坐。纬、候及谶者,《五经纬》《尚书中候》《论语谶》,并不在禁限。以上内容参见《唐律疏议》卷九《职制·私有玄象器物》,载刘俊文笺解:《唐律疏议笺解》,中华书局1996年版,第763-764页。

〔2〕《唐律疏议》卷一八《贼盗》“造妖书妖言”条规定:诸造妖书及妖言者,绞。造,谓自造休咎及鬼神之言,妄说吉凶,涉于不顺者。【疏】议曰:“造妖书及妖言者”,谓构成怪力之书,诈为鬼神之语”。“休”,谓妄说他人及己身有休征。“咎”,谓妄言国家有咎恶。观天画地,诡说灾祥,妄陈吉凶,并涉于不顺者,绞。传用以惑众者,亦如之;传,谓传言。用,谓用书。其不满众者,流三千里。言理无害者,杖一百。即私有妖书,虽不行用,徒二年;言理无害者,杖六十。【疏】议曰:“传用以惑众者”,谓非自造,传用妖言、妖书,以惑三人以上,亦得绞罪。注云:“传,谓传言。用,谓用书。”“其不满众者”,谓被传惑者不满三人。若是同居,不入众人之限;此外一人以上,虽不满众,合流三千里。其“言理无害者”,谓妖书、妖言,虽说变异,无损于时,谓若预言水旱之类,合杖一百。“即私有妖书”,谓前人旧作,衷私相传,非己所制,虽不行用,仍徒二年。其妖书言理无害于时者,杖六十。以上内容参见《唐律疏议》卷一八《贼盗·造妖书妖言》,载刘俊文笺解:《唐律疏议笺解》,中华书局1996年版,第1329-1330页。

〔3〕《要修科仪戒律钞》,载《道藏》第6册,第947-948、952-953页;《洞玄灵宝千真科》,载《道藏》第34册,第370页。

“狱成者，虽会赦，犹还俗”，指的是僧道有私习天文煽动百姓，并习读兵书，杀人、奸、盗，以及诈称得圣道的，即使遇到了恩赦，法律上不再受处罚，但是需要强制还俗。

“凡道士、女官、僧、尼等上观玄象，妄说吉凶，妖惑百姓，并习读兵书，杀人奸盗及诈称得圣道者，并依法付官司科罪；狱成者，虽会赦，犹还俗。”

综上所述，“假说灾祥及诈称得圣道”条涉及的禁止性规定，不仅仅是针对僧道，也是适用一般主体的，在格中单独列出，起到进一步强调的作用。相应的禁止性规定的内容，道教戒律也多有体现，这也体现了戒律对国法的维护。虽然戒律和国法的内容有相似，但是从“假说灾祥及诈称得圣道”条体现出背后的立法意图往往有所不同，国法更多的考量是政权稳定，而道教戒律多是从信仰的神圣性角度进行考量。

第二节　“勾合朋党”条与道教戒律

“勾合朋党”条复原：“凡道士、僧尼以三宝物饷馈官僚、勾合朋党者，皆还俗；毁骂三纲、凌突长宿者，皆苦使也。”〔1〕

首先，应当明确三宝物所指为何。“三宝”出自老子《道德经》第六十七章：“我有三宝，持而保之。一曰慈，二曰俭，三曰不敢为天下先。”按照成玄英的释：“一曰慈，既念苍生，拔苦与乐，此道宝也。二曰俭，少欲知足，守分不贪，此经宝也。三曰不敢为天下先，谦麾柔弱，先物后己，退身度人，此师宝也。”道教沿用老子的学说，并加以衍化，将其与教义、经书、师传相联系，提出道、经、师三宝说，在唐初“三宝”已为道教的重要教义内容之一。〔2〕

佛教对于三宝物也有相应的解释：

> 三宝物与佛、法、僧有关的物品。因佛、法、僧合称三宝而得名。据

〔1〕　郑显文：《唐代〈道僧格〉研究》，载《历史研究》2004 年第 4 期。

〔2〕　参见钟肇鹏主编：《道教小辞典》，上海辞书出版社 2001 年版，第 81、222 页。

> 《行事钞》:(1)佛像、殿堂、香、花、幡、盖等佛物;(2)经卷、纸笔、箱函、巾帕等法物;(3)僧房、田园以及衣、钵、谷、菜等僧物。这三类物品所属不同,佛教规定不许盗用与互用。[1]

由此可见,道教的三宝物,应当是指与道、经、师有关的物品,诸如造像、经书、宫观等各类财产。

关于此条格文的命名,有不同的观点。白照杰认为,此项规定,郑显文将之定名为"勾结朋党",但从内容上来看更侧重于维持寺观公共财产与秩序,私自使用寺观公共财物以勾结他人是损伤寺观经济之举,毁骂三纲是挑战寺观内权威的行为,二者都是在破坏唐统治者与佛道二教徒众都支持的制度性寺观生活的行为,因此以"勾结朋党"条来指称以上内容,可能未必合适。[2] 笔者认为,"勾合朋党"条名称的命名是从官方的角度进行命名的,并非从宫观的视角进行命名。

关于此条格文所禁止的内容,道教戒律也有相关规定,如《老君百八十戒》中便规定修道者"不得阿党所亲""不得数见王公官长"[3]。《三元品戒》中也禁止道士勾结权贵,设置了"学士及百姓子,交关天子侯王罪","学士及弟子,阿党所亲罪"等条目。[4]《洞玄灵宝千真科》中的相关规定更是与《道僧格》极为相似:"科曰:将常住食饮,以私饷及归私者,准盗论。科曰:若出家之人,将三宝之物赠遗官人豪势,内求润己,翻令俗人生布望心,纵能兴建,不如净坐。如有犯者,准盗物论。"[5]"科曰:盗造像物,罪同十恶。若盗将他家相,缘路告讫,又取物入己,被八门长考,万劫无出。科曰:盗十方斋供众物,或为头首,私自入己,入火坑狱,万劫方出,更入酆都,六十年考,长为饿鬼。"[6]《要修科仪戒律钞》中对此也有相应的处罚,"科曰:盗法物、什物,罪同五逆;盗造像物,罪同十恶。若盗将他家像,缘路告乞入己,罪备五狱二十四万劫。若自造像,拟将告乞,取物入己,被八门长

[1] 杜继文、黄明信主编:《佛教小辞典》,上海辞书出版社2001年版,第568页。
[2] 参见白照杰:《整合及制度化——唐前期道教研究》,格致出版社2018年版,第220页。
[3] 《要修科仪戒律钞》,载《道藏》第6册,第944-945页。
[4] 《要修科仪戒律钞》,载《道藏》第6册,第952页。
[5] 《洞玄灵宝千真科》,载《道藏》第34册,第372-373页。
[6] 《洞玄灵宝千真科》,载《道藏》第34册,第379页。

考,万劫无出"[1]。

世俗法惩罚的重点更多的是勾结官僚的行为,而道教戒律中通常将擅自使用寺观财产和勾合朋党分开,道教内部侧重于维护寺观财产,以更好地维持寺观秩序和保持正常的运作。而从惩罚的力度来看,世俗法的规定"凡道士、僧尼以三宝物饷馈官僚、勾合朋党者,皆还俗";道教戒律往往将擅自使用寺观财产准盗论,对于盗造像物之类的行为更多的是给予宗教信仰的惩罚。

综上所述,虽然"勾合朋党"条对于僧道以三宝物饷馈官僚、勾合朋党者都给予了处罚,但是出发点却有很大不同,宗教内部更多的是为了维持宫观经济秩序,而官方的考量是为了避免结党营私。从处罚的手段来看,此条格文世俗法的处罚手段为还俗和苦使,道教戒律的惩罚更多的是带有神学意义。

第三节　"饮酒食肉五辛"条与道教戒律

"饮酒食肉五辛"条复原:"凡道士、女官、僧、尼饮酒、食肉、设食五辛者,皆苦役也;若为疾病药分所须,给其日限。酒醉与人斗打,皆还俗。"[2]

此处对"道士、女官、僧、尼饮酒、食肉、设食五辛者",给予"苦役"的处罚,苦役应当是和苦使相同的含义,有学者认为,苦使或苦役是《道僧格》所规定的罚则之一,用语应该统一,不宜交替使用。[3]

道教戒律中有不少关于饮食方面的禁戒,诸如酒、肉、五辛方面,在《老君百八十戒》《三百大戒》《三元品戒》中都有类似规定。[4]《洞玄灵宝千真科》对不守科戒的道士饮酒的问题,给出了更为具体的惩罚规定,"科曰:乱众之人,不依正法,饮酒醉乱,轻欺上下者,罚钱及米,或余货财,当时同和,后便违拒,不肯输送,

〔1〕《要修科仪戒律钞》,载《道藏》第6册,第986页。

〔2〕郑显文:《唐代〈道僧格〉研究》,载《历史研究》2004年第4期。

〔3〕参见赵晶:《唐代〈道僧格〉再探——兼论〈天圣令·狱官令〉"僧道科法"条》,载《华东政法大学学报》2013年第6期。

〔4〕《要修科仪戒律钞》,载《道藏》第6册,第944、946－947页。

因兹杖罚,或夺财帛,以用供养,或苦役治地,斩伐草木,锄禾收刈。如一众不能治罚,捻集道众。又不能治,可送与国王,以依俗律"[1]。道士酒醉闹事,首先以罚款、罚物来惩戒,若道士拒绝缴纳罚款,则可改为杖刑,或强迫剥夺其财产,又或罚以劳役。若此道士不服从处罚,则总集道众一起施压。当他继续顽抗时,道众可将他送与官府,依世俗法论处。这样的处罚其实比格文的规定要细得多。

约成书于南北朝的《太上老君戒经》收录有五戒,"老君曰:第一戒杀,第二戒盗,第三戒淫,第四戒妄语,第五戒酒,是为五戒"[2]。此五戒也一直为道教所尊奉,戒酒便是五戒之一。

在《太上老君戒经》中,反复讲述饮酒的危害。危害之一是好酒会荼毒心智,且难以停止。"酒戒者,南方火也,太阳之气,物以之成,而人好酒,则心受其毒。心为一身之主,以成乎人,是太阳之气也。好酒之人,则毒冲于心,藏府荒废,以致迷丧者也。"[3]"酒之伤人,如火不救,逾多逾盛,不极而不止者也。"[4]危害之二是酒会使人发狂,犯淫戒,生五恶,"老君曰:戒中淫酒,能生五恶。淫则奢,奢则责,食则盗,盗则欺,欺则惧,惧则杀,此并淫之所能至也。酒能发狂,又能淫。《太清经》云:人身有三万六千虫,皆在五藏皮肤之中,饮酒则诸虫嗲动,嗲动则众恶兴,众恶兴则无所不为。故云能生五恶也"[5]。危害之三是如果犯酒戒,则会招致酒报,"意虑昏塞,众所慢轻。酒报也。生既昏浊,死无神明,此之受身,岂得清静,故人所轻慢"[6]。

《太上老君戒经》反复论述戒酒的重要性、饮酒的报应,同时也指出了不用戒酒的两种例外情形——"身病"和"法礼","老君曰:戒酒者,非身病,非法礼,皆不得饮。身病,谓己身疾,必应以酒也。法礼者,明非世俗馔会及鬼神之胙。若尊卑之礼,真灵之飨,则不至于失之者也"[7]。

---

[1] 《洞玄灵宝千真科》,载《道藏》第34册,第370页。
[2] 《太上老君戒经》,载《道藏》第18册,第202页。
[3] 《太上老君戒经》,载《道藏》第18册,第205页。
[4] 《太上老君戒经》,载《道藏》第18册,第206页。
[5] 《太上老君戒经》,载《道藏》第18册,第203页。
[6] 《太上老君戒经》,载《道藏》第18册,第207页。
[7] 《太上老君戒经》,载《道藏》第18册,第203页。

《虚皇天尊初真十戒文》大约成书于唐代,“第七戒者,不得饮酒过差,食肉违禁,当调和气性,专务清虚”[1]。从《太上老君戒经》表述的“戒酒”,到《虚皇天尊初真十戒文》表述的“不得饮酒过差”,明显对酒戒的要求降低了。《太上老君戒经》中戒酒的两种例外情形只有“身病”和“法礼”,而《虚皇天尊初真十戒文》中只是要求饮酒不过度即可。“夫不饮酒者,所以戒乱性也。盖酒本以行礼,浃洽和气,古人主宾百拜,终日而不至醉,示有节也。后人嗜欲无厌,纵饮谋醉,遂至形骸颠倒,礼法丧失,或以致病,或以构祸,罔觉其非,傥随平日酒量深浅,减节饮之,不使过量,又何乱性之有。”[2]按照《虚皇天尊初真十戒文》的表述,只要饮酒不过度、不乱性即可。

《要修科仪戒律钞》是唐代道士朱法满所撰,主要是关于科仪戒律的类钞。《要修科仪戒律钞》卷一四《饮酒缘》引《太平经》所述,饮酒有各种危害,“凡人饮酒,洽醉狂咏便作,或即斗死,或则相伤贼害,或缘此奸淫,或缘兹高堕,被酒之害,不可胜记”[3],而且酿酒对粮食的消耗巨大,“一日之间消五谷数亿万斗斛”[4],此害会“祸乱阴阳,使四时五行之气乖反”[5]。《太平经》中已经明确指出,无故饮酒会受罚,“无故饮酒一斗者,笞二十;二斗,杖六十;三斗,杖九十;一斛,杖三百”[6]。贤人君子皆应当守酒戒,造酒与饮酒同罪,“家有老疾”,则对于药酒可以变通。

《要修科仪戒律钞》卷一四《饮酒缘》引《千真科》《灵宝经》等经所述,反复强调不得饮酒,“出家之人,不得饮酒,或托天寒,诈称腹痛,饮后色变,或斗乱尊卑,或应供赴斋,或施行章醮,或游道路,或应对公私。非唯自失礼仪,抑亦秽辱道众,是灭道法,无生弘赞”[7],“生而饮酒者、死则连汲溟波水灌沃四渎中”[8],等等。

---

[1] 《虚皇天尊初真十戒文》,载《道藏》第3册,第405页。
[2] 《虚皇天尊初真十戒文》,载《道藏》第3册,第405页。
[3] 《要修科仪戒律钞》,载《道藏》第6册,第988页。
[4] 《要修科仪戒律钞》,载《道藏》第6册,第988页。
[5] 《要修科仪戒律钞》,载《道藏》第6册,第988页。
[6] 《要修科仪戒律钞》,载《道藏》第6册,第988页。
[7] 《要修科仪戒律钞》,载《道藏》第6册,第989页。
[8] 《要修科仪戒律钞》,载《道藏》第6册,第989页。

同样是在《要修科仪戒律钞》中,“若师主使令弟子,沽酒买肉,坐贩卖,牧牛养马,并为邪淫,驱使弟子。弟子可言,以此所作,非天尊行,某不敢为。师若有嗔责,可须舍去”〔1〕。若是师主有上述行径,弟子可以与师主舍离师徒关系,其中一项则为“师主使令弟子沽酒买肉”,可见《要修科仪戒律钞》中对酒戒的要求又变严了。

道教戒律对于酒的使用也是有所变通的,道教戒律中对于酒一直不是绝对禁止的,治病救人的话,是可以用的。郑显文的复原,“若为疾病药分所须”,可以“给其日限”,是可以变通执行的。但其他人的复原中,并无此变通的规定,如诸户立雄〔2〕、周奇〔3〕、张径真〔4〕等的复原。《唐六典》卷四记载:“僧、尼酒醉与人斗打,皆还俗;饮酒、食肉,设食五辛,皆苦役也。”《唐六典》此处并没有变通规定。根据日本《令集解》卷七“饮酒食肉五辛”条“凡僧尼,饮酒、食肉服五辛者,卅日苦使。若为疾病药分所须,三纲给其日限。若饮酒醉乱,及与人斗打者,各还俗”的规定,日本的《令集解》是有变通规定的。如果单就道教的教义教规以及道教的实践情况而言,《道僧格》中如果具有变通规定,会减少官员实际执行此格文的尴尬,有助于减轻官员的责任。“酒醉与人斗打”,须还俗,也是丧失道士身份的情况之一。

官方对酒很早就有各种禁令,如禁止饮酒、禁止卖酒、禁止酿酒等。《酒诰》可以说是中国最早的禁酒令,西周统治初期就已发布,《酒诰》是周公告诫康叔要吸取殷商酗酒亡国的教训。《酒诰》中指出殷商前期的统治者不敢恣意饮酒、勤于政务,而殷商后期的统治者却只顾着饮酒作乐,“惟荒腆于酒”,而疏于政务,最终导致了殷商的灭亡。殷鉴不远,对于周朝的统治者而言,必须吸取殷商饮酒亡国的教训,所以一定要严厉戒酒。周初统治者禁酒既针对一般民众,又要求统治者自身严格遵守,主要是出于巩固政权、改造社会风俗的需要。西汉初年也有类

---

〔1〕《要修科仪戒律钞》,载《道藏》第6册,第935页。

〔2〕参见赵晶:《唐代〈道僧格〉再探——兼论〈天圣令·狱官令〉“僧道科法”条》,载《华东政法大学学报》2013年第6期。

〔3〕参见赵晶:《唐代〈道僧格〉再探——兼论〈天圣令·狱官令〉“僧道科法”条》,载《华东政法大学学报》2013年第6期。

〔4〕参见张径真:《法律视角下的隋唐佛教管理研究》,中国社会科学出版社2018年版,第87页。

似规定,禁止三人以上无故群饮。

酒类专卖“榷酤”,从西汉以来,历代大多相沿实行酒类禁榷,不时也有“开酒禁”,各代有禁有放,以禁为多。两晋时期没有严格实行酒类榷酤,只是因饥荒而“禁酒”两三次,禁酒的时间并不长。

据《魏书·刑罚志》的记载,北魏文成帝设立酒禁,“高宗初,仍尊旧式。太安四年,始设酒禁。是时年谷屡登,士民多因酒致酗讼,或议主政。帝恶其若此,故一切禁之,酿、沽饮皆斩之,吉凶宾亲,则开禁,有日程”[1]。北魏文成帝设立酒禁的原因为“士民多因酒致酗讼,或议主政”,禁酒的范围也比较广,酿酒、买卖酒和饮酒的,全部都处斩,开禁的范围仅限于有吉礼、凶礼、宾礼和婚嫁,但是有日期限制。

史书记载了北齐时期关于酒类酤卖的相关法律规定,北齐时期依然有禁有放,但以禁为多,究竟用禁,还是用放,其主要依据则是当年粮食的生产情况,由此可知酿酒与粮食关系极大。[2] 民间历来有“粮为酒之肉,曲为酒之骨”的说法,酿酒需要消耗大量的粮食,五谷丰登、粮食丰收的年份,粮食和酿酒之间的矛盾尚不明显,若是荒年,粮食歉收的年份,二者之间的矛盾则显得尤为突出。

官方禁酒针对的对象往往是一般民众,不一定只针对道教徒,官方发布禁酒的目的,往往出于不同的考虑,如周初统治者禁酒是出于改造风俗,吸取殷商灭亡的教训、巩固政权;也有保障粮食数量,稳定社会的原因,因为酿酒需要大量的粮食;更有因为饮酒使人亢奋,或因酒致讼,或议主政,故禁之。

年代较早且可信度较高的史料《典略》中明确提到张鲁领导的天师道教团禁酒,“又依月令,春夏禁杀;又禁酒”[3],这个规定可能直接借鉴了汉代政府禁止酤酒的制度[4],它实际上杜绝了用酒祭神的行为,禁止祭酒饮酒食肉与取消祭

---

[1] 《魏书》卷一一一《刑罚志》,中华书局1974年版,第2875页。

[2] 参见张晋藩总主编、乔伟主编:《中国法制通史》(第3卷·魏晋南北朝),法律出版社1999年版,第570页。

[3] 《三国志》卷八《魏书·张鲁传》,中华书局1982年版,第264页。

[4] 参见大渊忍尔:《中國における民族的宗教の成立》,载大渊忍尔:《初期の道教——道教史の研究其の一》,第169-170页。转引自吕鹏志:《唐前道教仪式史纲》,中华书局2008年版,第15-16页。

祀也是密切相关的,因为参与祭祀的人通常可以分食鬼神享用的供品,借此沾溉鬼神的灵气。[1]

对于早期道教而言,虽然有张鲁的天师道以教团的名义明令禁酒,但是对于个体而言,戒酒更多的只是个人修炼行为的禁忌,对于大部分道士而言,戒酒似乎并不是平时必须严格遵守的纪律,只是在一些特定的庄严的场合需要戒酒,如厨会、祭祀、上章等场合或仪式中需要严格遵守。五戒之一的酒戒一直为道教所尊奉,各种戒律中也反复陈述饮酒的害处,不同戒律要求的严格程度和个体遵守的效果一直有差异。

除了饮酒,“饮酒食肉五辛”条还提到了僧道其他的饮食禁忌,如不能食肉、不能食五辛。禁止食肉,戒荤腥,戒杀生,对于道教内部的道士女官而言,更多的是出于道教爱护生命、重视生命的戒律思想,道教在古灵宝经模仿佛教订立的一系列戒律中,包括禁止“杀生祠祀六天鬼神”的规定。[2]《要修科仪戒律钞》所收录的戒律中便有不少类似内容,如卷五中的《太极左仙公请问》太上十戒“七者,不得杀生祠祀六天鬼神”[3]。

综上所述,“饮酒食肉五辛”条指出了僧道的饮食禁忌,不能饮酒食肉、不能食五辛,否则除以苦役的惩罚。道教戒律中不断强调要严格遵守,但也有一些变通的规定,如治病救人的场合则可以不用严格遵守酒戒。国法对于戒律的最低要求给予了支持和认可,戒律更高层次的遵守更多地有赖个人的修养和内部的约束。

第四节　“作音乐博戏”条与道教戒律

“作音乐博戏”条复原:“凡道士、女道士、僧、尼作音乐及博戏者,皆苦使,棋

[1] 参见吕鹏志:《唐前道教仪式史纲》,中华书局2008年版,第15-16页。
[2] 参见吕鹏志:《唐前道教仪式史纲》,中华书局2008年版,第15-16页。
[3] 《要修科仪戒律钞》,载《道藏》第6册,第940页。

琴不在此限。”[1]

官方对于有可能蛊惑人心的淫乐奇技很早就有禁止性规定,根据《礼记·王制》的记载,商代就有“乱政”“疑众”罪的规定,“析言破律、乱名改作、执左道以乱政,杀。作淫声、异服、奇技、奇器以疑众,杀。行伪而坚、言伪而辩、学非而博、顺非而泽以疑众,杀。假于鬼神、时日、卜筮以疑众,杀”。其中就有对“作淫声、异服、奇技、奇器以疑众”处以死刑的规定,不过,《礼记·王制》的内容未必与商代的制度完全相符,仅作参考。

《墨子·非乐》记载:“先王之书,汤之官刑有之,曰:其恒舞于宫,是谓巫风。其刑:君子出丝二卫,小人否。”巫风是属于沉湎歌舞的犯罪行为,商代对巫风处罚的主体是官员,是有关惩治职务犯罪方面的规定。

由此可见,官方并非对所有音乐一概禁止,禁止的只是蛊惑人心的淫乐奇器,以及沉湎歌舞的职务犯罪。道教戒律里也有类似规定,葛洪《抱朴子内篇·道意》记载:“心受制于奢玩,情浊乱于波荡,于是有倾越之灾,有不振之祸,而徒烹宰肥腯,沃酹醪醴,撞金伐革,讴歌踊跃,拜伏稽颡,守请虚坐,求乞福愿,冀其必得,至死不悟,不亦哀哉?”[2]又如《三百大戒》规定道士“不得习世间伎乐”,“当念远声色歌舞之术”等。[3] 道教方面甚至还给出了制定此戒律的具体原因,如《要修科仪戒律钞》卷四“升玄九戒”之第六戒便认为世俗音乐会扰乱人心,此乃淫声,是亡国乱正的罪魁祸首之一,“第六戒曰:耳不得听八音五乐,淫声妖孽,乱正亡国,妖伪之乐,无有厌足,不知动入罪网,不能自觉,耳过之罪,罪亦复大,不自耳犯,不得令教于人,摄意持戒,终身奉行。是吾太上太上太一第六戒也”[4]。因此修道者不可犯此耳根之罪,不仅己不听,也须避免教别人听。

可见道教戒律中禁止的音乐只是有可能“乱正亡国”的淫声,其实道教戒律中不乏关于斋醮音乐方面的规范。道教的音乐是随着道教的斋醮科仪的发展而

---

〔1〕 郑显文:《唐代〈道僧格〉研究》,载《历史研究》2004年第4期。

〔2〕 王明:《抱朴子内篇校释》,中华书局1985年版,第171页。

〔3〕《要修科仪戒律钞》,载《道藏》第6册,第947、949页。

〔4〕《要修科仪戒律钞》,载《道藏》第6册,第939页。

逐渐发展的。自北魏寇谦之改直诵为音诵以来，道教音乐遂成为独特的斋醮音乐。[1] 如《老君音诵诫经》记载，"道官箓生初受诫律之时，向诫经八拜，正立经前。若师若友，执经作八胤乐音诵。受者伏诵经意卷后讫，后八拜止。若不解音诵者，但直诵而已。其诫律以两若相成之，常当恭谨，若展转授同友及弟子，按法传之，明慎奉行如律令"[2]。

在"作音乐博戏"条中，需要被罚做苦使的行为有二：除了作音乐以外，另一行为是博戏。博戏是以游戏的方式进行的赌博，早在战国时期的李悝整合诸国法典所撰的《法经》中，就有对博戏相关内容的规定，在《唐律疏议》中更是有所体现，"诸博戏赌财物者各杖一百，举博为例，馀戏皆是"[3]。唐律中的"博戏赌财物"条针对的是一般人，此条格文则是专门针对僧道而言的。道教戒律中，对于戒赌，也有相应规定，"科曰：出家之人，务在简静，非法行事，动则落邪。非法者：……十则摴蒲双陆、劫盗行非、恣意所为、而不自戒"[4]。其中，则将"摴蒲双陆"定为"非法行事"，违背了出家修行"务在简静"的宗旨。

在"作音乐博戏"条中，唯有琴棋二者得以保存正面评价，原因在于琴虽有声，但古来与其相关的神仙传说不断，文人士大夫历来推崇，故修道者可以操持；棋也同样历史悠久，又可凝定心神意志，与修道实践中的屏息凝神有相类似之处，与一般博彩游戏的喧闹放荡大为不同，故亦可保存。[5] 这里提供了一种解释的可能性，主要是从道教的角度而言。有没有可能"棋琴"只是法物的代称，专用于法事活动，当然，这只是一种推测，仅提供一种思考角度。之所以棋琴"不在此限"，笔者认为，是因为棋琴本来就不属于所禁止的范畴，只是更加明确地指出而已。另外，各家复原《道僧格》此条格文的内容，大多保留了棋琴不在限制的但书

---

〔1〕 参见门岿主编：《中国历代文献精粹大典》(上)，学苑出版社1990年版，第506页。

〔2〕 《老君音诵诫经》，载《道藏》第18册，第210页。

〔3〕 《唐律疏议》卷二六《杂律·博戏赌财物》，载刘俊文笺解：《唐律疏议笺解》，中华书局1996年版，第1814页。

〔4〕 《要修科仪戒律钞》，载《道藏》第6册，第984页。

〔5〕 参见白照杰：《整合及制度化——唐前期道教研究》，格致出版社2018年版，第225页。

条款〔1〕,诸户立雄对此条的复原并未保留但书条款〔2〕。

综上所述,“作音乐博戏”条指出了僧道在娱乐方面的禁忌,不得作惑乱人心的音乐、不得博戏赌财,世俗法和道教戒律的规定相互支持、相互印证,也都对不属于“淫声妖孽”棋琴作出了变通的宽容规定。

第五节　“听著木兰”条与道教戒律

“听著木兰”条复原:“凡道士、女道士、僧、尼衣服皆以木兰、青碧、皂荆黄、缁坏之色。若服俗衣及绫罗、乘大马,皆还俗。”〔3〕

关于此条格文的规定,《唐律疏议》卷三《名例》“除免比徒”条也有提及,按照疏议的规定,“依格:道士等辄著俗服者,还俗”。

道教戒律中对道士的服饰也作出了相应的规定,如唐代道士张万福就针对道士的法服撰有《三洞法服科戒文》。又如,《正一威仪经》规定:“正一法服威仪:法服不得用五色绫锦罗绮,当以缯布,制度如法,常须清净,勿过三通。正一法服威仪:法服不得辄去身。若洗濯替代,勿令俗人犯触混杂。凡衣,常有神男、神女守护。正一法服威仪:法服不得假借,当须自备。若破坏,任以火净化之。若住山林静处,或埋瘗之。正一法服威仪:法服脱着,置清净之处。如诣厕溷,把诸物,皆先洗濯手足,然后取之。正一入靖威仪:先整顿法服,澡漱祝诵,旋行唱赞,并须如法,不得随宜,吏兵谪言。”〔4〕

道士的服饰又称冠服,一般有两种:一种是道士平时穿戴的冠裳和免冠簪帔,

〔1〕 参见赵晶:《唐代〈道僧格〉再探——兼论〈天圣令·狱官令〉“僧道科法”条》,载《华东政法大学学报》2013年第6期;张径真:《法律视角下的隋唐佛教管理研究》,中国社会科学出版社2018年版,第89页。

〔2〕 参见赵晶:《唐代〈道僧格〉再探——兼论〈天圣令·狱官令〉“僧道科法”条》,载《华东政法大学学报》2013年第6期。

〔3〕 郑显文:《唐代〈道僧格〉研究》,载《历史研究》2004年第4期。

〔4〕 《正一威仪经》,载《道藏》第18册,第254页。

称为道服;另一种是道士在斋醮仪式中穿著衣帔,称为法服。[1] 刘宋陆修静时已经形成了道士法服的规制,“夫巾、褐、裙、帔制作长短、条缝多少、各有准式,故谓之法服”[2]。法服的制作也得依据一定标准,“各有准式,作不得法则鬼神罚人”。[3] 此时道教的法服已经同世俗的服饰制度相类似,与社会不同等级相联系,“道家法服犹世朝服,公侯士庶各有品秩五等之制”[4]。

《洞玄灵宝三洞奉道科戒营始》针对不同派别、阶品、性别的道士的服饰作出规定。[5]《三洞法服科戒文》有46条法服科戒,《要修科仪戒律钞》卷九为《衣服钞》,唐代戒律中已有相当多的内容对道教服饰进行了较为严格的规范,有一套相当完善的穿、脱、存放、制作法服的管理制度。[6] 如果道士违反关于法服的各种戒律,则会受到相应的惩罚,“应服不服,非服而服,皆四司考魂夺算一千二百”[7]。“唐代道教服饰制度是宗教法度、秩序的重要象征。它助于维护等级森严的宗教秩序和实施宗教教化作用,进而从思想上、行为上加强了对道教徒的规范化管理。”[8]

由此可见,在唐代,关于道士服饰方面的管理和规范,不仅世间律法作出了明确规定,道教内部自身的戒律也有相应的要求。如果细究二者出现时间的早晚,道教戒律关于服饰方面的要求应该早于唐代律法的相关规定,世间法“对僧、道衣服颜色的规定体现了中国传统对于衣冠礼教的重视,同时此条制的制定也一定参考了二教的原有规范”[9]。世俗法对道士、女道士衣服着装的颜色,要求都应使用木兰、青碧、皂荆黄、缁坏等颜色,《三洞法服科戒文》中亦主张“法服不得用五彩作”,“法服不得用锦绣绮作”[10],若违反规定,就会受到颇为沉重的冥考。

---

[1] 胡锐:《道教宫观文化概论》,巴蜀书社2008年版,第84页。
[2] 《陆先生道门科略》,载《道藏》第24册,第781页。
[3] 《陆先生道门科略》,载《道藏》第24册,第781页。
[4] 《陆先生道门科略》,载《道藏》第24册,第781页。
[5] 《洞玄灵宝三洞奉道科戒营始》,载《道藏》第24册,第760－761页。
[6] 林西朗:《唐代道教管理制度研究》,巴蜀书社2006年版,第191页。
[7] 《三洞法服科戒文》,载《道藏》第18册,第231页。
[8] 参见林西朗:《唐代道教管理制度研究》,巴蜀书社2006年版,第191页。
[9] 白照杰:《整合及制度化——唐前期道教研究》,格致出版社2018年版,第225页。
[10] 《三洞法服科戒文》,载《道藏》第18册,第231页。

衣着朴素、颜色淡雅本应是潜心修道的道士们所追求的外在形象，道士的衣服是否符合戒律的要求关系到是否有损道法和道门形象以及是否获罪天官的大问题。[1] 显然，世俗法对道教戒律关于道士服饰的要求充分予以肯定。

各家复原《道僧格》此条格文的内容，还俗的事由主要是服饰方面，还俗的事由大多不包括“乘大马”[2]，郑显文和张径真的复原在还俗事由中包括“乘大马”[3]，日本《僧尼令》“听木兰”条只单纯规定僧尼服饰颜色，严禁僧尼穿着俗服，关于禁止僧人“骑大马”的内容，张径真认为，《僧尼令》借鉴此条文可能是根据本国情况删掉了僧人“骑大马”这一项禁约。[4] 根据《唐会要》卷三一《杂录》的记载，“师僧道士，除纲维及两街大德，余并不得乘马，请依所司条流处分”[5]。由此可见，结合《唐会要》和此条格文，一般的僧道是不允许乘马的，但是“纲维及两街大德”并不在此限。

综上所述，“听著木兰”条主要指出了僧道在服饰方面的禁忌，道教戒律比世俗法的规定更早、更为细致。

第六节 “禅行修道”条与道教戒律

“禅行修道”条复原：“凡道士、女道士、僧、尼有禅行修道，意乐寂静，不交于俗，欲求山居服饵者，三纲连署，在京者经鸿胪、宗正，在外者经州县，勘实并录申官。僧尼有能行头陀者，到州县寺舍，任安置将理，不得所由恐动。”[6]

道教经书《一切道经音义妙门由起》记载了不同类型的道士：《一切道经音义

---

[1] 参见白照杰：《整合及制度化——唐前期道教研究》，格致出版社2018年版，第226页。

[2] 参见赵晶：《唐代〈道僧格〉再探——兼论〈天圣令·狱官令〉“僧道科法”条》，载《华东政法大学学报》2013年第6期。

[3] 参见郑显文：《唐代〈道僧格〉研究》，载《历史研究》2004年第4期；张径真：《法律视角下的隋唐佛教管理研究》，中国社会科学出版社2018年版，第90页。

[4] 参见张径真：《法律视角下的隋唐佛教管理研究》，中国社会科学出版社2018年版，第90页。

[5] 《唐会要》卷三一《舆服上·杂录》，中华书局1960年版，第575页。

[6] 郑显文：《唐代〈道僧格〉研究》，载《历史研究》2004年第4期。

妙门由起》在序言中将道士分为7种类型;《一切道经音义妙门由起》在《明开度第五》所引《三洞奉道科诫》中,将道士列为6种类型。不论是7种类型,还是6种类型,均涉及山居道士。

《一切道经音义妙门由起》序言中提到了7种类型的道士,“然道士立名,凡有七等:一者天真,二者神仙,三者幽逸,四者山居,五者出家,六者在家,七者祭酒。其天真、神仙、幽逸、山居、出家等,去尘离俗,守道全真,踪寄寰中,不拘世务。其在家、祭酒等,愿辞声利,希入妙门,但在人间救疗为事,今剑南、江表,此道行焉。所以称之为道士者,以其务营常道故也”[1]。虽然经文将道士分为7种不同类型:天真道士、神仙道士、幽逸道士、山居道士、出家道士、在家道士、祭酒道士等,但是这里更偏重道士的共性。不论是天真道士、神仙道士、幽逸道士、山居道士、出家道士,还是在家道士、祭酒道士,都应坚持清虚大道,“务营常道”。接下来,《一切道经音义妙门由起》还指出了这7种不同类型的道士的区别:“又云道士,士者,事也。事有多少,学致差殊。凡有七阶,俱称道士:一者天真,谓体合自然,内外淳净;二者神仙,谓变化不测,超离凡界;三者幽逸,谓含光藏辉,不拘世累;四者山居,谓幽潜默遁,仁智自安;五者出家,谓舍诸有爱,脱落嚣尘;六者在家,谓和光同尘,抱道怀德;七者祭酒,谓屈己下凡,救度色苦。”[2]

《一切道经音义妙门由起》在《明开度第五》所引《三洞奉道科诫》中,将道士分为六种类型:“《三洞奉道科诫》曰:道士有六阶,方外之士也。一天真道士,二神仙道士,三山居道士,四出家道士,五在家道士,六祭酒道士。所以谓之天真道士者,体变合化,混沌自然,道亚三清,智周万物,即高玄皇人之流也。神仙道士,功成累劫,德被尘沙,神化无方,飞腾自在,即杜冲、尹轨之列也。山居道士者,无为无欲,守道守精,气冠烟霄,心凝淡泊,即许由、巢父之比也。出家道士者,擯落纷埃,忘諆健羡,心遗万物,神王九空,眇出樊笼,永辞妻息,即宋伦、彭谌之匹也。在家道士者,消声陆沈,和光顺世,心凝道极,形混人间,吐纳自居,逍遥独得,即黄琼、籛铿之伦也。祭酒道士者,轨迹虚远,志行冲辑,慈以救人,和能抚物,不贪不

[1] 《一切道经音义妙门由起》,载《道藏》第24册,第721页。
[2] 《一切道经音义妙门由起》,载《道藏》第24册,第728页。

欲，绝色绝声，独运贞心，归诚于道。祭者，制也；酒者，和也。制其刚强，和其人我，即李东、干室之属也。"[1]这里的六种类型，比之前的七种类型少了"幽逸道士"，根据经文对"幽逸道士"和"山居道士"的解释，"幽逸，谓含光藏辉，不拘世累"[2]，"山居，谓幽潜默遁，仁智自安"[3]，"山居道士者，无为无欲，守道守精，气冠烟霄，心凝淡泊，即许由、巢父之比也"[4]。可见，"幽逸道士"和"山居道士"并无实质上的区别，"幽逸道士"也可以视为"山居道士"的一种。

"禅行修道"条说明，僧道"欲求山居"，也需要经过一定的程序。而且不同的学者对于"欲求山居"所主管办理相关程序的机构，看法也不太一致。

"在京者"，郑显文的复原为"在京经鸿胪、宗正"[5]，张径真的复原为"经鸿胪寺"[6]，周奇的复原为"在京经省司"[7]，"有唐一代有关道、释二教的管理机关屡有变化，且二教分属不同机构，那么《道僧格》此条规定适用道、释二教，恐应如周氏所复原的'省司'这般统括之；而郑氏复原的'鸿胪、宗正'皆为道教管理机构，不可从"[8]。

"在外者"，郑显文的复原为"经州县"[9]，周奇的复原为"经州县"[10]，张径真的复原为"经所由官司"[11]，笔者认为，"经州县"的用语更符合一般表达。

如果未经审批的山居，是不受官方认可的，至于是否受处罚，以及受何种处罚，此格文并没有体现出来。

就道教而言，官方只承认具有合法僧道身份且经过审批的山居道士；对于道教内部而言，对于道士的认定，却广泛得多，也有一系列规定。

---

〔1〕《一切道经音义妙门由起》，载《道藏》第24册，第728、729页。
〔2〕《一切道经音义妙门由起》，载《道藏》第24册，第728页。
〔3〕《一切道经音义妙门由起》，载《道藏》第24册，第728页。
〔4〕《一切道经音义妙门由起》，载《道藏》第24册，第729页。
〔5〕参见郑显文：《唐代〈道僧格〉研究》，载《历史研究》2004年第4期。
〔6〕张径真：《法律视角下的隋唐佛教管理研究》，中国社会科学出版社2018年版，第92页。
〔7〕周奇：《唐代宗教管理研究》，复旦大学2005年博士学位论文。
〔8〕赵晶：《唐代〈道僧格〉再探——兼论〈天圣令·狱官令〉"僧道科法"条》，载《华东政法大学学报》2013年第6期。
〔9〕参见郑显文：《唐代〈道僧格〉研究》，载《历史研究》2004年第4期。
〔10〕参见周奇：《唐代宗教管理研究》，复旦大学2005年博士学位论文。
〔11〕参见张径真：《法律视角下的隋唐佛教管理研究》，中国社会科学出版社2018年版，第92页。

综上所述,“禅行修道”条指出了僧道山居修道需要履行的程序,以及办理相关程序的主管机构。山居修道是宗教修行的一种方式,会引起人员流动,官方对此种修行方式加以认可,并纳入管理范畴。

第七节　“不得私畜财物”条与道教戒律

“不得私畜财物”条复原:“凡道士、女道士、僧、尼不合畜奴婢、田宅私财,违者,许人告发,物赏纠告人。”[1]

周奇和张径真的复原中,除了不能私畜奴婢、田宅私财之外,多增加了一项禁止内容,不能“兴贩出息”[2]。

此条的重点在于不得私畜财物。严格来说,寺观财产和私人财产是有区别的,寺观财产属于道众共有,私人财产属于某一位道士私人所有。

三国曹魏文帝修复老子祠,西晋惠帝元康时,重新修葺楼观台宗圣观,这是政府出钱修治寺观的早期例子。在南朝,宋文帝为陆修静置崇虚馆。梁武帝为纪念许穆立祠真馆长史本宅,天监十三年(公元514年)立为宗阳观。[3] 梁武帝又为陶弘景建太清玄坛。根据南朝梁萧统所撰《虞山招真治碑》的记载,道士沛郡张道裕,为汉朝天师张道陵十二代孙。从梁天监二年(公元503年)开始,张道裕在虞山隐遁10余年,立馆修仙。[4] 唐王悬河《上清道类事相》卷一《仙观品》亦称:“张裕,天师之十二世孙,少小出家,梁天监中于虞山起招真馆居之,能致仙道也。”陶弘景与天师道第十二代天师张道裕关系十分密切。史载“梁武(帝)初未

[1] 郑显文:《唐代〈道僧格〉研究》,载《历史研究》2004年第4期。

[2] 参见赵晶:《唐代〈道僧格〉再探——兼论〈天圣令·狱官令〉“僧道科法”条》,载《华东政法大学学报》2013年第6期;张径真:《法律视角下的隋唐佛教管理研究》,中国社会科学出版社2018年版,第96页。

[3] 《历世真仙体道通鉴》,载《道藏》第5册,第223页。

[4] (梁)简文帝(萧纲)《虞山招真治碑》,《艺文类聚》卷七八;《全梁文》卷一四;《图书集成》道观部艺文;陈垣编纂:《道家金石略》,文物出版社1988年版,第29页。

知道教,先生(陶弘景)渐悟之。后诣张天师道裕,建立玄坛三百所,皆先生之资也"[1]。所谓"玄坛"即道教的宫观建筑,陶弘景依靠梁武帝的支持为天师张道裕建立宫观三百所。[2] 从以上例子可以看出,官方出资大力支持道观的发展,多与极具影响力的道士有关。

规定道士不得积累私产的道教戒律非常多,如《要修科仪戒律钞》所引《左仙公请问经》太上十戒第6条规定,"六者,不得贪积珍宝,弗肯施散",以及所引《老君百八十戒》中的相关内容,"戒曰:弟子不得多畜积,不得盗取人物,不得妄取人一钱以上物,不得畜猪羊",以及《三百大戒》列出的相应条目,"不得重贵七宝、不散施四辈,不得乐人钱财衬物为己重担,不得畜刀杖兵器,不得养六畜,不得金银器食饭,不得死厚葬体骨,不得贪乐荣禄",等等。[3]《洞玄灵宝千真科》将贪财聚敛称为"十恶累","科曰:出家之人,清堂虚室,糁既甚,有十恶累:一则广占荒野,别畜田宅;二则种植园林,自求地利;三则出入贮积丝绵谷帛;四则畜贩奴婢;五则爱养六畜;六则贪聚八珍;七则好乐玩物;八则雕饰帐帷;九则衣着奇异;十则财宝弥勤。此之十事於身,不得为清虚,得之在身为患累。若有此者,妨向道心,碍净解慧"[4]。如果有弟子"多畜钱财、宝货、牛马、奴婢,耽着不已"[5],违反了"道法清虚"的宗旨,违背了"不希名利,闲居静室"的要求,"如此之人,断三宝原,夺众生福,维持经奉戒,俱为灭法"[6]。

但是,戒律并不禁止正常的生活所需物资,以及为应对天灾时乱等进行必要的物质储备,如《要修科仪戒律钞》所引《洞玄灵宝千真科》记载,"科曰:若诸弟子,恒惧天寒、时乱、饥荒等事,贮积丝绵、帛布、五谷,以备时急惠施者,不禁也"。

道教戒律不仅反对私产积累,更禁止涉足市侩的扩大性运营。如早期上清经《上清洞真智慧观身大戒文》便要求修道者不积累七宝、六畜,亦不许修道者教导

---

[1]《太平广记》卷一五《真(贞)白先生传》引《神仙拾遗》,中华书局1961年版,第105页。
[2] 参见郑开编:《水穷云起集:道教文献研究的旧学新知》,社会科学文献出版社2009年版,第49页。
[3]《要修科仪戒律钞》,载《道藏》第6册,第940、944-945、947页。
[4]《洞玄灵宝千真科》,载《道藏》第34册,第373页。
[5]《要修科仪戒律钞》,载《道藏》第6册,第984页。
[6]《要修科仪戒律钞》,载《道藏》第6册,第984页。

他人涉足此道。[1] 古灵宝经《太上洞玄灵宝智慧罪根上品大戒经》称:“不得贪积珍宝,弗肯施散。”[2]在从南北朝到唐代最具影响的道门科文之一《洞玄灵宝千真科》中,如果师父令弟子“坐行贩卖、牧牛养马”,弟子甚至可以义正词严地离师而去。[3] 中古道教师徒关系建立在盟誓基础上,师父是弟子与大道、天尊之间的中介。《千真科》“自下而上”地断然割裂这层关系,否定师父的法脉中介地位,可知道教对此类经济事务反感之深。[4]

道教戒律反对私产积累,禁止涉足市侩的扩大性运营,更反对为人作保。“道教十分重视信守契约,这是继承上古时代符契制度而产生的思想。”[5]《道德经》第七十九章记载:“是以圣人执左契,而不责于人。有德司契,无德司彻。天道无亲,常与善人。”[6]河上公注曰:“古者圣人执左契,合符信也。无文书法律,刻契合符以为信也。但刻契为信,不责人于他事也。有德之君,司察契信而已,无德之君,背其契信,司人所失。天道无有亲疏,唯与善人,则与司契同也。”[7]道教在其传道过程中引入了符契的制度,这表现在两个方面:第一,入道所受之箓是入道者与神灵之间订立的契约,一方面是表明神灵同意入道者名登仙籍,另一方面也表明入道者遵守对神灵的承诺,持守戒规;第二,经戒符箓传授过程中,应准备各种信物和盟誓契卷,如七宝、金银、金环、金钮、龙璧、断发歃血、绛巾碧巾、命米、鱼雁、纸墨、契卷、盟、誓等。[8]

---

〔1〕《上清洞真智慧观身大戒文》,载《道藏》第 33 册,第 797 页。

〔2〕《太上洞玄灵宝智慧罪根上品大戒经》,载《道藏》第 6 册,第 887 页。

〔3〕《洞玄灵宝千真科》,载《道藏》第 34 册,第 371 页。都筑晶子认为此条转引自《四分律删繁补阙行事钞》。但都筑晶子还发现,《千真科》中很多条目对其佛教本源进行了转化和修订,故表现出道教“新条例”对于道教事务的针对性。参见都筑晶子:《道观における戒律の成立——〈洞玄灵宝千真科〉と(四分律删繁补阙行事鈔)》,载麦谷邦夫编:《中国中世社会与宗教》,道气社 2002 年版。此脚注参见白照杰:《整合及制度化——唐前期道教研究》,格致出版社 2018 年版,第 127 页,脚注[93]。

〔4〕参见白照杰:《整合及制度化——唐前期道教研究》,格致出版社 2018 年版,第 102 页。

〔5〕刘绍云:《宗教律法与社会秩序——以道教戒律为例的研究》,巴蜀书社 2009 年版,第 162 页。

〔6〕《道德经》第七十九章,载陈鼓应:《老子注译及评介》(修订增补本),中华书局 2009 年版。

〔7〕《道德经集释》(上),中国书店 2015 年版,第 104 - 105 页。

〔8〕参见刘绍云:《宗教律法与社会秩序——以道教戒律为例的研究》,巴蜀书社 2009 年版,第 162 - 163 页。

道教戒律中体现了强烈的契约意识，主张在经济行为中要有责任意识，要重契约，守信诺。《太平经》要求人们“动作言顺，无失诚信”[1]。《老子想尔注》记载：“人当常相教为善，有诚信。”[2]

“道教戒律要求在经济活动中遵守交易规则，符合公平、公正的既定经营规范。”[3]“执心平等，不得自欺”[4]，不得“借换不还，欺诱万民”[5]，“换贷不还是我大病；出债长取大斗入小斗出、轻秤出重秤入是我大病”[6]，“穿窬墙壁，移号拆函，开封击锁，改换印章，私心隐匿，贷借不还，欺昧侵窃，皆谓之盗”[7]。

“道教相信多言必多失、轻诺必寡信，为了做到言必信、诺必果，人们在经济行为中就应当慎言慎行，不能轻率地作许诺，也不要轻易地为别人做中保，避免因为别人的不守契约而导致自己的失信”[8]，故“不得为人作中保契卖交易”[9]。笔者认为，经济伦理的因素是一方面，另一方面的原因也有可能是受世俗观念所影响，由于中人、保人的社会评价不高，故戒律中有此体现。

《礼记·月令》记载：“物勒工名，以考其诚。功有不当，必行其罪，以穷其情。”[10]这就说明，中国先秦时，在商业交易中已十分强调商品交易中的“诚信”原则。《唐律疏议》卷二六《杂律》“器用绢布行滥短狭而卖”条【疏】议曰：“故《礼》云：‘物勒工名，以考其诚。功有不当，必行其罪。’其行滥之物没官，短狭之物还主。”[11]这也是“诚信”原则在唐律中的要求。

《老君说一百八十戒》中第123戒规定：“不得为人保任券契、买卖田宅、奴婢之事。”唐代朱法满的《要修科仪戒律抄》卷五亦收录其文。由此可说明在唐代，

---

〔1〕 王明：《太平经合校》，中华书局1960年版，第569页。

〔2〕 饶宗颐：《老子想尔注校证》，上海古籍出版社1991年版，第11页。

〔3〕 刘绍云：《宗教律法与社会秩序——以道教戒律为例的研究》，巴蜀书社2009年版，第164页。

〔4〕 《上清灵宝大法》，载《道藏》第31册，第356页。

〔5〕 《无上秘要》，载《道藏》第25册，第162页。

〔6〕 《洞玄灵宝太上真人问疾经》，载《道藏》第24册，第675页。

〔7〕 《上清灵宝大法》，载《道藏》第30册，第719页。

〔8〕 刘绍云：《宗教律法与社会秩序——以道教戒律为例的研究》，巴蜀书社2009年版，第165页。

〔9〕 《中极戒》，载《藏外道书》第12册，第35页。

〔10〕 《礼记·月令》，王文锦译解：《礼记译解》，中华书局2016年版，第208页。

〔11〕 《唐律疏议》卷二六《杂律·负债违契不偿》，载刘俊文笺解：《唐律疏议笺解》，中华书局1996年版，第1860页。

道教戒律中也是禁止替人作保的，戒律中所说“不得为人保任券契”，应该是包括替所有人作保，作保的对象照理也是包括其他道士在内的，但是从《杨神岳便麦契》中可以看出实践中仍然存在替人作保这一现象。

编号为S.2073的敦煌变文《庐山远公话》记载：“是时贫道作保，后乃相公身亡，贫道欲拟填还，不幸亦死。轮回数遍，不愚相逢，已是因缘，保债得债。”[1]“缘贫道宿世曾为保见，有其债负未还，欲得今世无冤，合来此处计会。”[2]从此处也可看出，道教中人关于重信守约的观念，一旦作保，在当世不能偿还债务，即使轮回也要践行誓约。道教戒律中不允许作保，更多的是道教中人重契守信、不轻易许诺的观念的体现。

另外，佛教也有严格规定禁止僧尼私蓄财产的传统和戒律，特别不得私蓄八种重物即“不净物”，《佛祖统纪》中说：“八不净者，一田园，二种植，三谷帛，四畜人仆，五养禽兽，六钱宝，七褥釜，八象金饰床及诸重物。”凡私蓄财产和私用常住之物，应受严惩。“佛立禁戒：凡僧蓝、钱谷、蔬果、器具、屋庐、田山，是为十方僧众常住之物，非已可得私用。苟掩以为私，虽四钱以上，则便成为盗罪。终不免沦坠之罪。”[3]但是佛教教义并不排斥高利贷，佛经中就有许多借贷取利、出借佛物取息的内容。如《僧祇律》：“塔、僧二物出息互贷，分别疏记。”《十诵经》有“塔物出息取利”。《善生经》有“病人贷三宅物，十倍还之”等，诸如此类记载相当普遍。寺院积有资财，经义又允许放债取利，而债务人也受宗教信仰约束，不敢欠债不还。种种方便之处俱全，寺院自然将收取质押品放债取利作为主要副业。寺院收质放债所收的质押品种类繁多。据《南齐书》记载，南齐初年，褚渊死，“家无余财，负债至数十万”，其弟褚澄时为左民尚书，“以钱万一千，就招提寺赎太祖所赐渊自貂坐褥坏作裘及缨，又赎渊介帻，犀导，及渊常所乘黄牛”。可见招提寺放债收质的财物包括衣物、杂品、黄牛等。[4]

---

〔1〕　项楚：《敦煌变文选注》（增订本），中华书局2006年版，第1943页。

〔2〕　项楚：《敦煌变文选注》（增订本），中华书局2006年版，第1943页。

〔3〕　《佛祖统纪》卷四〇。

〔4〕　本段内容参见张晋藩总主编、乔伟主编：《中国法制通史》（第3卷·魏晋南北朝），法律出版社1999年版，第402页。

对于在一些经律上有矛盾之处,中国僧众采取了有利于实际的选择。如何兹全指出在僧尼能否拥有私人财产上颇为混乱,一方面“佛教把金银钱宝等物称为八不净物。对于八不净物,僧尼更是连接触一下都要犯罪的”,另一方面“佛教内律对于僧尼蓄积私财,不得不以各种理由、各种条件为借口,打开方便之门”。而中国寺庙中的僧尼绝大多数选择了后者,拥有私财是极为普遍的现象。[1]

综上所述,“不得私畜财物”条是对僧道内律中不得蓄积私财的再次强调,此条格文没有变通的规定,体现了官方对此类私畜财物行径的态度。单从道教戒律的规定而言,正常的生活所需以及为应对天灾时乱进行必要的物质储备,这些并不在禁止之列;戒律主要禁止的是道士积累私产、涉足市侩的扩大性运营、为人作保等行为。

第八节　“行路相隐”条与道教戒律

“行路相隐”条复原:“凡道士、女道士、僧、尼于道路遇五品以上官者隐。”[2]

此条格文的复原尚存疑。周奇指出,这条可能为日本独创,《道僧格》没有此条,因为在唐代仅唐玄宗时期实行过僧尼拜君王的规定,所以僧尼对官员进行回避的可能性是很小的。[3]

张径真复原为:“凡道士、女冠、僧尼出入若逢官长,须隐避,勿令露现。苟无隐处,宜向僻处立,仍须敛容恭敬。遇凡人三位以上者,隐;五位以上者,敛马相揖而过;若步者,隐。”[4]张径真认为,这一条文并非为日本独创,对于僧尼出行对路

〔1〕参见严耀中:《佛教戒律与中国社会》,上海古籍出版社2007年版,第114－115页;何兹全:《佛教经律关于僧尼私有财产的规定》,载《北京师范大学学报》1982年第6期。

〔2〕郑显文:《唐代〈道僧格〉研究》,载《历史研究》2004年第4期。

〔3〕参见周奇:《唐代宗教管理研究》,复旦大学2005年博士学位论文。

〔4〕张径真:《法律视角下的隋唐佛教管理研究》,中国社会科学出版社2018年版,第98页。

人进行回避虽然目前没有史料印证,但是道教的《正一威仪经》有相似规定。[1]张径真并未指出《正一威仪经》中的具体规定,笔者查阅《正一威仪经》之后,并未找到类似规定。张径真参考的依据明确列出的是两个,除了《僧尼令》以外,第二个根据为《玄门十事威仪》"出入品第三":"第五,出入若逢官长,预须隐避,勿令露现。苟无隐处,宜向僻处,或人影树影中立,仍须敛容恭敬。第六,出入忽逢尊贵车马辇舆,并须避道,低身偎形。"[2]

《正一威仪经》和《玄门十事威仪》不是同一经书。估计此处的《正一威仪经》应是《玄门十事威仪》之误。《玄门十事威仪》为唐代经书,托为太上老君为无相真人说,为洞神部威仪类。[3]

另外,需要捎带提及一下威仪和戒律的关系。"在威仪类道书中,很多都涉及道教的称谓、衣饰制度及教阶制度等。这部分内容,通常以品目的形式标立出来,如法服品、巾冠品、阶位品等。"[4]因为威仪类道经也涉及道士言行、宫观管理等一些基本制度,也起到规范道教徒行为的作用,"禁戒以关内寇,威仪以防外贼",故这部分威仪类道经在本书中也纳入戒律的范畴。

除了以上提及的出行回避官员,道教戒律中还有关于对师主等尊者行路相隐的规定,《要修科仪戒律钞》卷一三《杂科》所引《洞玄灵宝千真科》记载:"科曰:若于道路,逢见师主及师主知故,皆以下风避影,不隔越道路而与共言,当以曲腰折身,有言则对,无言则退也。科曰:随从尊者出入,当为提持机杖、鞋履。登危临闸当以亲侍左右,两手提携,不得散手远离老少别朋。科曰:夫为弟子之礼,出则启白,还则省慰,问讯上下,乃复常业也。"[5]

综上所述,"行路相隐"条指出了僧道对五品以上官员进行回避,道门内部关于出行不仅有针对官员的回避,还有关于对师主等尊者行路相隐的规定。

---

[1] 参见张径真:《法律视角下的隋唐佛教管理研究》,中国社会科学出版社2018年版,第98页。
[2] 《玄门十事威仪》,载《道藏》第18册,第260页。
[3] 参见丁培仁:《增注新修道藏目录》,巴蜀书社2008年版,第229页。
[4] 王卡主编:《中国道教基础知识》,宗教文化出版社2005年版,第218页。
[5] 《要修科仪戒律钞》,载《道藏》第6册,第987页。

第九节 “身死”条与道教戒律

“身死”条复原：“凡道士、僧尼等身死，三纲申州县纳符告注毁，在京纳于祠部，次年帐内开脱。”〔1〕

周奇复原为：“诸道士女冠僧尼身死及还俗者其告碟勒本寺纲维，当日封送祠部。其余诸州府勒本州申送，以凭注毁。”〔2〕

张径真复原为：“诸道士、女冠、僧尼身死、还俗及逃亡者，其度牒勒本寺纲维当日封送祠部；其余诸州府勒本州申送，以凭注毁。”〔3〕

此条格文指出了对于官方而言，僧道身份不再受到官方认可的情况。郑显文的复原只有身死一种情况，周奇的复原有身死及还俗两种情况，张径真的复原有身死、还俗及逃亡三种情况。三者复原的程序也有略微差异。

由于度牒关系到出家身份的认定，涉及税收减免等一系列的特权，所以发放度牒需要慎重，回收度牒也是需要注意的。在唐代，僧道身死或者还俗，寺观必须当天将他们的度牒交还给相关部门，统一注销处理。

到了宋代以后，度牒制度又进一步完善，回收度牒更进一步细化。“僧道亡失度牒及被人毁失者，满十日不申者，还俗。”“有伪冒者，还俗。罪至徒者，配本城。”“辄擅书填(度牒)者，徒二年。”

在前面的“道士、女道士簿籍”条与道教戒律中，有提到过汉魏时期的道籍制度主要存在于道教内部，随着国家对道教徒出家入道的重视，道籍制度逐渐转化成了国家的宗教制度。

除了身死、还俗及逃亡的情况之外，是否遵守戒律，也会被视为淘汰、拣选佛

---

〔1〕 郑显文：《唐代〈道僧格〉研究》，载《历史研究》2004 年第 4 期。

〔2〕 周奇：《唐代宗教管理研究》，复旦大学 2005 年博士学位论文。

〔3〕 张径真：《法律视角下的隋唐佛教管理研究》，中国社会科学出版社 2018 年版，第 98 页。

道的标准。唐高祖年间(公元618—626年),曾发布《沙汰佛道诏》[1],按照诏令的规定,如果不能精勤练行、遵守戒律的僧道,各还原籍,自然也就丧失了出家的身份。

综上所述,“身死”条指出了僧道丧失宗教身份的情况,如身死、还俗、逃亡,是否遵守戒律等,以及度牒回收的程序。

第十节 “还俗”条与道教戒律

“还俗”条复原:“凡道士、女道士、僧、尼等有自愿还俗者,许之。凡私家部曲、奴婢等,不得入道,如别敕许出家,后犯还俗者,追归旧主,各依本色。”[2]

周奇复原为:“凡私家部曲、奴婢等,不得入道,如别敕许出家,后犯还俗者,追归旧主,各依本色。”[3]

赵晶认为,复原如果仅有诏敕为据而无《僧尼令》对应之条,这种复原较为危险,如郑显文对此条前半句的复原“凡道士、女道士、僧、尼等有自愿还俗者,许

---

〔1〕 门下:释迦阐教,清静为先,远离尘垢,断除贪欲,所以宏宣胜业,修殖善根,开导愚迷,津梁品庶。是以敷演经教,检约学徒,调伏身心,舍诸染著,衣服饮食,咸资四辈。自觉王迁谢,像法流行,末代陵迟,渐以亏滥。乃有猥贱之侣,规自尊高,浮惰之人,苟避徭役。妄为剃度,托号出家,嗜欲无厌,营求不息。出入闾里,周旋闤阓,驱策畜产,聚积货物,耕织为生,估贩成业,事同编户,迹等齐人。进违戒律之文,退无礼典之训。至乃亲行劫掠,躬自穿窬,造作妖讹,交通豪猾,每罹宪网,自陷重刑,黩乱真如,倾毁妙法。譬兹稂莠,有秽嘉苗,类彼淤泥,混夫清水。又伽蓝之地,本曰净居,栖心之所,理尚幽寂。近代已来,多立寺舍,不求闲旷之境,唯趣喧杂之方。缮筑崎岖,甍宇舛错,招来隐匿,诱纳奸邪。或有接近鄽邸,邻迩屠酤,埃尘满室,膻腥盈道。徒长轻慢之心,有亏崇敬之义。且老氏垂化,本实冲虚,养志无为,遗情物外。全真守一,是为元门,驱驰世务,尤乖宗旨。朕膺期驭宇,兴隆教法,志思利益,情在护持。欲使玉石区分,薰莸有辨,长存妙道,永固福田,正本澄源,宜从沙汰。诸僧尼道士女冠等,有精勤练行守戒律者,并令就大寺观居住,官给衣食,勿令乏短。其不能精进戒行有阙者,不堪供养,并令罢退,各还桑梓。所司明为条式,务依法教,违制之事,悉宜停断。京城留寺三所观二所,其余天下诸州各留一所,余悉罢之。参见《全唐文》卷三《高祖三·沙汰佛道诏》,中华书局1983年版,第38页。

〔2〕 郑显文:《唐代〈道僧格〉研究》,载《历史研究》2004年第4期。

〔3〕 周奇:《唐代宗教管理研究》,复旦大学2005年博士学位论文。

之"[1]。基于此原因,虽然此条格文暂时命名为"还俗"条,但本书主要探讨的是后半部分私家部曲、奴婢入道的情况。

按照此条规定,具有私家部曲、奴婢等身份的人原则上是不允许取得宗教人员身份的,除非"别敕许出家"。在道教内部规定中,似乎对此条规定也是默认的,只是在《正一法文太上外箓仪》中《下人四夷受要箓》对于私家部曲、奴婢等具有贱籍身份的人,并不反对其出家。除了奴婢之外,周边少数民族也是被纳入可以入道的范畴以内的。[2]《正一法文太上外箓仪》约出于南北朝时期,主要供民间道士使用。由此可见,上层道教和民间道教的入道范围是不一样的。上层道教更贴近官方的规定,而民间道教范围则更为广泛。

综上所述,"还俗"条指出了对奴婢等贱籍身份的人入道的限制,上层道教保有此规定,但是民间道教扩大入道范围,纳入了具有贱籍身份的人。

第十一节　戒律用语与格

北朝时期的东魏出现了"格"这一法律形式,因为是在麟趾阁制定的"新制",所以又称为《麟趾格》,它大概属于律令的一种补充法。[3] 隋朝继承了北朝的立法,形成了以律、令、格、式为主的法律形式。《隋书·经籍志》记载,隋朝"律、令、格、式并行",唐沿隋制,以律、令、格、式为基本的法律形式。《新唐书·刑法志》

---

[1] 参见赵晶:《唐代〈道僧格〉再探——兼论〈天圣令·狱官令〉"僧道科法"条》,载《华东政法大学学报》2013年第6期。

[2] "《太平经》云奴婢顺从君主,学善能贤,免为善人良民,良民善人学不止成贤人,贤人学不止成圣人,圣人学不止成道人,道人学不止成仙人,仙人学不止成真人,真人学不止成大神人,大神人学不止成委气神人,此九品人上极入道……四夷云,某东西南北四方荒外,或某州郡县山川界内,夷狄羌戎姓名,今居某处,改姓某,易名某,年岁某月日时生,叩搏奉辞,先因丑恶,生出边荒,不识礼法,不知义方,亹秽之中,善根未绝,某年月日时,为某事随某事得来中国,闻见道科,弥增喜跃,含气愿活,凭真乞生,依法赍信,奉辞以闻,伏愿明师特垂矜副,谨辞。""凡下人受箓之后,别立白籍,师为缄封,三告上言,皆得预会观听,申令有功德者,善人放之,依良民也。"参见《正一法文太上外箓仪》,载《道藏》第32册,第207页。

[3] 参见张建国:《帝制时代的中国法》,法律出版社1999年版,第15页。

记载:“唐之刑书有四,曰:律、令、格、式。令者,尊卑贵贱之等数,国家之制度也;格者,百官有司之所常行之事也;式者,其所常守之法也。凡邦国之政,必从事于此三者。其有所违及人之为恶而入于罪戾者,一断以律。”[1]《唐六典》卷六“刑部郎中员外郎”条记载,“凡文法之名有四:一曰律,二曰令,三曰格,四曰式”[2],“凡律以正刑定罪,令以设范立制,格以禁违正邪,式以轨物程事”[3]。格作为“禁违正邪”意义上的法律,始于北魏,当时北魏的格主要是有关刑事方面的规定,与隋唐时将格作为“百官有司之所常行事”不同,目的在于“禁违正邪”。

律、令、格、式逐渐取代律、令、科、比的法律形式是在隋唐以后,而道教戒律逐渐兴起功过格一类的戒律形式也应当是在隋唐以后。宋孙夷中《三洞修道仪》称,到唐代“三洞科格自正一至大洞凡七等,箓有一百二十阶,科有二千四百,律有一千二百,戒有一千二百”[4]。也就是说,道教经书出现了格一类的戒律形式,极大可能是以世俗法律“格”这种法律形式为模仿对象。道教戒律中的格最为著名的当属功过格。

功过格是道教劝善书的一种。道教劝善书可以分为以下三类:一是说理性的道教劝善书,著名的有《太上感应篇》《阴骘文》等,借助神明的权威宣扬善恶;二是纪事性的道教劝善书,如《梓潼帝君化书》《清河内传》等,以灵验故事宣扬惩恶扬善;三是可操作性的道教善书,即各种名目的功过格,是一种关于善恶的记录簿。[5] 较有名的功过格有《太微仙君功过格》,《太微仙君功过格》继承了早期道教关于记录道众行为的道德记录簿,把早期笼统的记录细化为具体多少分值。[6] 道教戒律的功过格是便于记录功过的簿子,具有非常直观记录功过的功能。从直观记录功过的功能来看,道教戒律的功过格与法律形式的“格”并无直接联系。

---

[1] 《新唐书》卷五六《刑法志》,中华书局1975年版,第1407页。

[2] 李林甫等撰、陈仲夫点校:《唐六典》,中华书局2014年版,第180页。

[3] 李林甫等撰、陈仲夫点校:《唐六典》,中华书局2014年版,第185页。

[4] 《三洞修道仪》,载《道藏》第32册,第166页。

[5] 参见卿希泰主编、詹石窗副主编:《中国道教思想史》(第3卷),人民出版社2009年版,第526页。

[6] 参见卿希泰主编、詹石窗副主编:《中国道教思想史》(第3卷),人民出版社2009年版,第534–535页。

第五章　道教戒律与唐式

对于“式”的法律属性，目前学界还存在争论。[1] 一般认为，“式是国家机关的公文程式和活动细则，是‘百司所常行之法’，是与律、令、格并称的法律形式”[2]。律与令、格、式的关系如下，前者从消极方面规定对违反令、格、式或其他犯罪的行为给予制裁，后者从积极方面要求国家各级官吏应当遵守的具体规则。[3] 唐代的令和式关系密切，如果相关制度规定得很详细，那么式即可照搬令文，以致在当时的公文中“令式”并举。《唐六典》为唐代重要制度的记录，因此其中一些内容多有令、式相合之处。[4] 唐式并没有完全流传下来，《唐六典》卷六记载：“凡式有三十有三篇。亦以尚书省列曹及秘书、太常、司农、光禄、太仆、太府、少府及监门、宿卫、计帐为其篇目，凡三十三篇，为二十卷。”

《新唐书》卷五六《刑法志》记载：“唐之刑书有四，曰：律、令、格、式。令者，尊卑贵贱之等数，国家之制度也；格者，百官有司之所常行之事也；式者，其所常守之法也。凡邦国之政，必从事于此

---

〔1〕 参见霍存福：《唐式性质考论》，载《吉林大学社会科学学报》1992 年第 6 期；参见吕志兴：《宋“式”考论——兼论唐式之性质》，载《西南师范大学学报（人文社会科学版）》2006 年第 3 期，等等。

〔2〕 郑显文：《唐代〈道僧格〉研究》，载《历史研究》2004 年第 4 期。

〔3〕 参见邓建鹏：《中国法制史》，北京大学出版社 2011 年版，第 139 页。

〔4〕 参见邓建鹏：《中国法制史》，北京大学出版社 2011 年版，第 139 页。

三者。其有所违及人之为恶而入于罪戾者，一断以律。”[1]《唐六典》卷六“刑部郎中员外郎”条记载：“凡文法之名有四：一曰律，二曰令，三曰格，四曰式”，[2]“凡律以正刑定罪，令以设范立制，格以禁违正邪，式以轨物程事。”[3]

《唐六典》成书于唐玄宗时期，《新唐书》为宋代欧阳修所撰，二者对律、令、格、式的界定有所不同。“从形式上看，《唐六典》突出令、式相类似的一面，《新唐书》突出格、式相类似的一面。前者的‘令以设范立制’与‘式以轨物程事’，二者不仅在定义方法上一致，而且其字面含义也复相同：‘设范立制’是指设置规范、建立制度，‘轨物程事’只是‘设范立制’的另一种表达方法，仍然是为事物设立遵循（轨物）及设定规程（程事）的意思。”[4]

在唐式整理中，有不少专门针对唐式的研究成果，如学者韩国磐根据传世文献对唐式作了辑存。[5] 霍存福在《唐式辑佚》一书中辑录复原了207条式文。[6]关于式的法律形式以及唐代的法律体系，已有较多研究成果，如霍存福的《唐式性质考论》（《吉林大学社会科学学报》1992年第6期），钱大群的《律、令、格、式与唐律的性质》（《法学研究》1995年第5期），徐忠明的《关于唐代法律体系研究的述评及其他》（《法制与社会发展》1998年第5期），李玉生的《关于唐代律令格式的性质问题——与王立民教授商榷》（《金陵法律评论》2002年第2期），周东平的《律令格式与律令制度、律令国家——二十世纪中日学者唐代法制史总体研究一瞥》（《法制与社会发展》2002年第2期），李玉生的《唐代法律体系研究》（《法学家》2004年第5期），杜栋的《唐宋时期格与敕的发展演变研究》（中国政法大学2006年硕士学位论文），戴建国的《唐格后敕修纂体例考》（《江西社会科学》2010年第9期），刘笃才的《律令法体系向律例法体系的转换》（《法学研究》2012年第6期），楼劲的《隋无〈格〉、〈式〉考——关于隋代立法和法律体系的若

[1] 《新唐书》卷五六《刑法志》，中华书局1975年版，第1407页。
[2] 李林甫等撰、陈仲夫点校：《唐六典》，中华书局2014年版，第180页。
[3] 李林甫等撰、陈仲夫点校：《唐六典》，中华书局2014年版，第185页。
[4] 霍存福：《唐式辑佚》，社会科学文献出版社2009年版，第34页。
[5] 参见韩国磐：《传世文献中所见的唐式辑存》，载《厦门大学学报》1994年第1期。
[6] 参见霍存福：《唐式辑佚》，社会科学文献出版社2009年版。

干问题》(《历史研究》2013 年第 3 期),楼劲的《唐太宗贞观十一年立法研究——以〈贞观式〉有无之悬疑为中心》(《文史哲》2014 年第 6 期),胡兴东的《中国古代法律形式结构研究》(《北方法学》2014 年第 3 期),钱大群的《唐代法律体系正确理解的转捩点——辨〈新唐书〉"唐之刑书有四说"并复有关观点》(《北方法学》2015 年第 3 期),李勤通的《令、格、式何以称刑书——对〈新唐书〉"唐之刑书有四"的解读》(《唐史论丛》2016 年第 1 期),钱大群的《律令格式不能以其图书管理栏目名称取代其法学概括——〈新唐书〉"四刑书"说辨析续篇》(《唐史论丛》2017 年第 1 期),张光辉的《唐开元至北宋元丰年间法律形式考》(厦门大学 2017 年硕士学位论文),戴建国的《唐代法律体系中"式"的缘起与功能演变》(《云南社会科学》2019 年第 6 期),等等。

唐式中关于道教、佛教的法律规定,郑显文在《唐代〈道僧格〉研究》中一共指出了 5 条。[1] 第一,《唐六典》卷四《尚书礼部》"祠部郎中"条中收录了部分《祠部式》的条文,是关于祠祀散斋方面的规定,记述了唐代国家关于国祭忌日活动的具体细则。[2] 第二,《唐会要》卷四九"杂录":"贞观二年五月十九日敕:章敬寺是先朝创造,从今已后,每至先朝忌日,常令设斋行香,仍永为恒式。"郑显文认为此条应是《祠部式》中的条款。[3] 第三,《唐六典》卷五〇"尊崇道教"条:"天宝十三载正月十二日,令有司每至春日,则修荐献上香之礼,仍永为常式。"郑显文认为此条也应是《祠部式》中的条款。[4] 第四,《唐六典》卷四九"僧籍"条:"新罗、日本僧入朝学问,九年不还者,编诸籍。"郑显文认为此条可能是唐《主客式》中的条款。[5] 第五,在《白孔六帖》卷三一"卜筮"条中,也收录了一件唐《祠部式》中的条文:"《祠部式》:诸私家不得立杂神及觋巫卜相,并宜禁断,其龟易、五兆、六壬不禁。"[6]

---

〔1〕 参见郑显文:《唐代〈道僧格〉研究》,载《历史研究》2004 年第 4 期。
〔2〕 参见郑显文:《唐代〈道僧格〉研究》,载《历史研究》2004 年第 4 期。
〔3〕 参见郑显文:《唐代〈道僧格〉研究》,载《历史研究》2004 年第 4 期。
〔4〕 参见郑显文:《唐代〈道僧格〉研究》,载《历史研究》2004 年第 4 期。
〔5〕 参见郑显文:《唐代〈道僧格〉研究》,载《历史研究》2004 年第 4 期。
〔6〕 参见郑显文:《唐代〈道僧格〉研究》,载《历史研究》2004 年第 4 期。

唐式中关于道教的法律规定，池建华在其硕士学位论文《道法互动——唐代道教与法律的关系研究》一文中一共指出了7条，与道教相关的主要在《考功式》（1条）、《礼部式》（3条）、《祠部式》（3条）中。[1] 第一，《考功式第四》中关于道教的法律规定："五进士、明经、明法、宏文生及崇贤（文）生、道举等，准《式》，据书判、资荫，量定冬集、授散。"[2]第二，《礼部式第九》中关于道教的法律规定："四〔开元·礼部〕……黄星真人……皆为大瑞。"[3]此条是关于大瑞、上瑞、中瑞、下瑞等祥瑞的规定。池建华指出，"黄星"是"北斗七星"之一，将"黄星"封为"黄星真人"，给予山、川、星之类的事物以道教中"真人"的称号，是玄宗时崇道的表现之一。[4] 第三，《礼部式第九》中关于道教的法律规定："五〔永徽·礼部〕五品以上服紫，六品以下服朱。"[5]唐代皇帝崇道，"赐紫衣"往往是皇帝对道士政治优待的体现。第四，《礼部式第九》中关于道教的法律规定："十一〔开元·礼部〕诸道士、女道士、僧、尼，行道、散斋，皆给香油、炭料。若官设斋，道、佛各施物三十五段，供修理道佛、写一切经。道士、女道士、僧、尼，各施钱十二文。五品以上女及孙女出家者，官斋、行道皆听不预。若私家设斋，道士、女道士、僧、尼兼请不得过四十九人。"[6]此条是关于僧道设斋时给予供奉的规定。第五，《祠部式第十》中关于道教的法律规定："五甲〔开元〕凡国忌日，两京定大观、寺各二，散斋。诸道士、女道士及僧、尼，皆集于斋所；京文武五品以上，与清官七品已上皆集，行香以退。若外州，亦各定一观、一寺以散斋，州、县官行香。"[7]此条是关于国忌日观寺散斋的规定。第六，《祠部式第十》中关于道教的法律规定："五乙天下诸上州，并宜国忌日准《式》行香。"[8]此条是上一条式文在"上州"的规定。第七，《祠部式第十》中关于道教的法律规定："七〔元和至太和·祠部〕……降诞日，玄元皇帝降

---

〔1〕 参见池建华：《道法互动：唐代道教与法律的关系研究》，上海师范大学2015年硕士学位论文。
〔2〕 霍存福：《唐式辑佚》，社会科学文献出版社2009年版，第195页。
〔3〕 霍存福：《唐式辑佚》，社会科学文献出版社2009年版，第283-284页。
〔4〕 参见池建华：《道法互动：唐代道教与法律的关系研究》，上海师范大学2015年硕士学位论文。
〔5〕 霍存福：《唐式辑佚》，社会科学文献出版社2009年版，第293页。
〔6〕 霍存福：《唐式辑佚》，社会科学文献出版社2009年版，第308页。
〔7〕 霍存福：《唐式辑佚》，社会科学文献出版社2009年版，第356页。
〔8〕 霍存福：《唐式辑佚》，社会科学文献出版社2009年版，第356页。

诞二月十五日，今上降诞日，右件降诞日并准敕休假一日，行香。”[1]“玄元皇帝”是对老子所加的尊号，老子生日可以休假一日。

参照以上的研究成果，并且结合本书的主题道教戒律和唐代法律，主要关注重点在于道士入道的准入机制、道士在宫观的行为规范、道士违反戒律和世俗法律的惩罚措施等方面，本书涉及的唐式主要有5条：《礼部式第九》关于“黄星真人”的规定（为行文方便，以下简称“黄星真人”条）；《礼部式第九》关于道僧设斋时给予供奉的规定（以下简称“道僧设斋”条）；《祠部式第十》关于国忌日观寺散斋的规定（以下简称“国忌日观寺散斋”条）；《祠部式第十》关于“私家不得立杂神”的规定（以下简称“私家不得立杂神”条）；《祠部式第十》关于三元日、降诞日等节日的规定（以下简称“三元日、降诞日”条）。

其中，有些条文并未列入，如《唐六典》卷四九“僧籍”条，“新罗、日本僧入朝学问，九年不还者，编诸籍。”因此条不涉及道教，故未列入。又如《考功式第四》中关于道举的规定，[2]道举制度是唐代科举制度中的一项内容，研习的内容主要有《老子》《庄子》《列子》《文子》《庚桑子》等道家经典，天宝十三年（公元754年）道举的考试内容除了道家经典以外，还增加了儒家的经典，通过考试者可选拔为官员。值得注意的是，参加考试的人员并非局限于道士。起初，中央设置崇玄学，后改名为崇玄馆，地方诸州设置崇玄学，后改名为通道学。不论是中央的崇玄学（崇玄馆），还是地方的崇玄学（通道学），其生员并不一定为道士，起初崇玄学的生员多为国子学和州县学中抽调出来的儒家生员，道举考试并非只针对道士、女官，故未列入。又如《礼部式第九》中关于服饰的规定，并非只针对道士、女官，故也未列入。

---

[1] 霍存福：《唐式辑佚》，社会科学文献出版社2009年版，第367页。

[2] 关于唐代道举制度的研究，可参见林西朗：《唐代道教管理制度研究》，巴蜀书社2006年版，第131－148页。

第一节 “黄星真人”条与道教戒律

“黄星真人”条在《礼部式第九》，其全部式文为：

四〔开元·礼部〕景星、庆云、黄星真人、河精、麟、凤、鸾、比翼鸟、同心鸟、富贵、吉利、神龟、龙、驺虞、白泽、神马、龙马、泽马、白马赤髦、白马朱鬃之类、周匝、角端、獬豸、比肩兽、六足兽、兹白、腾黄、驹骖、白象、一角兽、天鹿、鳖封、酋耳、豹犬、露犬、玄珪、明珠、玉英、山称万岁、庆山、山车、象车、乌车、根车、金车、朱草、曲轶、萁荚、乎露、莛莆、蒿柱、金牛、玉马、玉猛兽、玉瓮、神鼎、银瓮、丹甑、醴泉、浪井、河水清、江河水五色、海水不扬波之类，皆为大瑞。

三角兽、白狼、赤罴、赤熊、赤狡、赤兔、九尾狐、白狐、玄狐、白鹿、白獐、白兕、玄鹤、赤乌、青乌、三足乌、赤燕、赤雀、比目鱼、甘露、庙生祥木、福草、礼草、萍实、大贝、白玉赤文、紫玉、玉羊、玉龟、玉牟、玉英、玉璜、黄银、金藤、珊瑚钩、骇鸡犀、戴通璧、玉琉璃、鸡趣璧之类，皆为上瑞。

白鸠、白乌、苍乌、白泽、白雉、雉白首、翠鸟、黄鹄、小鸟生大鸟、朱雁、五色雁、白雀、赤狐、黄罴、青燕、玄貉、赤豹、白兔、九真奇兽、充黄出谷、泽谷生白玉、琅玕景、碧石润色、地出珠、陵出黑丹、威委、威绥、延喜、福并、紫脱常生、宾连阔达、善茅、草木长生之类，为中瑞。

秬秠、嘉禾、芝草、华苹、人参生、竹实满、椒桂合生、木连理、嘉木、戴角麀鹿、駮鹿、神雀、冠雀、黑雉之类，为下瑞。[1]

本条式文主要是关于大瑞、上瑞、中瑞、下瑞等祥瑞的具体内容，如果出现了上述祥瑞之物，官员需要上奏。很多古人相信祥瑞灾异之说，认为自然现象并非单纯的自然原因造成，不同的自然现象对应或者预示着不同的人间事。古人对于

---

〔1〕 霍存福：《唐式辑佚》，社会科学文献出版社2009年版，第283－284页。

一些不能理解或者不能解释的自然现象,常常将其与人间的吉凶祸福进行比附,如天上出现的景星、庆云等,地上出现的龟、鹿等,视为祥瑞,各种祥瑞的出现年终时由礼部汇总上奏,百官须上奏称贺;把自然界的地震、洪水、干旱等视为灾害,需要请僧人或道士祈福消灾。[1]

此条式文规定中与道教相关的主要是"黄星真人","景星、庆云、黄星真人、河精、麟、凤、鸾、比翼鸟、同心鸟……皆为大瑞"。

景星、庆云、黄星皆为星云,《中国古代天文学词典》收集了古代的相关论述:

> 景星又称德星。瑞星之一。《史记·天官书》记述:"天精而见景星。景星者,德星也。其状无常,常出于有道之国。"《史记集解》注解为:"孟康曰:精,明也。有赤方气与青方气相连,赤方中有两黄星,青方中一黄星,凡三星合为景星。"《史记正义》则说:"景星状如半月,生于晦朔,助月为明。见则人君有德,明圣之庆也。"《晋书·天文志》将其放在瑞星一类中:"一曰景星,如半月,生于晦朔,助月为明。或曰,星大而中空。或曰,有三星,在赤方气,与青方气相连,黄星在赤方气中,亦名德星。"其所描述的情况各异,其所对应的天象尚需研究。[2]
>
> 庆云亦作景云、卿云。中国古代将其归入被称为瑞云的天象之一。在《史记·天官书》中有:"若烟非烟,若云非云,郁郁纷纷,萧索轮囷,是谓卿云。卿云,喜气也。若雾非雾。衣冠而不濡,见则其域被甲而趋。"以后《汉书·天文志》《晋书·天文志》《隋书·天文志》中均有类似的记述。从所叙述的情况来看,这是一种疏散的云气,它应是一种气象现象,而非天文现象。[3]

河精是传说中的黄河之神。《尸子》卷下记载:"禹理洪水,观于河,见白面长人鱼身出曰:'吾河精也。'授禹河图而还于渊中。"《宋书·符瑞志下》记载:"河

---

〔1〕 参见徐连达:《隋唐文化史》,安徽文艺出版社2017年版,第359页。

〔2〕 徐振韬主编:《中国古代天文学词典》,中国科学技术出版社2013年版,第114页。

〔3〕 徐振韬主编:《中国古代天文学词典》,中国科学技术出版社2013年版,第178页。

精者,人头鱼身,师旷时所受讖也。”

麒麟是中国传统祥兽,雄性称麒,雌性称麟,是中国古籍中记载的一种动物,与凤、龟、龙共称为“四灵”,有时麒麟也简称为麟。[1]

凤凰是古代传说中的鸟王,一说雄的叫凤,雌的叫凰,通常都称作“凤”。《论语·微子》记载:“凤兮凤兮,何德之衰!”[2]

鸾是古代传说中的一种神鸟。《山海经·西山经》记载:“西南三百里曰女床之山,……有鸟焉,其状如翟而五采文,名曰鸾鸟。”[3]

比翼鸟,相传经常一雄一雌并翅双飞的鸟。《尔雅》记载:“南方有比翼鸟焉,不比不飞,其名谓之鹣鹣。”比喻恩爱的夫妇。最为有名的为唐代白居易《长恨歌》:“在天愿作比翼鸟,在地愿为连理枝。”也比喻知心的好友。《文选·曹植·送应氏诗二首之一》:“愿为比翼鸟,施翮起高翔。”

同心鸟,传说中的鸟,古人认为是祥瑞的象征,也是爱情的象征,比喻爱侣。《宋书·符瑞志下》记载:“同心鸟,王者德及遐方,四夷合同则至。”

不论是景星、庆云,还是河精、麟、凤、鸾、比翼鸟、同心鸟,皆为古人视为祥瑞的征兆。景星、庆云体现了星辰崇拜,河精、麟、凤、鸾、比翼鸟、同心鸟体现了动物崇拜。按照此条式文的记载顺序,黄星居于其间,据《三国志》的记载,“初,桓帝时有黄星见于楚、宋之分,辽东殷馗善天文,言后五十岁当有真人起于梁、沛之间,其锋不可当”[4]。

真人最早见于《庄子》,“何谓真人?古之真人,不逆寡,不雄成,不谟士。若然者,过而弗悔,当而不自得也。若然者,登高不慄,入水不濡,入火不热,是知之能登假于道者也若此”[5]。在《庄子·大宗师》篇中,介绍了真人的形象、特征和达到的境界,真人是真正的体道者,是大道的化身,是一种理想的人格。

自道教兴起后,真人是道教内部仙真的一种等级。南朝梁陶弘景在《真灵位

---

[1] 参见黄一真主编:《解读吉祥文化》,黑龙江科学技术出版社2013年版,第468页。

[2] 《古汉语常用字字典》编写组:《古汉语常用字字典》,商务印书馆1998年版,第87页。

[3] 《古汉语常用字字典》编写组:《古汉语常用字字典》,商务印书馆1998年版,第192页。

[4] 《三国志》卷一《魏书·武帝纪》,中华书局1982年版,第22页。

[5] 《庄子·大宗师》,载陈鼓应注译:《庄子今注今译》,中华书局1983年版。

业图》的序中写道:“夫仰镜玄精,睹景耀之巨细。俯盼平区,见岩海之崇深。搜访人纲,究朝班之品序。研综天经,测真灵之阶业。但名爵隐显,学号进退,四官之内,疑似相参。今正当比类经正,譬校仪服,埒其高卑,区其宫域。……虽同号真人,真品乃有数。俱自仙人,仙亦有等级千亿。”陶弘景将神仙的地位仿照人世间的等级进行了排列,整合各道派,把人间世界的品第等级搬到了神仙世界。[1]即使在道教内部,虽同号真人,地位也是有所差别的。

真人的名号,除道教内部使用以外,唐朝官方尤其是玄宗时期赐予“真人”的称号,天宝元年(公元 742 年)二月,唐玄宗诏令:“玄元皇帝升入上圣。庄子号南华真人,文子号通玄真人,列子号冲虚真人,庚桑子号洞虚真人。”[2]此条式文的“黄星真人”也应当是官方授予的称号。

《唐律疏议》卷一九《贼盗》“盗毁天尊佛像”条规定:“诸盗毁天尊像、佛像者,徒三年。即道士、女官盗毁天尊像,僧、尼盗毁佛像者,加役流。真人、菩萨,各减一等。盗而供养者,杖一百。盗、毁不相须。”[3]在《唐律疏议》“盗毁天尊佛像”条中明确了对于盗毁天尊像、真人的相应处罚,此处的真人比天尊等级低,也应当是官方赐予的真人名号,或经官方认可的真人范畴。

此外,朱法满的《要修科仪戒律钞》卷一三《杂科第一》记载:“法物、什物,造像、造经,有所施用,轻重各别。本心为重,后作轻,犯五刑律;本作轻,今作重,不犯。像则有三:天尊为上,真人为中,众仙玄中法师为下。本心舍施,造像为重,不得入轻。人轻,犯十恶,若以卑入尊,不犯。”这主要是道教内部关于造像方面的处罚,从此处也可以看出真人所处的地位,真人在天尊之后。

综上所述,本条式文主要是关于大瑞、上瑞、中瑞、下瑞等祥瑞的具体内容,其中,大瑞提到了“黄星真人”,这是与道教直接相关的内容。黄星本是代表祥瑞的星星之一,式文中黄星与景星、庆云并列,而单独只有黄星后面冠以“真人”的称号。自陶弘景将神仙世界仿照人间秩序进行尊卑高低排序之后,“真人”只是神

[1] 参见卿希泰:《中国道教史研究的意义》,载《宗教学研究》2013 年第 1 期。

[2] 《旧唐书·礼仪志》卷二四,第 3 册,第 926 页。

[3] 《唐律疏议》卷一九《贼盗·盗毁天尊佛像》,载刘俊文笺解:《唐律疏议笺解》,中华书局 1996 年版,第 1359 页。

仙世界其中的一个等级。从《唐律疏议》《要修科仪戒律钞》的相关记载来看,真人的等级在天尊之下。

第二节　"道僧设斋"条与道教戒律

《礼部式第九》关于道僧设斋时给予供奉的规定:

十一〔开元·礼部〕诸道士、女道士、僧、尼,行道、散斋,皆给香油、炭料。若官设斋,道、佛各施物三十五段,供修理道佛、写一切经。道士、女道士、僧、尼,各施钱十二文。五品以上女及孙女出家者,官斋、行道皆听不预。

若私家设斋,道士、女道士、僧、尼兼请不得过四十九人。〔1〕

上述条文是关于道僧设斋时给予供奉的规定。根据《唐六典》卷四"祠部郎中员外郎"条注:"其道士、女道士、僧、尼行道散斋,皆给香油、炭料。若官设斋,道、佛各施物三十五段,供修理道、佛,写一切经;道士、女道士、僧、尼各施钱十二文。五品已上女及孙女出家者,官斋、行道,皆听不预。若私家设斋,道士、女道士、僧、尼兼请不得过四十九人。凡远忌日虽不废务,然非军务急切,亦不举事。余如常式。"

其中,"诸道士、女道士、僧、尼,行道、散斋,皆给香油、炭料"。按照官方的规定,行道是在道观、僧寺设置道场。〔2〕 行道、散斋均为设斋的仪式活动。道教非常重视斋醮科仪,对相关的仪式活动有一系列应当遵守的规则,此所谓"行仪如科"。以唐代朱法满的《要修科仪戒律钞》为例,其中涉及对"行道"的规范达25次,例如:"律曰:道士女冠,年虽已老,受法卑下,行道不得在大法身小者前,其年虽少,法戒大者,可行于前,不得错乱。违律,考杖六十。"又如,《要修科仪戒律钞》引《散斋威仪》曰:"都讲,其职也,克明正典,诠举职任,至如行道时节,礼诵容

---

〔1〕 霍存福:《唐式辑佚》,社会科学文献出版社2009年版,第308页。

〔2〕 参见霍存福:《唐式辑佚》,社会科学文献出版社2009年版,第327页。

止。先鸣法鼓,次引朋众,法则执仪,敬凭唱说。夫以建斋行事,都讲要用明能:一则参详法师,二则知主人斋意,三则先定时节,四则击鼓鸣钟。若参详法师者,先取法师进止,可不进退,要共评论,不得自出一意,专制法徒。若知主人斋意者,若主人吉乐斋,威仪悦众,若主人疾厄斋,勤苦为务,先定三时、六时行道之数。"再如,《要修科仪戒律钞》引《金箓简文》云:"朝、中、日入、人定、夜半、鸡鸣,为六时行道。若三时者,朝、中、人定而已。"

道教中关于"行道"的外延,远远大于官方的规定,如唐代宗时发布的《禁断公私借寺观居止诏》也有提及"行道","道释二教,用存善诱,至于像设,必在尊崇。如闻州县公私,多借寺观居止,因兹亵黩。切宜禁断,务令清肃。其寺观除三纲并老病不能支持者,于并仰每日二时行道礼拜。如有弛慢,并量加科罚"[1]。本条式文有官方设斋和私家设斋,至少在官方设斋的情况下,"行道"必然是依照官方的规定。

道教的斋坛,是由古代的祭坛衍变而来的。在道教兴起的东汉时代,祭坛设于郊野。根据《魏书·释老志》的记载,寇谦之及其天师道徒,曾在京城东南修建天师道场,"重坛五层,遵其新经之制"。隋唐以后,道教的坛场大多不建在郊野,这种选址的变化可能有以下两方面的原因:一是便于修建,郊野的坛场修建或用石垒,或用土筑,对人力、物力的消耗极大,坛场改在屋内的话,搭建坛场比郊野省时省力得多;二是规范祭祀,郊野祭天按礼教来说只能是天子的特权,未经许可,自行在郊野设坛,不免有僭越之嫌。斋醮坛场的建构基本相似,只是不同的斋醮类别,坛场规格不同,高低大小有所不同。[2]

古礼于祭祀父母前7日不御不乐不吊,谓之"散斋"。《礼记·祭义》:"致斋於内,散斋於外。"郑注:"散斋,七日不御不乐不弔耳。"《礼记·祭统》:"散斋七日以定之,致斋三日以齐之。"关于道教斋法的渊源,"道教的斋醮,以流转于民间的巫俗文化为主体,同时对社会上层的礼仪文化也多所吸收。隋唐以降,又参予

---

〔1〕《全唐文》卷四六《代宗皇帝》,中华书局1983年版,第508页。

〔2〕以上有关道教斋坛的内容,参见王卡主编:《中国道教基础知识》,宗教文化出版社2005年版,第261－263页。

朝廷的各种祭祀大典，所以从总体上判断道教斋醮的根源，可以说是传统文化中的祭礼礼仪与民间风俗习惯的结合”[1]。

香油和炭料是道教斋醮科仪中常见的物品，如《要修科仪戒律钞》中“消口舌诽谤章”，“右用蜡三斤，炭五十斤，钱百二十文，米三斗一席一领，香三两；纸五十张，笔一管，墨一丸，书刀一口”。

综上所述，“道僧设斋”条是关于道僧设斋时给予供奉的规定，特别是关于行道、散斋的仪式活动如何给予供奉。道教相当重视斋醮科仪，除行道、散斋以外，尚有其他的科仪，皆须遵守各自的规则和仪范。

第三节　“国忌日观寺散斋”条与道教戒律

《祠部式第十》关于国忌日观寺散斋的规定：

五甲〔开元〕凡国忌日，两京定大观、寺各二，散斋。诸道士、女道士及僧、尼，皆集于斋所；京文武五品以上，与清官七品已上皆集，行香以退。若外州，亦各定一观、一寺以散斋，州、县官行香。

五乙　天下诸上州，并宜国忌日准《式》行香。

五丙　〔祠部式〕　国忌日云云。[2]

上述条文是关于国忌日观寺散斋的规定。《唐六典》卷四《尚书礼部》“祠部郎中”条中收录了部分《祠部式》的条文：

凡国祭忌日，两京定大观、寺各二散斋，诸道士、女道士及僧、尼，皆集于斋所，京文武五品以上与清官七品已上皆集，行香以退。若外州，亦各定一观、一寺以散斋，州、县官行香。应设斋者，盖八十有一州焉。谓四辅、五府、六雄、十望、曹、濮、兖、齐、豫、徐、陈、青、亳、仙、凉、秦、瀛、

〔1〕王卡主编：《中国道教基础知识》，宗教文化出版社2005年版，第243页。
〔2〕霍存福：《唐式辑佚》，社会科学文献出版社2009年版，第356－357页。

贝、邢、恒、冀、定、赵、沧、德、深、博、易、相、梁、襄、泽、安、绵、梓、遂、眉、邛、果、彭、蜀、汉、润、越、常、苏、杭、婺、衢、湖、宣、洪、潭、广、桂、陇、泾等州是也。其道士、女道士、僧、尼行道散斋，皆给香油、炭料。若官设斋，道、佛各施物三十五段，供修理道、佛，写一切经；道士、女道士、僧、尼各施钱十二文。五品已上女及孙女出家者，官斋、行道，皆听不预。若私家设斋，道士、女道士、僧、尼兼请不得过四十九人。凡远忌日虽不废务，然非军务急切，亦不举事。余如常式。

“国忌日，指本朝各代曾在位皇帝、皇后死日，也溯及异朝远祖，及被认为值得纪念的未曾在位而被追谥为帝、后及皇太子者之死日。”[1] 在《唐式辑佚》中《祠部式第十》的“四甲”为开元年间（公元713—741年）《祠部式》中有关国忌日废务、设斋规定：

四甲〔开元〕高祖神尧皇帝（五月六日），文穆皇后（五月一日）；太宗文武圣皇帝（五月二十六日），文德圣皇后（六月二十一日）；高宗天皇大帝（十二月四日），大圣天后（十一月二十六日）；中宗孝和皇帝（六月二日），和思皇后（四月七日）；睿宗大圣真皇帝（六月十日），昭成皇后（正月二日），皆废务（凡废务之忌，若中宗已上，京城七日行道，外州三日行道；睿宗及昭成皇后之忌，京城二七日行道，外州七日行道）。八代祖献祖宣皇帝（十二月二十三日），宣庄皇后（六月三日），七代祖懿祖光皇帝（九月八日），光懿皇后（八月九日），皆不废务。六代祖太祖景皇帝（九月十八日），景烈皇后（五月六日），五代祖代祖元皇帝（四月二十四日），元真皇后（三月六日），孝敬皇帝（四月二十五日），哀皇后（十二月二十日），皆不废务，京城一日设斋。[2]

诸忌日基本上是以九庙制为基础和依据的。但由于亲疏等次的不同，诸忌日被分成三个层次予以不同对待，包括废务、不废务、不废务却设斋。[3] 国忌日禁

〔1〕 霍存福：《唐式辑佚》，社会科学文献出版社2009年版，第324页。
〔2〕 霍存福：《唐式辑佚》，社会科学文献出版社2009年版，第320页。
〔3〕 参见霍存福：《唐式辑佚》，社会科学文献出版社2009年版，第327页。

止作乐,《唐律疏议》有关于国忌日作乐的惩罚规定,《唐律疏议》卷二六《杂律》"忌日作乐"条规定:"诸国忌废务日作乐者杖一百,私忌减二等。"[1]【疏】议曰:"'国忌'谓在令废务日,若辄有作乐者杖一百。私家忌日作乐者减二等,合杖八十。"[2]私忌日作乐,即曾、高、祖父母及父母之逝世之日,忘哀奏乐之行为,此类行为不敬、不孝,违礼悖德,故律所不容。[3] 唐令中也有国忌日"禁饮酒举乐"的规定,据《唐会要》卷二三《忌日》的记载,唐德宗贞元年间,处分驸马郭暧等国忌作乐案,说明国忌日禁止作乐在唐代曾严格执行。

另外,《唐律疏议》卷二六《杂律》"忌日作乐"条疏云:"国忌,谓在《令》废务日。"按照《唐律疏议》此处的规定,国忌废务是在令中作出规定的,霍存福给出的解释是:"此或是永徽律疏的残留,当时令中规定国忌废务问题,后来此类规定被移入式。"[4]且根据有二:第一,《唐会要》卷二三《忌日》引德宗贞元五年(公元789年)八月敕云:"天下诸上州,并宜国忌日准《式》行香。"第二,《唐式辑佚》中《祠部式第十》四乙〔天宝〕条录自《大唐新定吉凶书仪》的《祠部新式》,与《祠部式第十》四甲〔开元〕条文的文字相当。[5]

关于国忌日在上州行香的规定:

五乙天下诸上州,并宜国忌日准《式》行香。[6]

按照条文内容,在81州设斋,均为上州。按照唐制,州分上、中、下三等,州的等别以户口数为定,不同朝代规定的户数有所不同。"设斋之81州是在当时全国315个州、府中选择出来的,都是因所处地理位置比较重要、人口众多等原因而确定的。"[7]设斋是上州的事,中、下州是不设斋行香的,设斋行香唯限于上州。不

〔1〕《唐律疏议》卷二六《杂律·忌日作乐》,载刘俊文笺解:《唐律疏议笺解》,中华书局1996年版,第1776页。

〔2〕《唐律疏议》卷二六《杂律·忌日作乐》,载刘俊文笺解:《唐律疏议笺解》,中华书局1996年版,第1776页。

〔3〕参见蒲坚编著:《中国法制史大辞典》,北京大学出版社2015年版,第407页。

〔4〕霍存福:《唐式辑佚》,社会科学文献出版社2009年版,第327页。

〔5〕参见霍存福:《唐式辑佚》,社会科学文献出版社2009年版,第327页。

〔6〕霍存福:《唐式辑佚》,社会科学文献出版社2009年版,第356页。

〔7〕霍存福:《唐式辑佚》,社会科学文献出版社2009年版,第358页。

过,由于人口的变化,州的上、中、下等别也在变动。[1]

关于在国忌日设斋的观、寺的选定,唐代也有相关规定。《唐会要》记载:“(开元)二十七年五月十八日敕,祠部奏,诸州县行道散斋行道观寺,准式,以同、华等八十一州郭下僧、尼、道士、女冠等,国忌日各就龙兴寺、观行道散斋,复请改就开元观、寺。敕旨:‘京兆、河南府宜依旧观、寺为定,唯千秋节及三元行道设斋,宜就开元观、寺,余依。’至贞元五年八月十三日,处州刺史齐黄奏:‘当州不在行香之数,乞伏同衢、婺等州行香。’敕旨:‘依。其天下诸上州未有行香处,并宜准此,仍为恒式。’”[2]

另外,根据《唐六典》卷四《尚书礼部》“祠部郎中”条的记载,“凡国祭忌日,两京定大观、寺各二散斋……若外州,亦各定一观、一寺以散斋,州、县官行香”。从以上的记述中可以看出,在国忌日设斋的观、寺为龙兴观、寺,后来改为在开元观、寺。

龙兴观是唐代在全国范围内建立的官方道观,与佛教的龙兴寺并称。龙兴观始建于唐中宗神龙年间(公元705—707年),唐中宗神龙元年(公元705年)二月敕令天下诸州设置大唐中兴寺、观,后因右补阙张景源上疏请去中兴之号,改用龙兴为名,遂于神龙三年(公元707年)三月改天下中兴寺、观为龙兴寺、观。[3]

国忌日设斋的观、寺后来又改在开元观、寺。武则天天授元年(公元690年)十月二十九日,令“两京及天下诸州,各置大云寺一所”,至开元二十六年(公元738年)六月一日,“并改为开元寺”。而后祠部奏请国忌日原在龙兴寺、观行道散斋者,改为在开元观、寺行道散斋。开元二十七年(公元739年)五月十八日敕:“京兆、河南府宜依旧观、寺为定,唯千秋节及三元行道设斋,宜就开元观、寺,余依。”[4]

关于设斋与行道、行香,《唐六典》卷四祠部郎中员外郎条云,散斋时“诸道士、女道士及僧、尼,皆集于斋所”,集结的目的是设道场,即行道;官吏行香也必

---

〔1〕 参见霍存福:《唐式辑佚》,社会科学文献出版社2009年版,第359页。

〔2〕 《唐会要》卷五〇《杂记》,中华书局1960年版,第879－880页。

〔3〕 《唐会要》卷四八《议释教下·寺》,《唐会要》卷五〇《观》,《旧唐书》卷七《中宗本纪》。

〔4〕 《唐会要》卷四八《寺》,《唐会要》卷五〇《杂记》。

得有僧道指引,有僧道诵经;设斋是设斋食以供应僧道徒众。[1]

在佛道教内部,行香本是个宽泛概念。《禅林象器笺·丛轨门》对行香的解释有四:“有巡堂烧香,曰行香;有出班上香,曰行香;有官人来寺行香,曰行香;施主自来寺行香,曰行香。”[2]这是佛教对行香的解释。

就道教而言,以唐代朱法满的《要修科仪戒律钞》为例,其中也有多处涉及“行香”,如卷五记载,“若见斋戒行香,当愿一切道德日新,庠序邪正”[3],又如卷八《斋名钞》记载,“夫入静登真,要资斋戒,假其形外之法,以畅心内之仪。《度人经》云:天地运终,亦当修斋、行香、诵经;星宿错度,日月失昏,亦当修斋、行香、诵经;四时失度,阴阳不调,亦当修斋、行香、诵经;国主有灾,兵革四兴,亦当修斋、行香、诵经;疫毒流行,兆民死伤,亦当修斋、行香、诵经;师友命过,亦当修斋、行香、诵经”[4]。再如卷八《法师钞》记载,“《太真科》曰:斋官宿到,悉香汤沐浴毕,俱入法堂,宣示科戒,威仪庠序。有违一刑律论。科曰:不从法师,各私用意,二刑论。科曰:不及宿启,不得入斋,今时之人,明朝尚阙行道。今夜宿启,岂为存怀,或贪求外缘,或房中睡卧,分简受职,即有阙如。明日行香,乃生推注,当由法师,夜不宣告”[5]。复如卷一二《度人出家缘》记载,“法师令大众普皆唱善弹指,三声脱罪。旧人并唱善弹指。齐各三声讫,乃总着法衣。竟,官人行香,各行道三周。旧人在前引讫,登坛叹□。事讫,设斋。斋竟,各谢法徒”[6]。由此可见,道教中所言“行香”,其外延也是较为广泛的,行香的主体既可以是道门中人,又可以为一般信众,也可以是“官人”,不过官人行香时,会有专人引导。

国忌日行香,行香的主体为官吏,僧道主要是起指引作用。“京文武五品以上,与清官七品已上皆集,行香以退。若外州,亦各定一观、一寺以散斋,州、县官

[1] 参见霍存福:《唐式辑佚》,社会科学文献出版社2009年版,第361页。

[2] 《禅林象器笺·丛轨门》,载无著道忠编著、河北禅学研究所编辑:《禅林象器笺》,中华全国图书馆文献缩微复制中心1979年版。

[3] 《要修科仪戒律钞》,载《道藏》第6册,第942－943页。

[4] 《要修科仪戒律钞》,载《道藏》第6册,第954页。

[5] 《要修科仪戒律钞》,载《道藏》第6册,第956页。

[6] 《要修科仪戒律钞》,载《道藏》第6册,第983页。

行香。"[1]

国忌日设斋行香废务,也并非一成不变,而是逐步发展变化的。太宗贞观二年(公元628年)五月十九日敕:"章敬寺是先朝创造,从今已后,每至先朝忌日,常令设斋行香,仍永为恒式。"[2]文宗曾一度废除国忌日行香,提出"礼文令式,曾不该明",但并不长久。武宗会昌时并省佛寺,仍令"其合行香日,官吏宜于道、观"。至宣宗即位之初,下令"京城及天下州府诸寺观,国忌行香,一切仍旧",全面恢复了国忌设斋行香之制。[3]

综上所述,"国忌日观寺散斋"条是有关国忌日道僧、官员行道、行香的规定,式文中规定了参与散斋的观、寺,在唐代有所变动。行香这类带有宗教仪式的行为,官吏参与时有僧道的指引。

第四节　"私家不得立杂神"条与道教戒律

《祠部式第十》关于"私家不得立杂神"等的相关规定:

> 六甲〔祠部〕　诸私家不得立杂神,及觋、巫、卜、相,并宜禁断。其龟易、五兆、六壬,不禁。
>
> 六乙〔祠部〕　卜、相禁断。
>
> 六丙〔祠部〕　私家不得立杂坐,及巫、觋、卜,并宜禁断。[4]

以上复原的依据主要是《白氏六帖事类集》:"《白氏六帖事类集》卷九《卜筮二一》:《祠部式》:诸私家不得立杂神,及觋、巫、卜、相,并宜禁断。其龟易、五兆、六壬,不禁。……《白氏六帖事类集》卷九《相二二》:《祠部式》:卜、相禁断。……《白氏六帖事类集》卷二七《淫厉五》:立神式:《祠部式》:私家不得立杂

〔1〕霍存福:《唐式辑佚》,社会科学文献出版社2009年版,第356-357页。

〔2〕《唐会要》卷四九《杂录》,中华书局1960年版,第860页。

〔3〕参见《唐会要》卷四九《杂录》,《旧唐书》卷一一七《崔蠡传》,《唐大诏令集》卷七八《典礼·国忌·废国忌日行香敕》,《旧唐书》卷一八《武宗纪下》,《唐会要》卷二三《忌日》。

〔4〕霍存福:《唐式辑佚》,社会科学文献出版社2009年版,第364-365页。

坐,及巫、觋、卜,并宜禁断。"[1]

杂神指未被政府承认、不入国家祀典的"淫祀",杂神只是民间流行之神。[2]《礼记·曲礼》谓:"非其所祭而祭之,名曰淫祀。淫祀无福。"淫祀一直是被官方打击和禁止的。唐代打击淫祀较为著名的有狄仁杰废除淫祀,《唐会要》卷七七《巡察按察巡抚等使》载:"(垂拱元年)四月六日,尚书左丞狄仁杰,充江南安抚使。吴楚多淫祠,仁杰一切焚之,凡除一千七百所。"

觋为男巫,巫为女巫。卜是根据龟甲被烧以后的裂纹来预测吉凶。相以人的面貌、五官、手纹等推测吉凶祸福、贵贱夭寿。淫祀、觋、巫、卜、相,皆为禁止,但是在民间的实际情况是一直禁而不绝的。

龟易、五兆、六壬,大约因为沿革由来已久,自有其发展,一直未被禁绝。如龟卜起源于殷商时期,易卜是根据《周易》进行卜筮。五兆也称五卜,是占卜的5种兆形,正如《荀子·王制》所云:"相阴阳,占祲兆,钻龟陈卦,主攘择五卜。"所依据的又是《尚书·洪范》的"曰雨、曰霁、曰蒙、曰驿、曰克"之5种兆形。[3] 六壬,占卜吉凶祸福的一种术数,道教沿用。五行(金木水火土)以水为首,十天干(甲、乙、丙、丁、戊、己、庚、辛、壬、癸)中壬、癸皆属水,壬为阳,癸为阴,舍阴取阳,故名壬。六十甲子中,壬有6个(壬申、壬午、壬辰、壬寅、壬子、壬戌),故名六壬。[4]

《白氏六帖事类集》收录的《祠部式》有类似表述,"诸私家不得立杂神,及觋、巫、卜、相,并宜禁断"。"该条内容与日本《令集解·僧尼令》'卜相吉凶'条的规

---

[1] 霍存福:《唐式辑佚》,社会科学文献出版社2009年版,第365页。

[2] 参见霍存福:《唐式辑佚》,社会科学文献出版社2009年版,第365页。

[3] 以上参见霍存福:《唐式辑佚》,社会科学文献出版社2009年版,第366页。

[4] "六壬,术数的一种,道教沿用作为占验法。与'遁甲'、'太乙'合称为三式。五行以水为首,十天干中壬、癸皆属水,壬为阳水,癸为阴水,舍阴取阳,故名壬。六十甲子中,壬有六个(壬申、壬午、壬辰、壬寅、壬子、壬戌),故名'六壬'。六壬共有七百二十课,一般总括为六十四种课体,用以占吉凶祸福。其法起源甚古,相传九天玄女尝授黄帝,以破蚩尤。汉代《吴越春秋》,《越绝书》已有记载。《隋书·经籍志》《新唐书·艺文志》《宋史·艺文志》曾载有六壬之书,皆已散佚。《道藏》有《太上六壬明鉴符阴经》。明人郭载騋的《六壬大全》(十二卷)和袁祥的《六壬大全》(三十三卷)为后世占卜所用的主要依据。其法用刻有干支的两木盘(上名天盘,下名地盘)在同一中轴上相叠合,转动天盘,任其自行停止后,验其上下所合的干支及时辰,以定吉凶。李汝珍著《镜花缘》小说七十五、七十六两回也记有排六壬的方法。"以上关于六壬的解释,参见钟肇鹏主编:《道教小辞典》,上海辞书出版社2001年版,第227页。

定大体相同,说明唐代《祠部式》与《道僧格》的规定是有联系的。"[1]《道僧格》的复原中,也有相应的内容。如郑显文对《道僧格》卜相吉凶条的复原,"凡道士、僧尼等卜相吉凶,及左道、巫术、疗疾者皆还俗;其依佛法持咒救疾,不在禁限。"张径真对《道僧格》卜相吉凶条的复原,"凡道士、女冠、僧尼等卜相吉凶,及以巫术疗病者,皆还俗;其依佛法道术符咒救疾者,不在禁限"[2]。关于此条的复原,也有学者有不同的观点,尤其对于第二句尚未有证据显示在其他史料中有类似的说法,不应直接认定属于道僧格的条文内容。[3] 故此条内容在第四章"道教戒律与唐格"中没有涉及,唐格和唐式确实有着各种联系,有时候很难区分,这里仅讨论关于"私家不得立杂神"等的相关规定在道教戒律中的体现。

《要修科仪戒律钞》所收录的戒律中便有不少有关道教内部禁止施行占卜、巫术、堪舆等杂术的内容,如《三百大戒》"不得为人图山丘宅,不得占知世间吉凶。……不得信用外道杂术,邪鬼不真。不得衣服盈筐,不得谤人学道,不得无经托学、欺诈人神,凡诸道学,不得自为及不得教人为"[4]。《要修科仪戒律钞》所引《老君百八十戒》也有不少相关内容,"不得干知星宿占相天时","不得知军国中事、占吉凶","不得为人图冢宅及起屋","不得向鬼神妄行作礼,不得多畜世俗占事八神图书",等等。此时道教摒弃这类神灵,意图将自身从混杂的环境中独立出来,形成明确的身份认同。[5]

自南北朝以来,道教内部已经意识到,至少在上层道教要与民间祭祀活动保持一定的距离,因为皇权一直打击"淫祀",如果与民间祭祀浸淫过多,不但会受到佛教方面的猛烈抨击,更是难以获得官方的支持和扶助。[6] 所以,道教戒律中便有了关于禁止淫祀,禁止施行占卜、巫术、堪舆等杂术以符合世俗法的规定。

综上所述,"私家不得立杂神"条体现了官方禁止淫祀、禁断觋、巫、卜、相的

[1] 郑显文:《唐代〈道僧格〉研究》,载《历史研究》2004 年第 4 期。

[2] 张径真:《法律视角下的隋唐佛教管理研究》,中国社会科学出版社 2018 年版,第 80 页。

[3] 参见周奇:《唐代宗教管理研究》,复旦大学 2005 年博士学位论文;赵晶:《唐代〈道僧格〉再探——兼论〈天圣令·狱官令〉"僧道科法"条》,载《华东政法大学学报》2013 年第 6 期。

[4] 《要修科仪戒律钞》,载《道藏》第 6 册,第 948 页。

[5] 参见白照杰:《整合及制度化——唐前期道教研究》,格致出版社 2018 年版,第 221 页。

[6] 参见葛兆光:《屈服史及其他:六朝隋唐道教的思想史研究》,三联书店 2003 年版,第 37 页。

态度,虽然现实情况在民间屡禁不绝。道教对此的态度分化尤为明显:民间道教与以上被官方所打击禁止的行为联系尤为紧密;而上层道教更多的是契合官方的规定。所以道教戒律中也有关于禁止淫祀、占卜、巫术、堪舆等的规定,以符合国家律法。

第五节 “三元日、降诞日”条与道教戒律

“三元日、降诞日”条在《祠部式第十》,其全部式文的规定为:

七〔元和至太和·祠部〕 三元日,正月十五日,上元;廿(七)月十五日,中元;十月十五日,下元。右件上元、〔中元〕,准《令》、《格》,各休假日三;下元日,休假一日,并官观行道、设斋、役金龙。

《假宁令》元正日、冬至日,右已上二大节,准《令》休假七日,前三、后四日。

降诞日,玄元皇帝降诞二月十五日,今上降诞日,右件降诞日并准敕休假一日,行香。

寒食通清明,休假七日。寒食禁火,为介子推投绵上山,怨晋文帝(公),公及(乃)禁(焚)山,子推抱树而烧死。文公乃于太原禁火七日,天下禁火一日。

腊日、夏至日,以上二节各休假三日,前、后各一日。

正月七日是人日也。立天浑饨(沌)以前,以一日为鸡,二日为狗,三日为猪,四日为牛,五日为马,六日为羊,七日为人;今以七为人日也。春秋二社,后稷神也。二月一日中和节也。二月八日佛道也。三月三日,昔成子安游洛川,会群贤稧(禊)饮于金谷园也。四月八日佛生日也。五月五日,昔屈原投汨罗水死之日,楚人怀之,以此日作筒粽,以五色线缠,投水中,祭之穰厄。六月三休(伏)日,昔贾谊避三休(伏),三以其盛夏。六月三庚(伏?)日,南方有(鸺)鸟至,以助太阳销烁万物,故损

害于人,是以避忌之,此日也。七月七日牵牛织女以此日会于河汉之问(间)。九月九日,昔费长房携酒将家口鸡犬,登高山避火灾,佩茱萸、饮菊花酒,以禳其厄也。至晚还家,屋宅悉被火烧尽也。十月一日,昔春(秦)昭王时,以十月一日为元正日。立春、春分、立夏、夏至、〔立秋、秋分〕、立冬、冬至,已上八节各相去卌五日。每月十日为一旬,三旬为一月,每旬各休假一日。其配使、徒役,亦免一日。右从正月七日至立冬日以前,准《令》休假各一日,其夏至及冬〔至〕不在此限。

内外官给田衣假,内外官月给田〔假〕,九月给授衣假,分为两蕃(番),各十五日。其田假,若田土宜种收不得,随通便给之。[1]

以上式文主要是关于官员休假的规定,本书主要就其中涉及道教因素的节日——三元日、玄元皇帝降诞日、八节斋略作简介。

三元日,在第二章"道教戒律与唐律"之下的"道教戒律关于特殊时日戒杀的规定与法律的互动"中有提及。

《唐六典》曰:"其四曰三元斋,正月十五日天官,为上元;七月十五日地官,为中元;十月十五日水官,为下元,皆洁身自忏愆罪焉。"[2]其功能主要被定为忏悔罪愆。另据敦煌写本文书 S. 6537V14 号——郑余庆奉宪宗命所订《大唐新定吉凶书仪》载,三元日律准休假,道教宫观须举行投龙简的法事,"上元准令格各休假三日,下元日休假一日,并宫观行道,斋投金龙"[3]。

三元日,最早是东汉时期五斗米道的节日,很有可能是从早期道教的节日——三会日演变而来的。[4] 刘宋时期陆修静的《陆先生道门科略》记述了五斗米道的活动,提道:"令以正月七日、七月七日、十月五日,一年三会,民各投集本治。……其日天官地神咸会师治,对校文书。师民皆当清静肃然,不得饮酒食肉,喧哗言笑。会竟,民还家……虽一年三会,大限以十月五日赍信一,到治。"[5]

---

〔1〕 霍存福:《唐式辑佚》,社会科学文献出版社 2009 年版,第 367-368 页。

〔2〕 李林甫等撰、陈仲夫点校:《唐六典》,中华书局 2014 年版,第 125 页。

〔3〕 周一良、赵和平:《唐五代书仪研究》附录,中国社会科学出版社 1995 年版,第 185 页。

〔4〕 参见王卡主编:《中国道教基础知识》,宗教文化出版社 2005 年版。

〔5〕 《陆先生道门科略》,载《道藏》第 24 册,第 780 页。

《赤松子章历》载三会日，则以正月五日为上会，中会、下会时日相同，同时又列三元日，即正月十五上元、七月十五日中元、十月十五日下元，称“天地水三官检校之日，可修斋祈福。”[1]而《魏书·释老志》记述了寇谦之天师道的活动，提道：“其道坛在南郊，方二百步，以正月七日、七月七日、十月十五日，坛主、道士、哥人一百六人，以行拜祠之礼。”按照《魏书·释老志》的记载，前两会正月七日、七月七日与《陆先生道门科略》的记述相同，而下会十月十五日已经与陆修静所记载的十月五日不同。

唐代释法琳《辩正论》卷八《辩道家节日》记载：“道家金箓、玉箓、黄箓等斋仪，及洞神自然等八斋之法，唯有三元之节，言功举迁，上言功章。三会男女，具序乡居户属以请保护。正月五日为上元节，七月七日为中元节，十月五日为下元节。恰到此日，道士奏章，上言天曹，冀得迁达，延年益算。七月十五日非道家节。”[2]

隋唐以降，三元日成为道教的重要节日，道教曾试图进行整饬各种节日，使其规范化。如唐道士朱法满《要修科仪戒律钞》卷八引《圣纪经》提道：“正月七日，名举迁赏会；七月七日，名庆生中会；十月五日，名建生大会。右三会之日，三官考核功过，依日斋戒，呈章赏会，以祈景福。又云五腊日：正月一日，名天腊；五月初五日，名地腊；七月七日，名道德腊；十月一日，名民岁腊；十二月节日，名王侯腊。五腊通三元，名八解日，皆可设净供建斋求福，兼祀先亡，名为孝子，得福无量。余日名为淫祀，有罪。”[3]最终道教的三元日与三会日分开，《要修科仪戒钞》卷八引《玄都大献经》记载：“正月十五日，天官校戒，上元斋日；七月十五日，地官校戒，中元斋日；十月十五日，水官校戒，下元斋日。此三日能斋，三官勒名善簿。”[4]三元日的时间也得到了世俗法的承认，唐开元二十二年（公元734年）十

[1] 《赤松子章历》，载《道藏》第11册，第182页。
[2] 《大正藏》第52册，第548页。
[3] 《要修科仪戒钞》，载《道藏》第6册，第955页。
[4] 《要修科仪戒钞》，载《道藏》第6册，第956页。

月，唐玄宗发布《禁三元日屠宰敕》[1]。

从以上敕文来看，“每年正月、七月、十月三元日，起十三日至十五日”，三元斋日正月、七月、十月各3天，共9天，这是开元二十二年(公元734年)的规定。按照《唐六典》的规定，“其四曰三元斋，正月十五日天官，为上元；七月十五日地官，为中元；十月十五日水官，为下元，皆洁身自忏愆罪焉”[2]。以及此条式文，“三元日，正月十五日，上元；廿(七)月十五日，中元；十月十五日，下元”，此式文为元和至太和年间(公元806—835年公布)，[3]虽然三元日放假的天数有变化，但是对于三元斋日的正日确定为正月十五日、七月十五日、十月十五日。

玄元皇帝降诞日，指老子李耳的生日，为农历二月十五日。老子的降生日，可参见以下内容：“老君圣诞　道教所奉教主老子的诞生日。老子生卒年不可考，《史记》载为周守藏室史。《列仙传》将时间推前，谓‘生于殷时，为周柱下’。后世道教关于老子传记之书，宋贾善翔《犹龙传》、谢守灏《混元纪》及《太上老君年谱要略》等，进指实其事，皆云老子生于殷武丁。年二月十五日。后世道观于此日设道场，诵《道德真经》以为纪念。”[4]

唐朝尊崇道教，追奉李耳为始祖。唐高宗乾封元年(公元666年)三月二十日，追尊老君为太上玄元皇帝；武则天永昌元年(公元689年)，直称老君；中宗神龙元年(公元705年)二月四日，依旧号太上玄元皇帝；玄宗天宝二年(公元743年)正月十五日，加太上玄元皇帝号为大圣祖玄元皇帝，天宝八年(公元749年)、天宝十三年(公元754年)皆又加号。[5]《唐会要》卷八二《休假》天宝：“(天宝)五载二月十三日，中书奏：‘大圣祖以二月十五日降生，请同四月八日佛生之时，

---

〔1〕“道家三元，诚有科诫，朕尝精意，祷亦久矣，而初未蒙福，念不在兹。今月十四日、十五日是下元斋日，都城内应省屠宰。宜令河南尹李适之勾当，总与赎取。其百司诸厨日有肉料，亦责数奏来。并百姓间是日并停宰杀渔猎等，兼断肉食。自今以后，两都及天下诸州，每年正月、七月、十月三元日，起十三日至十五日，兼宜禁断。”参见《唐大诏令集》卷一一三《政事·道释》，中华书局2008年版，第589页。

〔2〕李林甫等撰、陈仲夫点校：《唐六典》，中华书局2014年版，第125页。

〔3〕参见霍存福：《唐式辑佚》，社会科学文献出版社2009年版，第369页。

〔4〕钟肇鹏主编：《道教小辞典》，上海辞书出版社2001年版，第229页。

〔5〕《唐会要》卷五〇《尊崇道教》，中华书局1960年版，第865页。

休假一日。'"[1]李耳二月十五日降诞,至此始依佛生日例,得以休假日待之,李耳的降诞日被承认为国家节日。至于该日的正式节名,到了武宗会昌初才得命名。[2]《唐会要》卷八十二《休假》云:"会昌元年二月敕:'二月十五日,元元皇帝降诞之日,宜为降圣节,休假一日'。"[3]

八节斋,指的是每年的八个重要的节气,分别是立春、春分、立夏、夏至、立秋、秋分、立冬、冬至,在这八个特定的节气虔诚奉行清净斋戒,忏悔自过,礼敬神灵。道教的很多节日吸收了中国传统节气时令,都与民俗活动有关。道教科仪研究根源于传统的礼仪文化与民间的风俗习惯,早期道教的斋戒活动就利用了传统的时令节日,在一些重要的岁时节日期间举办道教的集会活动。据《洞玄灵宝三洞奉道科戒营始》的记载,立春为建善斋、春分为延福斋、立夏为长善斋、夏至为朱明斋、立秋为遐龄斋、秋分为谢罪斋、立冬为遵善斋、冬至为广庆斋。道教认为八节斋是上天八会大庆之日,在八节斋日修斋持戒,宗奉天文者,皆为五帝所举,书名玉历。这样,道教的八节斋就与传统的岁时八节日相结合,反映了道教斋醮因应于民俗的特点。[4]

《唐六典》卷二"吏部郎中"条有"立春、春分、立秋、秋分、立夏、立冬,休假一日"规定,这是开元令制度。敦煌发现唐《职官表》引《假宁令》无此六节休假内容。《祠部新式》也无立秋、秋分休假之事。虽列六节,下文云:"其夏至及冬至,不在此限",实际只有立春、春分、立夏、立冬四节方允许休假各一日。与《唐六典》所载开元《假宁令》相比,缺少立秋、秋分休假,此不应解释为制度变化,记述错误的可能性很大。《祠部新式》在罗列立春、春分、立夏、夏至、立冬、冬至六节后云:"各相去卌五日。"按农历诸节相隔日数计算,若缺少立秋与秋分,相互之间就难说"各相去卌五日"。立秋、秋分二节休假各一日的规定,在《祠部新式》中很可能是存在的。[5]

---

[1] 《唐会要》卷八二《休假》,中华书局1960年版,第1519页。
[2] 参见霍存福:《唐式辑佚》,社会科学文献出版社2009年版,第374页。
[3] 《唐会要》卷八二《休假》,中华书局1960年版,第1519页。
[4] 参见卢国龙、汪桂平:《道教科仪研究》,方志出版社2009年版,第254页。
[5] 本段内容参见霍存福:《唐式辑佚》,社会科学文献出版社2009年版,第381页。

综上所述，道教的很多节日（如八节斋）与民俗有关，也是经历了一个不断变化发展的过程，道教内部对诸多节日（如三元日、三会日）也是不断进行规范和整饬的。而在这个过程中，世俗法对道教的节日（如三元日、三会日，老君圣诞，八节斋）进行了有选择性的吸收，且并非一成不变。

第六节　戒律用语与式及其他法律形式

律、令、格、式逐渐取代律、令、科、比的法律形式是在隋唐以后，而道教戒律逐渐兴起"式"一类的戒律形式主要也是在隋唐以后。隋朝的法律形式已经有律、令、格、式四种，除两次制定律以外，隋朝还多次进行过编订令、格、式的立法活动。开皇年间（公元 581—600 年）编纂过格和式两种法规，隋炀帝于大业二年（公元 606 年）命有司"量为条式"[1]，大业四年（公元 608 年）颁行新式于天下，但是并未流传下来。唐式自唐高祖武德年间（公元 618—626 年）至唐玄宗开元年间（公元 713—741 年）多次修订，而且篇目名称也各不相同。

式是国家机关的公文程式和活动细则，是"百司所常行之法"，"以轨物程事"。《上清骨髓灵文鬼律》由北宋天心派道士饶洞天、邓有功所作，为北宋时期的道经，它在形式方面模仿了国家法律形式，主要由鬼律、玉格、行法仪、式等四部分组成。隋唐时期的道经以"式"命名的并不多见，当然也可能与多数道经年代不确定有关。从对以"式"命名为道教戒律来看，似乎道经中对法律形式的模仿，会比现实中的法律形式滞后很长一段时间。

道教戒律形式上的特色首先在于它的灵活丰富，品类繁多。从名称上来看就有约 20 种，如戒、律、科、愿、念、劝、格、行、品、忌、禁、规、清规、清约、式、诰、德、诀、病、药等。[2] 古代法律形式律令科比，或者律令格式中，律、令、科、品、格、式的名称，道教戒律中皆有模仿，为什么道教戒律没有借鉴"比"这种称谓，仅仅是

---

〔1〕《隋书》卷三《炀帝纪上》，中华书局 1973 年版，第 66 页。

〔2〕参见伍成泉：《汉末魏晋南北朝道教戒律规范研究》，巴蜀书社 2006 年版，第 40 页。

因为比来源于司法实践的缘故也不完全解释得通，道教戒律中也有一些关于鬼神审判惩罚的内容，而且道教戒律对世俗法律名称的模仿和借鉴也并不完全一一对应世间法的实质形式和效力。笔者认为，道教戒律的名称高度模仿世俗法律，与世俗法可以找到对应的名称值得关注，而没有被借鉴的名称同样也值得关注，未被选择的原因值得进一步思考，这也有可能是当时人对法律术语或者法律理念理解的一个侧面反映。

关于科作为一种法律形式出现的时间，有不同观点。一般认为，汉朝开始已经出现了科这种法律形式。

科是汉朝的一种重要的法律形式。科有两种含义：一是对犯罪者论罪判刑，即科刑；二是关于规定犯罪与刑罚的法律条文，也叫作“事”条或“科”条。作为法律形式之一的科，不是指判罪科刑，而是指“事”条或“科”条。到曹魏统治时期，科变成一种重要的法律形式，如曹操制定的“甲子科”，实际上是对汉律的修改，因而成为与律并行的基本法律。科在曹魏时期已经是被广泛使用的一种法律形式，与律、令互为补充，科的内容涉及刑事犯罪的各个方面。[1]

一般认为，汉代的法律形式主要为律、令、科、比四种。张建国认为，“蜀科是在建安十九年至二十五年（214—220 年）之间制定的，很可能在刘备为汉中王的建安二十四年完成的”[2]。“日本学者滋贺秀三先生 1958 年就首先提出所谓‘汉科’是不存在的，科只是三国时期首先由曹魏然后又有其他各国为了颁布新的制定法而采用的一种新的法律形式。”[3]

也就是说，日本学者滋贺秀三认为，汉代是不存在科这一法律形式的。张建国认为汉代的“科”不是一种独立的法律形式，“科既可作为律令比等法律形式中任何一种的条款称谓，又可作为涉及一种以上法规内的相关规定的称呼”[4]。张建国认为，“科”成为一种法律形式，始于汉献帝建安五年（公元 200 年）新科的制

---

〔1〕 本段内容参见张建国：《帝制时代的中国法》，法律出版社 1999 年版，第 72 - 76 页。
〔2〕 张建国：《帝制时代的中国法》，法律出版社 1999 年版，第 86 - 87 页。
〔3〕 张建国：《帝制时代的中国法》，法律出版社 1999 年版，第 10 页。
〔4〕 张建国：《帝制时代的中国法》，法律出版社 1999 年版，第 75 - 76 页。

定，将新科视为曹操执政时期的产物，[1]也有学者对新科视为曹操执政时期的产物这一观点持肯定意见，但是不同意把时间定为建安五年（公元200年），应该为建安九年（公元204年）。[2]

新科的记载见于《三国志·魏书·何夔传》："是时太祖始制新科下州郡，又收租税绵绢。夔以郡初立，近以师旅之后，不可卒绳以法，乃上言曰……"[3]此处"是时"的时间指向不明确，何夔任太守的长广郡设立时间就成为解决问题的关键，新科的颁布是政治生活中的一件大事，建安五年（公元200年）正是曹、袁胶着于官渡的关键时刻，曹操如果在此时颁布新科，非常容易引起混乱和不稳定的因素，司马光将新科及何夔上言事放在建安五年（公元200年），可能出于疏误，未必有确切的证据，唐长孺推测新科颁下的"是时"，为曹操建安九年（公元204年）平冀州后，[4]与长广郡设立时间差不多相合。此时曹操最主要的竞争对手袁氏已经全军覆没，北方基本统一，新科在此时出台，比起建安五年（公元200年）更合时宜。[5]

魏晋南北朝道教戒律中含有大量的科文，如南北朝天师道《正一法文天师教戒科经》《云中音诵新科之戒》《科约清浊戒》，南北朝上清派《上清大洞戒九十二条科》《太真玉帝四极明科经》《洞玄灵宝千真科》，以及自称三洞弟子陆修静的《陆先生道门科略》，等等。魏晋南北朝时期道教的几种戒律规范形式呈现出相互融合的趋势，不过，在各道派之间这种融合趋势的表现有所不同……灵宝派则注重于"戒"，也兼及于"科"和"律"，该派戒律规范表现出明显的"科""戒""律"混同的特点；上清派的戒律规范注重于"科"，也重视"律"，有"科""律"融合的趋势。[6]魏晋南北朝道教戒律中含有大量的科文，如陆修静在《陆先生道门科略》

---

〔1〕参见张建国：《帝制时代的中国法》，法律出版社1999年版，第81页。

〔2〕参见韩树峰：《汉魏法律与社会——以简牍、文书为中心的考察》，社会科学文献出版社2011年版，第158页。

〔3〕《三国志》卷一二《魏书·何夔传》，中华书局1982年版，第380页。

〔4〕参见唐长孺：《魏晋户调制及其演变》，载唐长孺：《魏晋南北朝史论丛》，中华书局2011年版。

〔5〕参见韩树峰：《汉魏法律与社会——以简牍、文书为中心的考察》，社会科学文献出版社2011年版，第159－160页。

〔6〕参见伍成泉：《汉末魏晋南北朝道教戒律规范研究》，巴蜀书社2006年版，第273－274页。

中提道,“太上患其若此,故授天师正一盟威之道,禁戒律科,检示万民逆顺、祸福、功过,令知好恶”[1]。隋唐以后科文变少,隋唐以后道教戒律中的科更多体现的是科仪的含义,如朱法满的《要修科仪戒律钞》。

品是汉代法律的载体之一,史籍中科、品往往连言,如《续汉书·舆服志》:“诸车之文……二千石以下各从科品。”同书《济南王康传》:“国傅何敞谏曰:‘……舆马台隶,应为科品。’”《刘祐传》:“时中常侍苏康、管霸用事于内,遂固天下良田美业、山林湖泽,民庶穷困,州郡累气。(刘)祐移书所在,依科品没入之。”科、品连言,并不证明科品为一事。安帝诏云“旧令制度,各有科品”,已明言科与品是两种法律载体。[2]

宣帝神爵元年(公元前61年),京兆尹张敞建议,允许罪人“以差入谷”边郡赎罪,以此缓解用度不足之忧。随后他又提出“金选之品”,以反驳废除“首匿”“见知故纵”“所不当为”诸罪的说法:“《甫刑》之罚,小过赦,薄罪赎,有金选之品,所从来久矣,何贼之所生?”颜师古曰:“音刷是也。字本作锊,锊即锾也,其重十一铢二十五分铢之十三,一曰重六两。《吕刑》曰:‘墨辟疑赦,其罚百锾。劓辟疑赦,其罚惟倍。剕辟疑赦,其罚倍差。宫辟疑赦,其罚六百锾。大辟疑赦,其罚千锾。’是其品也。”[3]张敞将《吕刑》中的罚刑等级称为金选之品,可见在汉人意识中,不仅视品为具有规范、明确罪罚效力的法律实体,而且认为品还具有具体量化标准的作用。[4] 此外,《居延新简》所见《大司农罪人得入钱赎品》,《守御器品》《复作品》《烽火品约》,品约中屡见“和如品”“燔举如品”等用语,其含义与汉代常用语“如律令”一样,意即按照品约规定行事。[5] “品同样也是汉代具有法律效力的法律载体之一。从领属关系上看,它是律令科的附属法规,不具有独立

---

[1] 《陆先生道门科略》,载《道藏》第24册,第779页。

[2] 本段内容参见张晋藩总主编、徐世虹主编:《中国法制通史》(第2卷·战国秦汉),法律出版社1999年版,第282页。

[3] 《汉书》卷七八《萧望之传》,中华书局1962年版,第3277页。

[4] 以上内容参见张晋藩总主编、徐世虹主编:《中国法制通史》(第2卷·战国秦汉),法律出版社1999年版,第283页。

[5] 参见张晋藩总主编、徐世虹主编:《中国法制通史》(第2卷·战国秦汉),法律出版社1999年版,第283－286页。

品格,但它同时又是律令科的扩充与延伸。”[1]

在魏晋南北朝的道教戒律中也常见以品命名的道经,《太上洞真(玄)智慧上品大戒》、《太上洞玄灵宝智慧本愿上品大戒》、《太上洞玄灵宝三元品戒功德轻重经》、《太极左仙公请问经》(此经所述戒目为:十善因缘上品之戒、十四持身品、太上十戒,经中三种戒目与《灵宝智慧罪根上品大戒经》中相关内容一致)、《洞玄灵宝太上诸箓品戒经》、《洞玄灵宝三洞经戒法箓甄辨品次》、《太极左仙公演妙门入道斋戒法箓品》等,且以上戒律皆属于灵宝派。

关于案例方面,笔者也继续在搜集和阅读材料,希望能够有更多的案例进行佐证说明。鉴于所搜集到的材料,本书的研究也存在“过分依赖于某些偶然保存下来的文献”[2]这一弊端。对于法律史研究的材料而言,“可以说是材料杂芜,举凡律令典章、正史档案、方志家乘、官箴商书、自传日记、日用类书、野史笔记、诗词小说、戏曲说唱、格言俗语、善书宝卷,等等,林林总总,只要对于理解传统中国的法律与文化有所帮助”[3],都应当进入阅读视野,加以运用。既不能忽视每个个案所处的历史背景和社会环境,又需要将个案放到更广阔的历史长河中去观察,其中组合碎片材料的标准是至关重要的,在不断的追问和不同材料的相互印证下,方能建立起从更多的面向和更广的格局上思考问题的模式。

对于研究对象,如果能得到各种不同材料的印证,当然是更加稳妥和谨慎的。即使是作为印证的其他材料,也不能百分之百地还原历史全貌。因为历史永远是不可能被还原的。所以,追求材料的客观真实性固然重要,材料背后所体现的一些主观意图也是可以纳入研究范畴的。即使有篡改或者裁剪的材料也并没有失掉其研究的价值和意义,因为它们也是对当时某种社会现象的折射,它们出现的背景、原因、官方的态度和民间的应对等,都是值得探索的。

---

[1] 张晋藩总主编、徐世虹主编:《中国法制通史》(第2卷·战国秦汉),法律出版社1999年版,第286页。

[2] [法]童丕:《敦煌的借贷:中国中古时代的物质生活与社会》,余欣、陈建伟译,中华书局2003年版,第62页。

[3] 徐忠明:《〈老乞大〉与〈朴通事〉:蒙元时期庶民的日常法律生活》,上海三联书店2012年版,自序第2页。

结 语

道教戒律作为一种宗教规范,是规范道士思想、言行的教规。本书以道教戒律为切入点,旨在探讨国法与教规的关系。通过对唐代的律、令、格、式与道教戒律的互动,逐一梳理,从每一个具体的法条在细节上诠释国法与教规的相互影响,从而总结出共性的东西。

从唐代的律令格式所涉及的跟道教宫观管理、道士违法犯罪有关的条文内容来看,国法和教规存在如下关系:

1. 国法调整的多为涉及刑事方面的重罪、宫观和道士的行政管理、国家财政税收等方面,国法承认、肯定戒律有助于规范秩序方面的内容;对于此方面的内容,戒律主体部分是承认、维护国法的,即使偶有不一致、不协调的地方,也很快进行自我改造和调整,趋于与国法一致。

调整涉及刑事方面的重罪的有:《唐律疏议》"称道士女官"条、"缘坐非同居"条、"监主于监守内奸"条等;唐令中的"僧道科法"条;唐格的"假说灾祥及诈称得圣道"条等。

《唐律疏议》"称道士女官"条是将僧道自相犯比附世俗一般人的伦理关系,主要涉及的是奸、盗两类犯罪。淫、盗也一直为道教戒律所禁止,当然,道教中关于淫和奸的范围有所区别。"缘坐非同居"条规定了涉及谋反、大逆等重罪时,道士、女官和原家族的处理准则。而道教戒律中也多有忠孝的内容,禁止忤逆犯上。“监主于监守内奸”条主要是对道士、女冠犯奸罪较常人加二等处罚，出家人本就应该遵守戒律，而法律中对其犯奸罪惩罚尤重。唐令中的“僧道科法”条指出道士、女冠依律科断的犯罪种类，虽然关于徒以上及奸、盗、诈脱法服等犯罪种类有不同的观点，但无疑都是道教戒律所禁止的行为。唐格的“假说灾祥及诈称得圣道”条，对道士观察天象、妄说吉凶、习读兵书尤其警惕，主要出于对维护统治秩序的考虑，因为法律绝对不能允许存在任何危及统治的行为。

调整涉及户籍、税收方面的主要有：《唐律疏议》“会赦应改正征收”条、“私入道”条；唐令的“道士女官僧尼给田”条、“道士、女道士簿籍”条；唐格的“身死”条等。

《唐律疏议》“会赦应改正征收”条，此条文处罚的对象是官员，旨在让官员及时纠正道士、女官度牒内容的相关信息。“私入道”条分为官司私度和民间私度，但是在条文中明显对于官司私度所用篇幅更多，对于官员的惩罚也往往取其重者。《唐律疏议》“会赦应改正征收”条和“私入道”条由于涉及脱漏户籍、税收方面，可以看到条文中重点在于规定对官吏的处罚，通过对官吏管理道教而作出相关规定，从而间接引导道士、女官的行为。

涉及宫观和道士、女官的行政管理方面的主要有：唐令中的天下观总数条、“僧、道士有所启请”条等。天下观总数条规定了天下宫观数量以及基层三纲。“僧、道士有所启请”条主要是关于僧、道致拜君王的礼仪，这体现的是背后的价值观念问题。道教戒律对于宫观管理、忠君等方面都在不违背法律的前提下，作了更为细致的规定。

2. 在民事方面，道士、女官适用的法令与一般人相差不大，这也在民事方面给予了戒律内容有更大的制定空间，故在民事方面，戒律比国法有着更为细致的规定，而国法对此方面的内容也不干涉，即使有不一致的地方，只要不涉及危及统治地位、刑事犯罪、行政管理、财政税收，国法也会有意放任。

涉及民事方面的内容，道士、女官并不具有身份上的特权，与普通人无异，道士在签订契约需要遵守的法律和程序，跟一般人并无不同。在国法未涉及的一些民事方面内容，道教戒律进行了很细致的规定。比如涉及道士遗产继承时，道教戒律对于遗产的继承顺序有着相当细致的规定，并且充分肯定了遗嘱继承的效力。

3. 一些宗教管理方面的制度经历了由道教内部管理到官方管理的过程，最初可能只有内部戒律进行调整和规范，国法慢慢将其纳入管理的范畴，逐渐过渡到戒律和国法并行，二者不断协调和博弈，最终都必须维护国法的权威。

道官制度、道籍制度最开始只存在于道教内部，只是由内部的一些规定进行规范，随着道教自身的发展壮大，官方将其纳入掌控的范围，由最初简单的内部规定继而慢慢发展，戒律和国法并行，最终国法的管理占据绝对优势地位。

4. 除了道教戒律以外，国法受多方面的影响，含有多元素因子；除了国法以外，道教戒律也是受到多种因素的影响，广泛融摄、吸收其他文化。国法和道教戒律共同受影响的元素最典型的代表有儒家文化和佛教文化，有时候很难区分谁先谁后，究竟是谁影响了谁，很多时候是共同交织在一起的。

《唐律疏议》的"立春后秋分前不决死刑"条，既是对儒家"秋冬行刑"思想的继承（更早的思想源头还可以追溯到先秦的阴阳家），又是对古代法律秋冬行刑的延续，也有对佛教和道教两家思想的吸收。唐律宽减刑罚的理念，既是儒家矜怜仁爱的体现，又是佛教和道教爱护生命、尊重生命的彰显。道教戒律和国法之间的影响也并非单一的，同时受儒家文化和佛教文化等其他文化的共同影响，共同交织，共同促成。

5. 除了内容方面之外，形式上道教戒律也较多地借用国家法律形式。道教部分戒律的命名甚至篇章结构都有意模仿世俗法。且道教戒律在内容上的规定，在维护国法权威的前提下，比国法规定得更细，而且内容的规定多超前于国法；而道教戒律在形式上的用语，或者跟世俗法同步，或者滞后于世俗法。

6. 国法和道教教规都宣扬惩恶扬善，在这一方面二者有着一致性和暗合之处，它们都有追求和激发人性之善的目的，这也和儒家一贯提倡的理念相符合，更符合统治者的需求。国法中对宫观和道士进行规定，更多的是出于管理的目的；而道教戒律在道教自身发展历程中，不断完善，制定出丰富缜密的戒律条文，虽为自我管理的需要，但其终极目的在于悟道成仙，宗教色彩明显。国法的立法程序相对复杂，但失效与有效有明确的标准；而戒律多数为托名仙真所著，虽然在唐代有整理戒律的高道，但是戒律的有效与失效并不明显，即使是汉魏晋时期的戒律仍然沿用,这也导致了戒律本身存在的一些混乱。再加上现实中存在的一些持戒不严、有戒不守的现象,使得戒律的执行被打了折扣。所以,进行系统化的整理道教戒律,对违犯戒律的行为依法依规惩处,既是维护国法权威的需要,又是完善戒律的题中之义。

道教自产生,到唐代历时四五百年,基本上将世俗的国家权力及王权,与宗教的教权较完美地统一在一起,是世界上解决这个问题最成功的例证,对当今世界解决这个难题也有着不可忽视的借鉴作用。

历史证明,宗教要生存和发展,就必须适应所处社会的政治制度、公序良俗及法治环境,并根据时代要求不断进行改进调适,否则就会有被边缘化的风险。道教戒律大多产生于古代社会,而我国是中国共产党领导的社会主义国家,这就要求要把中国特色社会主义法治基本精神、《宪法》和《宗教事务条例》以及宗教政策法规的相关规定、社会主义核心价值观的基本要求,融入戒律制度建设中;同时我国又是社会经济文化高速发展的现代化国家,戒律建设必须要关注社会、回应社会,积极探索传统戒律与现代社会相融合的路径,既继承优良传统、符合道教实际,又体现时代特征、适应社会发展需要。〔1〕

〔1〕 参见郑妤:《加强新时代道教戒律建设需要解决的三个问题》,载《中国宗教》2019年第12期。

主要参考文献

一、典籍类

[1]胡道静、陈耀庭等主编:《藏外道书》,巴蜀书社1992、1994年版。

[2]《道藏》,文物出版社、上海书店、天津古籍出版社1988年影印版。

[3]《历代刑法志》,群众出版社1988年版。

[4]《全唐文》,中华书局1983年版。

[5](晋)陈寿:《三国志》,中华书局1982年版。

[6](宋)王溥:《唐会要》,中华书局1960年版。

[7](北齐)魏收:《魏书》,中华书局1974年版。

[8]程树德:《九朝律考》,中华书局2003年版。

[9]怀效锋点校:《大明律》,法律出版社1999年版。

[10]刘俊文笺解:《唐律疏议笺解》,中华书局1996年版。

[11]鲁愚等编:《关帝文献汇编》,国际文化出版公司1995年版。

[12]马建石、杨育棠主编:《大清律例通考校注》,中国政法大学出版社1992年版。

[13]蒙文通:《道书辑校十种》,巴蜀书社2001年版。

[14]宁志新主编:《道教十三经》,河北人民出版社1994年版。

[15]彭定求编:《道藏辑要》,吉林人民出版社1995年版。

[16]饶宗颐:《老子想尔注校笺》(《选堂丛书》本),上海古籍出版社1991年版。

[17]申时行等修:《明会典》(万历朝重修本),中华书局1989年版。

[18]唐大潮等注译:《劝善书注译》,中国社会科学出版社2004年版。

[19]田涛、郑秦点校:《大清律例》,法律出版社1999年版。

[20]汪辉祖纂:《学治臆说》,中华书局 1985 年版。

[21]王明:《抱朴子内篇校释》(增订本),中华书局 1985 年版。

[22]王明编:《太平经合校》,中华书局 1960 年版。

[23]薛梅卿点校:《宋刑统》,法律出版社 1999 年版。

[24](宋)袁采:《袁氏世范》,贺恒祯、杨柳注释,天津古籍出版社 1995 年版。

二、辞典类

[1]杜继文、黄明信主编:《佛教小辞典》,上海辞书出版社 2001 年版。

[2]高潮、马建石主编:《中国古代法学辞典》,南开大学出版社 1989 年版。

[3]龚延明编著:《宋代官制辞典》,中华书局 1997 年版。

[4]胡孚琛主编:《中华道教大辞典》,中国社会科学出版社 1995 年版。

[5]蒲坚编著:《中国法制史大辞典》,北京大学出版社 2015 年版。

[6]钟肇鹏主编:《道教小辞典》,上海辞书出版社 2001 年版。

三、著作类

[1]白照杰:《整合及制度化——唐前期道教研究》,格致出版社 2018 年版。

[2]蔡美彪编著:《元代白话碑集录》(修订版),中国社会科学出版社 2017 年版。

[3]曹小云:《〈唐律疏议〉词汇研究》,安徽大学出版社 2014 年版。

[4]陈登武:《从人间世到幽冥界——唐代的法制、社会与国家》,北京大学出版社 2007 年版。

[5]陈登武:《地狱·法律·人间秩序——中古中国的宗教、社会与国家》,台北,五南图书出版有限公司 2009 年版。

[6]陈鼓应:《老子注译及评介》,中华书局 1984 年版。

[7]陈鼓应注译:《庄子今注今译》,中华书局 2009 年版。

[8]陈国符:《道藏源流考》(第 2 版),中华书局 2012 年版。

[9]陈景良主编,陈晓枫、俞江副主编:《文化底蕴与传统法律》,湖北人民出版社 2014 年版。

[10]陈来:《古代宗教与伦理:儒家思想的根源》(增订本),北京大学出版社 2017 年版。

[11]陈戍国:《先秦礼制研究》,湖南教育出版社 1991 年版。

[12]陈义和:《佛教与宋代法律》,中国政法大学出版社 2015 年版。

[13]陈垣:《道家金石略》,文物出版社 1988 年版。
[14]陈志英:《宋代物权关系研究》,中国社会科学出版社 2006 年版。
[15]程乐松:《即神即心——真人之诰与陶弘景的信仰世界》,中国人民大学出版社 2010 年版。
[16]程乐松:《中古道教类书与道教思想》,宗教文化出版社 2017 年版。
[17]程群:《道教生死观研究》,宗教文化出版社 2014 年版。
[18]崔永东:《简帛文献与古代法文化》,湖北教育出版社 2003 年版。
[19]邓建鹏:《中国法制史》,北京大学出版社 2011 年版。
[20]丁常云:《弘道扬善——道教伦理及其现代价值》,上海辞书出版社 2006 年版。
[21]丁培仁:《求实集——丁培仁道教学术研究论文集》,巴蜀书社 2006 年版。
[22]丁培仁编著:《增注新修道藏目录》,巴蜀书社 2008 年版。
[23]丁强:《早期道教教职研究》,巴蜀书社 2008 年版。
[24]丁晓昌、冒志祥等:《古代公文研究》,安徽文艺出版社 2000 年版。
[25]段知壮:《唐代涉僧法律问题研究》,中国社会科学出版社 2020 年版。
[26]方立天:《中国佛教与传统文化》(方立天文集第 6 卷),中国人民大学出版社 2012 年版。
[27]方立天:《中国文化与中国宗教》(方立天文集第 8 卷),中国人民大学出版社 2012 年版。
[28]费成康主编:《中国的家法族规》,上海社会科学院出版社 1998 年版。
[29]冯友兰:《中国哲学史》,重庆出版社 2009 年版。
[30]冯卓慧:《唐代民事法律制度研究——帛书、敦煌文献及律令所见》,商务印书馆 2014 年版。
[31]高潮、马建石主编:《中国历代法学文选》,法律出版社 1983 年版。
[32]高绍先:《中国刑法史精要》,法律出版社 2001 年版。
[33]高信一主编:《道教宫观管理与戒律建设》,宗教文化出版社 2010 年版。
[34]葛兆光:《中国思想史》,复旦大学出版社 2015 年版。
[35]郭建:《戒石铭与皮场庙——中国古典名著的法眼解读》,北京大学出版社 2012 年版。
[36]韩树峰:《汉魏法律与社会——以简牍、文书为中心的考察》,社会科学文献出版社 2011 年版。

[37]何蕾:《唐代文人与法律》,辽宁人民出版社2009年版。
[38]黑维强:《敦煌、吐鲁番社会经济文献词汇研究》,民族出版社2010年版。
[39]胡锐:《道教宫观文化概论》,巴蜀书社2008年版。
[40]霍存福:《复仇·报复刑·报应说——中国人法律观念的文化解说》,吉林人民出版社2005年版。
[41]江山:《中国法思想讲义》,中国经济出版社2014年版。
[42]江晓原:《天学真原》,辽宁教育出版社2007年版。
[43]姜生:《汉魏两晋南北朝道教伦理论稿》,四川大学出版社1995年版。
[44]姜生:《宗教与人类自我控制——中国道教伦理研究》,巴蜀书社1996年版。
[45]姜守诚、张海澜:《道教女仙考》,中州古籍出版社2019年版。
[46]姜守诚:《〈太平经〉研究——以生命为中心的综合考察》,社会科学文献出版社2007年版。
[47]姜守诚:《出土文献与早期道教》,中国社会科学出版社2016年版。
[48]姜守诚:《中国近世道教送瘟仪式研究》,人民出版社2017年版。
[49]姜宗强主编:《宗教哲学读本》,金城出版社2016年版。
[50]蒋朝君:《道教生态伦理思想研究》,东方出版社2006年版。
[51]劳政武:《佛教戒律学》,宗教文化出版社1999年版。
[52]乐爱国:《道教生态学》,社会科学文献出版社2005年版。
[53]李大华:《香港全真教研究》,人民出版社2018年版。
[54]李刚:《魏晋南北朝宗教政策研究》,四川大学出版社1994年版。
[55]李可:《宗教社会纠纷解决机制——唐和宋的专题研究》,法律出版社2010年版。
[56]李霞:《生死智慧——道家生命观研究》,人民出版社2004年版。
[57]李小光:《生死超越与人间关怀——神仙信仰在道教与民间的互动》,巴蜀书社2002年版。
[58]李雪梅:《碑刻法律史料考》,社会科学文献出版社2009年版。
[59]李雪梅:《法制“镂之金石”传统与明清碑禁体系》,中华书局2015年版。
[60]李雪梅主编:《法律文化研究(第十辑):古代法律碑刻专题》,社会科学文献出版社2017年版。
[61]李养正:《道教概说》,中华书局1989年版。

[62]李养正编著:《新编北京白云观志》,宗教文化出版社 2003 年版。
[63]李养正主编:《当代道教》,东方出版社 2000 年版。
[64]李泽厚:《说巫史传统》,译文出版社 2012 年版。
[65]廖宇:《道教时日禁忌探源》,巴蜀书社 2017 年版。
[66]林端:《儒家伦理与法律文化——社会学观点的探索》,中国政法大学出版社 2002 年版。
[67]林端:《韦伯论中国传统法律:韦伯比较社会学的批判》,中国政法大学出版社 2014 年版。
[68]林西朗:《唐代道教管理制度研究》,巴蜀书社 2006 年版。
[69]刘固盛主编:《道家道教与生态文明》,华中师范大学出版社 2015 年版。
[70]刘国梁:《道教精萃》,吉林文史出版社 1991 年版。
[71]刘后滨:《唐代选官政务研究》,社会科学文献出版社 2016 年版。
[72]刘康乐:《明代道官制度与社会生活》,金城出版社 2018 年版。
[73]刘康乐:《中古道官制度研究》,巴蜀书社 2013 年版。
[74]刘绍云:《宗教律法与社会秩序——以道教戒律为例的研究》,巴蜀书社 2009 年版。
[75]刘笑敢编:《道教与生态》,江苏教育出版社 2008 年版。
[76]刘星:《古律寻义——中国法律文化漫笔》,中国法制出版社 2015 年版。
[77]刘星:《中国法律思想导论——故事与观念》,法律出版社 2008 年版。
[78]刘屹:《敦煌道经与中古道教》,甘肃教育出版社 2013 年版。
[79]刘屹:《敬天与崇道——中古经教道教形成的思想史背景》,中华书局 2005 年版。
[80]刘昭瑞:《考古发现与早期道教研究》,文物出版社 2007 年版。
[81]柳立言:《宋代的宗教、身份与司法》,中华书局 2012 年版。
[82]龙大轩:《道与中国法律传统》,山东人民出版社 2004 年版。
[83]卢国龙:《道教哲学》,华夏出版社 2007 年版。
[84]罗秉祥、万俊人编:《宗教与道德之关系》,清华大学出版社 2003 年版。
[85]罗莉:《寺庙经济论——兼论道观清真寺教堂经济》,宗教文化出版社 2004 年版。
[86]吕静:《春秋时期盟誓研究——神灵崇拜下的社会秩序再构建》,上海古籍出版社 2007 年版。
[87]吕鹏志:《唐前道教仪式史纲》,中华书局 2008 年版。

[88]马建兴:《丧服制度与传统法律文化》,知识产权出版社 2005 年版。
[89]马小红、庞朝骥等:《守望和谐的法文明——图说中国法律史》,北京大学出版社 2009 年版。
[90]马小红:《礼与法:法的历史连接》,北京大学出版社 2017 年版。
[91]门岿主编:《中国历代文献精粹大典》(上、下),学苑出版社 1990 年版。
[92]孟德楷:《道法不一》,法律出版社 2013 年版。
[93]潘明权编著:《历代宗教管理法令初探》,宗教文化出版社 2017 年版。
[94]奇格:《古代蒙古法制史》,辽宁民族出版社 1999 年版。
[95]钱穆:《先秦诸子系年》,商务印书馆 2015 年版。
[96]卿希泰、唐大潮:《道教史》,江苏人民出版社 2006 年版。
[97]卿希泰:《简明中国道教史》,中华书局 2013 年版。
[98]卿希泰主编:《中国道教史》(修订本)(1—4 卷),四川人民出版社 1996 年版。
[99]卿希泰主编、詹石窗副主编:《中国道教思想史》(1—4 卷),人民出版社 2009 年版。
[100]任继愈主编、钟肇鹏副主编:《道藏提要》,中国社会科学出版社 1991 年版。
[101]任继愈主编:《中国道教史》(增订本)(上、下卷),中国社会科学出版社 2001 年版。
[102]任宗权:《道教戒律学》,宗教文化出版社 2008 年版。
[103]荣新江主编:《唐代宗教信仰与社会》,上海辞书出版社 2003 年版。
[104]沙知录校:《敦煌契约文书辑校》,江苏古籍出版社 1998 年版。
[105]宋国华:《元代法制变迁研究——以〈通制条格〉和〈至正条格〉为比较的考察》,知识产权出版社 2017 年版。
[106]孙尚扬:《宗教社会学》,北京大学出版社 2001 年版。
[107]汤一介:《魏晋南北朝时期的道教》,陕西师范大学出版社 1988 年版。
[108]汤一介:《早期道教史》,昆仑出版社 2006 年版。
[109]唐代剑:《宋代道教管理制度研究》,线装书局 2003 年版。
[110]唐怡:《道教戒律研究》,巴蜀书社 2008 年版。
[111]唐长孺:《魏晋南北朝史论拾遗》,中华书局 1983 年版。
[112]王承文:《敦煌古灵宝经与晋唐道教》,中华书局 2002 年版。
[113]王承文:《汉晋道教仪式与古灵宝经研究》,中国社会科学出版社 2017 年版。
[114]王家祐:《道教论稿》,巴蜀书社 1987 年版。

[115]王卡:《敦煌道教文献研究——综述·目录·索引》,中国社会科学出版社 2004 年版。
[116]王卡主编:《中国道教基础知识》,宗教文化出版社 2005 年版。
[117]王明:《道家与传统文化研究》,中国社会科学出版社 1995 年版。
[118]王铭铭、王斯福主编:《乡土社会的秩序、公正与权威》,中国政法大学出版社 1997 年版。
[119]王沛:《黄老“法”理论源流考》,上海人民出版社 2009 年版。
[120]王启涛:《敦煌西域法制文书语言研究》,人民出版社 2016 年版。
[121]王秀哲:《成文宪法中的宗教研究》,中国民主法制出版社 2014 年版。
[122]王永平:《道教与唐代社会》,首都师范大学出版社 2002 年版。
[123]王永平:《信仰与习俗:社会文化史视野下的唐代道教》,社会科学文献出版社 2023 年版。
[124]王志忠:《明清全真教论稿》,巴蜀书社 2000 年版。
[125]王宗昱编:《金元全真教石刻新编》,北京大学出版社 2005 年版。
[126]魏迎春:《晚唐五代敦煌佛教教团戒律清规研究》,上海古籍出版社 2015 年版。
[127]吴海航:《中国传统法制的嬗递:元代条画与断例》,知识产权出版社 2009 年版。
[128]伍成泉:《道教的道德教化研究》,知识产权出版社 2013 年版。
[129]伍成泉:《汉末魏晋南北朝道教戒律规范研究》,巴蜀书社 2006 年版。
[130]武树臣:《儒家法律传统》,法律出版社 2003 年版。
[131]武树臣等:《中国传统法律文化》,北京大学出版社 1994 年版。
[132]徐道隣:《徐道隣法政文集》,清华大学出版社 2017 年版。
[133]徐忠明、任强:《中国法律精神》,广东人民出版社 2007 年版。
[134]徐忠明:《〈老乞大〉与〈朴通事〉——蒙元时期庶民的日常法律生活》,上海三联书店 2012 年版。
[135]徐忠明:《思考与批判:解读中国法律文化》,法律出版社 2000 年版。
[136]严耀中:《佛教戒律与中国社会》,上海古籍出版社 2007 年版。
[137]杨鹤皋:《中国法律思想通史》,湘潭大学出版社 2011 年版。
[138]杨鸿烈:《中国法律思想史》,中国政法大学出版社 2004 年版。
[139]尹志华:《王常月学案》,齐鲁书社 2011 年版。
[140]余英时:《中国近世宗教伦理与商人精神》,台北,联经出版公司 1987 年版。

[141]詹石窗、盖建民主编:《中国宗教通论》,高等教育出版社 2006 年版。
[142]张岱年:《中国哲学大纲》,商务印书馆 2015 年版。
[143]张凤林主编:《道教戒律建设与宫观管理》,宗教文化出版社 2008 年版。
[144]张国刚:《佛学与隋唐社会》,河北人民出版社 2002 年版。
[145]张国华、饶鑫贤主编:《中国法律思想史纲》,甘肃人民出版社 1984 年版。
[146]张国华:《中国法律思想史新编》,北京大学出版社 1998 年版。
[147]张海峰:《唐代法律与佛教》,上海人民出版社 2014 年版。
[148]张宏斌:《国家建构与文化认同——以北魏的兴废进行的考查》,人民出版社 2016 年版。
[149]张建国:《帝制时代的中国法》,法律出版社 1999 年版。
[150]张建文:《宗教财产立法研究》,中国民主法制出版社 2015 年版。
[151]张晋藩:《中国法律的传统与近代转型》,法律出版社 1997 年版。
[152]张晋藩主编:《中华法系的回顾与前瞻》,中国政法大学出版社 2007 年版。
[153]张晋藩总主编、南杰·隆英强著:《中国少数民族法史通览》(第 2 卷·藏族),陕西人民出版社 2017 年版。
[154]张晋藩总主编:《中国法制通史》,法律出版社 1999 年版。
[155]张径真:《法律视角下的隋唐佛教管理研究》,中国社会科学出版社 2018 年版。
[156]张仁善:《法律社会史的视野》,法律出版社 2007 年版。
[157]张伟仁辑、陈金全注:《先秦政法理论》,人民出版社 2006 年版。
[158]张永和:《信仰与权威——诅咒(赌咒)、发誓与法律之比较研究》,法律出版社 2006 年版。
[159]张中秋:《比较视野中的法律文化》,法律出版社 2003 年版。
[160]张中秋:《中西法律文化比较研究》,中国政法大学出版社 2006 年版。
[161]赵晶:《〈天圣令〉与唐宋法制研究》,上海古籍出版社 2014 年版。
[162]赵晓耕主编:《古今之平:唐律与当代刑法》,社会科学文献出版社 2012 年版。
[163]赵益:《六朝南方神仙道教与文学》,上海古籍出版社 2006 年版。
[164]郑开编:《水穷云起集:道教文献研究的旧学新知》,社会科学文献出版社 2009 年版。
[165]郑显文:《唐朝律令制研究》,北京大学出版社 2004 年版。
[166]钟玉英:《汉末魏晋南北朝道教与社会分层关系研究》,四川大学出版社 2008 年版。

[167]朱大星:《敦煌本〈老子〉研究》,中华书局 2007 年版。
[168]朱谦之:《老子校释》,中华书局 1984 年版。
[169]朱腾:《早期中国礼的演变》,商务印书馆 2018 年版。
[170]朱勇:《清代宗族法研究》,湖南教育出版社 1987 年版。
[171]朱越利:《道藏分类解题》,华夏出版社 1996 年版。

四、译著类

[1][德]何意志:《法治的东方经验:中国法律文化导论》,李中华译,北京大学出版社 2010 年版。
[2][德]马克斯·韦伯:《儒教与道教》,洪天富译,江苏人民出版社 1993 年版。
[3][法]索安:《西方道教研究编年史》,吕鹏志、陈平等译,中华书局 2002 年版。
[4][法]童丕:《敦煌的借贷:中国中古时代的物质生活与社会》,余欣、陈建伟译,中华书局 2003 年版。
[5][美]埃尔曼:《比较法律文化》,高鸿钧等译,三联书店 1990 年版。
[6][美]伯尔曼:《法律与宗教》,梁治平译,商务印书馆 2012 年版。
[7][美]伯尔曼:《信仰与秩序——法律与宗教的复合》,姚剑波译,中央编译出版社 2011 年版。
[8][美]韩明士:《道与庶道——宋代以来的道教、民间信仰和神灵模式》,皮庆生译,江苏人民出版社 2007 年版。
[9][美]万志英:《左道:中国宗教文化中的神与魔》,廖涵缤译,社会科学文献出版社 2018 年版。
[10][日]大渊忍尔:《敦煌道经目录编》,隽雪艳、赵蓉译,齐鲁书社 2016 年版。
[11][日]冨谷至:《文书行政的汉帝国》,刘恒武、孔李波译,江苏人民出版社 2013 年版。
[12][日]砺波护:《隋唐佛教文化》,韩昇、刘建英译,上海古籍出版社 2004 年版。
[13][日]小林正美:《唐代的道教与天师道》,王皓月、李之美译,齐鲁书社 2013 年版。
[14]高道蕴、高鸿钧等编:《美国学者论中国法律传统》(增订版),清华大学出版社 2004 年版。
[15]张广保编:《多重视野下的西方全真教研究》,宋学立译,齐鲁书社 2013 年版。

五、论文类

[1]白文固:《金代官卖寺观名额和僧道官政策探究》,载《中国史研究》2002 年第 1 期。

[2]卞利:《论明清时期的民间规约与社会秩序》,载《史学集刊》2019 年第 1 期。

[3]卜祥伟、刘康乐:《教团自治与国家控制:唐代道官与道教管理》,载《北方论丛》2013 年第 1 期。

[4]陈辉:《论东汉魏晋南北朝统治者的道教政策取向》,载《陕西理工学院学报(社会科学版)》2016 年第 4 期。

[5]陈景良:《人文精神与中国传统法律的历史借鉴》,载《河南省政法管理干部学院学报》2000 年第 2 期。

[6]陈灵海:《通往唐永徽〈律疏〉之路——中古佛教律学与世俗律学互动论》,载《学术月刊》2015 年第 9 期。

[7]陈义和:《佛教观念对中国古代法律的影响初探》,载《比较法研究》2014 年第 4 期。

[8]刀伟:《傣族历史上佛教与法律的关系初探》,载《商丘师范学院学报》2005 年第 3 期。

[9]丁常云:《试论道教戒律建设的发展历程》,载《中国道教》2004 年第 6 期。

[10]方立天:《儒学与佛教》,载《文史知识》1988 年第 6 期。

[11]冯玉军:《关于国法与教规关系的四点看法》,载《中国民族报》2015 年 8 月 4 日。

[12]高大伟:《关于"道教清规"几个问题的辨析》,载《宗教学研究》2021 年第 4 期。

[13]顾俊杰:《论佛教与中国传统法律文化的冲突与融合》,载《同济大学学报(社会科学版)》2006 年第 3 期。

[14]郝铁川:《"性善论"对中国法治的若干消极影响》,载《法学评论》2001 年第 2 期。

[15]何柏生:《佛教与中国传统法律文化》,载《法商研究(中南政法学院学报)》1999 年第 4 期。

[16]贺晏然:《官僚、科举与道派:明代道官考选制度的建立与发展》,载《江苏社会科学》2018 年第 5 期。

[17]见见:《道教戒律建设的历史发展与特色》,载《中国道教》2004 年第 6 期。

[18]姜生:《论宗教伦理向类法律形态的演变》,载《世界宗教研究》1997 年第 1 期。

[19]雷晓鹏:《中国古代刑法对佛道教的规范》,载《宗教学研究》2005 年第 4 期。

[20]李放:《南北朝时期佛教对法律思想的影响》,载《船山学刊》2008 年第 3 期。

[21]李放:《南北朝时期佛教对法律文化的影响》,载《理论界》2008 年第 6 期。

[22]李刚:《道教生命哲学的特性》,载《江西社会科学》2004年第9期。
[23]李继武:《道教戒律的伦理道德思想》,载《人文杂志》2005年第3期。
[24]李俊强:《从佛教史的角度看髡刑的废除》,载《湘潭大学学报(哲学社会科学版)》2014年第2期。
[25]李养正:《道教的生命观》,载《中国道教》1999年第4期。
[26]李音祚:《浅谈佛教的基本戒律对现代生活方式的启迪》,载《法音》2009年第8期。
[27]林巧薇:《试论元代集贤院与地方道教事务管理的关系》,载《世界宗教文化》2015年第6期。
[28]林永峰:《国法与道教教规关系浅析》,载《中国宗教》2016年第8期。
[29]刘康乐:《北朝国家道教管理制度略考》,载《周口师范学院学报》2012年第6期。
[30]刘康乐:《南朝道教政策及其道官制度》,载《周口师范学院学报》2012年第3期。
[31]刘绍云:《试论道教戒律与传统社会道德关系》,载《中国道教》2004年第6期。
[32]刘昭瑞:《说"天宫"与寇谦之的"静轮天宫"》,载《世界宗教研究》2004年第3期。
[33]龙大轩:《道与中国法律传统》,载《现代法学》2004年第2期。
[34]龙显昭:《论曹魏道教与西晋政局》,载《世界宗教研究》1985年第1期。
[35]罗卡:《试论明王朝对道教的管理》,载《宗教学研究》1999年第1期。
[36]牟军:《西藏旧法在佛教发展中的作用》,载《现代法学》1994年第4期。
[37]彭瑞花:《浅议佛教对中国传统法律思想的影响》,载《太原师范学院学报(社会科学版)》2014年第5期。
[38]强昱:《〈老君说一百八十戒〉的律法精神》,载《中国道教》2000年第6期。
[39]卿希泰、由申:《乾隆朝的道教事务管理》,载《湖南大学学报(社会科学版)》2016年第2期。
[40]任汝平、张欧琼:《论佛教戒律对中国古代法制的影响》,载《宜春学院学报》2013年第1期。
[41]沙知:《跋唐天宝十三载便麦契(P.4053V)》,载《敦煌学》1992年第18期。
[42][美]特里·弗·克里曼、李同奇、陈霞:《早期道教教团内的权威与惩罚》,载《商丘师范学院学报》2016年第11期。
[43]汪桂平:《清代全真道授戒的珍贵文存》,载《世界宗教文化》2001年第1期。
[44]王永会:《简论道教与佛教生死观的差异》,载《中国道教》2000年第5期。

[45]吴真:《道教修道生活的忠与孝——以初唐“致拜君亲”论争为中心》,载《现代哲学》2009年第4期。
[46]信灵:《道教戒律与道德》,载《中国道教》2005年第1期。
[47]杨富学、李永平:《甘肃省博物馆藏道教〈十戒经传授盟文〉》,载《宗教学研究》2001年第1期。
[48]杨立志:《明代帝王与武当道教管理》,载《世界宗教研究》1998年第1期。
[49]杨荔薇:《佛教“盗戒”之构成——刑法学犯罪构成理论视角》,载《宗教学研究》2004年第4期。
[50]殷啸虎:《佛教与古代法制》,载《文史知识》1994年第2期。
[51]尹志华:《道教戒律中的环境保护思想》,载《中国道教》1996年第2期。
[52]尹志华:《道教生态智慧管窥》,载《世界宗教研究》2000年第1期。
[53]袁志鸿:《道教正一派授箓与全真派传戒之比较研究》,载《世界宗教研究》2003年第4期。
[54]张海峰:《唐律“十恶”一词的佛教渊源》,载《现代法学》2012年第3期。
[55]张践:《康熙的实学思想和宗教政策》,载《开封大学学报》1998年第4期。
[56]张践:《明清时期政府的“严管”宗教政策及其影响》,载《世界宗教文化》2010年第5期。
[57]张桥贵、赵慧生:《道官初探》,载《世界宗教研究》2005年第4期。
[58]张兴发:《道教全真派的传戒仪式》,载《中国宗教》2005年第1期。
[59]张泽宏:《全真道的传戒仪式》,载《世界宗教文化》2001年第4期。
[60]张泽洪:《唐代道观经济》,载《四川大学学报(哲学社会科学版)》1993年第4期。
[61]赵晶:《唐代〈道僧格〉再探——兼论〈天圣令·狱官令〉“僧道科法”条》,载《华东政法大学学报》2013年第6期。
[62]赵亮:《明代道教管理制度》,载《世界宗教研究》1990年第3期。
[63]赵树龙:《〈道士吉凶仪〉所见唐代道教的丧制与服制初探》,载《首都师范大学学报(社会科学版)》2011年增期。
[64]赵轶峰:《明代僧道度牒制度的变迁》,载《古代文明》2008年第2期。
[65]赵哲伟:《佛教文化与传统法律制度刍议》,载《东南文化》2004年第6期。
[66]郑显文:《唐代〈道僧格〉研究》,载《历史研究》2004年第4期。

[67]周相卿:《佛法对我国当代法律制度的积极影响论纲》,载《金筑大学学报(综合版)》1999年第2期。
[68]周相卿:《汉至南北朝时期佛教与法的关系》,载《金筑大学学报(综合版)》1999年第4期。
[69]朱腾:《从君主命令到令、律之别——先秦法律形式变迁史纲》,载《清华法学》2020年第2期。

六、学位论文

[1]池建华:《道法互动:唐代道教与法律的关系研究》,上海师范大学2015年硕士学位论文。
[2]丁强:《早期道教教职的研究》,四川大学2006年博士学位论文。
[3]李海啸:《〈大清律例〉中宗教性的体现》,上海师范大学2013年硕士学位论文。
[4]林西朗:《唐代道教管理制度研究》,四川大学2005年博士学位论文。
[5]刘康乐:《中古道官制度研究》,四川大学2010年博士学位论文。
[6]是越越:《论佛教对唐代法制之影响》,南京大学2017年硕士学位论文。
[7]孙齐:《唐前道观研究》,山东大学2014年博士学位论文。
[8]王谋寅:《道教与中国传统法律文化》,中国政法大学2009年博士学位论文。
[9]魏荣:《明太祖时期道教政策研究》,四川大学2006年硕士学位论文。
[10]张伊:《〈唐律〉"母"之亲属等级与礼制"母"之丧服等级比较研究》,中国政法大学2011年硕士学位论文。
[11]赵洪涛:《道教与犯罪控制》,中国政法大学2009年硕士学位论文。
[12]周奇:《唐代宗教管理研究》,复旦大学2005年博士学位论文。